디지털
미디어
문해력
이해와 실천

● 일러두기

- 이 책은 국립국어원 표기법을 준수했습니다.
- 외국 인명이나 지명, 작품명은 될 수 있는 한 국립국어원의 외래어 표기법을 따르되, 굳어진 용례는 관행을 따라 표기했습니다.
- 출판 지침은 〈한국언론학보 논문 작성 규정〉을 준수했습니다.

이 책은 2023년 한국언론진흥재단의 정부광고수수료를 지원받아 출간되었습니다.

DIGITAL MEDIA LITERACY

신삼수
이선민
김봉섭
유경한
김지연
이창호
홍남희
김경화
봉미선
강진숙
공저

디지털 미디어 문해력

이해와 실천

지금

디지털 미디어 문해력
이해와 실천

지은이   신삼수 · 이선민 · 김봉섭 · 유경한 · 김지연
           이창호 · 홍남희 · 김경화 · 봉미선 · 강진숙
펴낸이   김지연

초판 1쇄 펴낸 날 2023년 11월 15일

(주)도서출판 지금
출판 등록 제319-2011-41호
06924 서울특별시 동작구 장승배기로 128, 305호(노량진동, 동창빌딩)
전화 (02)814-0022   FAX (02)872-1656
홈페이지 www.papergold.net
ISBN 979-11-6018-377-1   93320

본서는 (주)도서출판 지금이 저작권자와 계약하여 발행했습니다.
본사의 서면 허락 없이 이 책의 내용의 일부 또는 전부를 무단 인용 · 전재 · 복제하면 저작권 침해로서 5년 이하의 징역 또는 5천만원 이하의 벌금에 처하거나 이를 병과할 수 있습니다.

• 책값은 책표지에 표시되어 있습니다.

서문

　허위정보의 확산, 특정 집단에 대한 혐오 표현의 증가, 사이버 폭력 등 미디어가 갖는 역기능이 사회적 문제가 되면서 미디어 문해력(리터러시) 교육에 대한 관심이 높아지자 관련 조례와 법령들이 활발하게 제정되고 있다. 최근 몇 년간 각 지방자치단체에서 미디어 문해력 관련 조례를 제정하였고, 2022년 3월 25일에는 「디지털기반의 원격교육활성화 기본법」이 시행되었다. 이 법은 학교장이 실시해야 하는 디지털 미디어 문해 교육을 ① 디지털 미디어에 대한 접근 및 활용능력 향상 ② 디지털 미디어에 대한 이해 및 비판능력 향상 ③ 디지털 미디어를 통한 사회참여능력 향상 ④ 디지털 미디어를 통한 민주적 소통능력 향상 등 네 가지로 규정하고 있다. 2022 개정 교육과정도 미래세대 핵심역량으로 디지털 기초소양의 강화와 정보 교육의 확대를 강조하고 있다.

　이처럼 디지털 미디어 문해 교육이 법제화됨으로써 디지털 미디어에 대한 비판적 이해 교육과 디지털 미디어를 통한 소통 및 참여교육이 학교 현장에서 더욱 활성화될 수 있는 기반이 마련되었다. 하지만 현장에서는 여전히 미디어를 활용한 교육이 많아 일부에서는 메타버스나 AI 등 디지털 기기를 활용하는 교육이 디지털 미디어 문해력 교육의 전부인 양 인식되고 있기도 하다. 또한 스마트폰 과의존 예방 교육이나 사이버 폭력 예방 교육 등 미디어의 역기능에 초점을 둔 교육도 많다. 따라서 미디어 문해력 교육의 핵심이라고 할 수 있는 미디어에 대한 비판적 이해 교육과 미디어를 통한 사회참여 교육의 비중은 낮은 상황이다. 특히 최근에 챗GPT를 비롯한 생성형 인공지능이 확산되면서 AI 리터러시의 중요성이 점차 커짐에 따라 학교에서 다뤄야 할 리터러시 교육의 범위가 더욱 확대되고 있다.

서 문

　이 책은 디지털 미디어 문해력에 대한 개념과 역사를 정리하고 다양한 디지털 미디어 문해력 실천 사례를 제시함으로써 교사를 비롯한 디지털 미디어 교육자들이 학교 현장이나 학교 밖에서 디지털 미디어 문해력 교육을 원활히 진행할 수 있도록 돕고자 한다. 디지털 기기의 발달로 문해력이 점차 중요해지고 있는 상황에서 이 책은 독자들로 하여금 디지털 미디어를 비판적으로 바라보고 성찰할 수 있는 역량을 길러 줄 것이다. 특히 이 책은 디지털 미디어 문해력 교육을 담당하고 있는 강사나 교사들에게 디지털 미디어 문해력 향상에 필요한 기본적인 이론과 개념을 설명함으로써 디지털 미디어 문해력 교육이 학교 안팎에서 잘 정착될 수 있는 데 일조할 것으로 기대한다.

　이 책은 3부 10개 장으로 구성돼 있다.
　Part 1에서는 디지털 미디어 문해력의 개념과 역사, 실천 사례에 관해 다루고 있다. **제1장 디지털 미디어 문해력이란 무엇인가**는 미디어 문해력의 개념을 살피고 핵심역량을 논의한다. 또한 디지털 미디어 문해력을 증진시킬 수 있는 방안에 대해 서술하고 있다. **제2장 프라이버시 리터러시 교육**은 기본권의 측면에서 프라이버시의 개념과 다양한 프라이버시 리터러시 교육 프로그램에 대해 소개하고 있다. **제3장 디지털 미디어 문해력 실천 사례**는 우리나라 국민들의 디지털 미디어 문해력 수준을 진단하고 비판적 사고를 증진시키기 위한 다양한 실천 사례를 제시하고 있다. **제4장 지역 연계 디지털 미디어 문해력 실천 사례**는 지역의 디지털 미디어 문해력 증진을 위해 고려해야 할 요소와 사례들을 검토함으로써, 지역사회의 효과적인 디지털 미디어 문해력 증진을 위한 시사점을 도출한다.

Part 2에서는 디지털 미디어 문해력 증진을 위해 꼭 알아야 할 중요 개념, 예컨대 미디어 재현, 뉴스 프레임, 알고리즘 등을 살펴보고 이를 통해 문해력을 증진시킬 수 있는 방안을 제시한다. 제5장 미디어 재현의 이해를 통한 문해력 증진은 미디어 재현의 개념과 주요 사례를 살펴보고 미디어 문해력 증진을 위한 실천적 방안에 대해 논의한다. 제6장 뉴스 프레임 이해를 통한 문해력 증진은 뉴스 프레임의 정의와 뉴스 프레임을 파악하는 방법, 뉴스 프레임에 영향을 미치는 요인 등을 다룬다. 제7장 알고리즘 이해를 통한 문해력 증진은 유튜브와 챗GPT 등 알고리즘의 원리와 영향을 살피고 알고리즘 시대 문해력 증진을 위한 방안에 대해 논의한다.

Part 3에서는 일본, 영국, 독일 등 해외의 디지털 미디어 문해력 정책과 사례를 고찰하고 우리 사회에 주는 시사점을 논의하고 있다. 제8장 성찰적 리터러시와 일본의 사례는 성찰적 리터러시와 관련된 방법론을 모색하는 일본의 실천적 연구 프로젝트와 그 성과에 대해 소개하고 있다. 제9장 영국의 디지털 문해력 교육은 영국 미디어 문해 교육의 역사와 문해력 증진 프로그램에 대해 소개하고 있다. 아울러 영국의 사례가 우리 사회에 주는 시사점을 논의한다. 제10장 독일의 디지털 미디어 문해력과 교육 사례는 독일의 디지털 미디어 문해력과 교육 및 정책 사례, 우리 사회에 주는 시사점 등을 제시하고 있다.

아무쪼록 이 책이 AI, 메타버스 시대에 디지털 미디어 문해력에 대한 개념을 이해하고 실천 사례를 찾아보는 데 유용한 길잡이가 되길 기대한다.

2023년 11월
저자를 대표하여
이창호

필진 구성(목차순)

- 신삼수
- 이선민
- 김봉섭
- 유경한
- 김지연
- 이창호
- 홍남희
- 김경화
- 봉미선
- 강진숙

차 례

서문

Part 1 디지털 미디어 문해력의 개념과 사례

Chapter 01 디지털 미디어 문해력이란 무엇인가 신삼수 14
1. 왜 미디어 문해력을 갖춰야 하는가
2. 미디어는 어디까지 발달하고 있는가
3. 미디어 문해력이란 무엇인가
4. 디지털 미디어 리터러시 핵심역량은 무엇인가
5. 어떻게 미디어 문해력을 키울 수 있는가

Chapter 02 프라이버시 리터러시 교육 이선민 39
1. 들어가며
2. 아동 프라이버시와 개인정보
3. 프라이버시의 의미
4. 프라이버시 리터러시 교육의 방향성
5. 프라이버시 교육 프로그램
6. 나가며

Chapter 03 디지털 미디어 문해력 실천 사례 김봉섭 62
1. 들어가며
2. 우리나라 국민의 디지털 미디어 문해력 수준
3. 디지털 미디어 문해력 증진을 위한 교육 사례
4. 다중 문해력(Multi Literacies)의 부상과 필요성
5. 나가며

Chapter 04 지역 연계 디지털 미디어 문해력 실천 사례 유경한 97
1. 지역의 디지털 미디어 문해력: 차이와 연계
2. 지역적 특성과 대상의 차별화
3. 디지털 미디어 문해력 거버넌스
4. 성과와 대안, 그리고 남은 과제들

차례

Part 2 주요 이론적 개념과 디지털 미디어 문해력 증진

Chapter 05 미디어 재현의 이해를 통한 문해력 증진 김지연 …… 130
1. 미디어 재현의 개념과 쟁점
2. 미디어 재현의 이론적 논의
3. 미디어 재현의 주요 사례
4. 미디어 재현에서 미디어 표현과 참여로
5. 디지털 미디어 문해력 증진을 위한 실천적 제언

Chapter 06 뉴스 프레임 이해를 통한 문해력 증진 이창호 …… 154
1. 뉴스 프레임이란 무엇인가
2. 왜 뉴스 프레임에 주목해야 하는가
3. 뉴스 프레임을 어떻게 인식할 수 있을까
4. 뉴스 프레임 분석 사례를 살펴보자
5. 어떤 요인들이 뉴스 프레임에 영향을 미치는가
6. 비판적 사고는 왜 중요한가

Chapter 07 알고리즘 이해를 통한 문해력 증진 홍남희 …… 177
1. 알고리즘이란 무엇인가
2. 넷플릭스와 유튜브의 사례
3. 생성형 AI의 알고리즘과 가짜 정보의 판별
4. 알고리즘 이해를 통한 문해력의 증진
5. 알고리즘 이해와 비판적 문해력의 필요성

Part 3 해외의 디지털 문해 교육

Chapter 08 성찰적 리터러시와 일본의 사례 김경화 200
1. 일본과 ICT사회
2. 디지털 기술의 일상성과 성찰적 리터러시
3. 일본 사회와 성찰적 리터러시
4. 고도의 정보화 사회와 성찰적 리터러시

Chapter 09 영국의 디지털 문해력 교육 봉미선 224
1. 영국 미디어 문해 교육의 특징은 무엇인가
2. 영국 미디어 문해 교육은 그동안 어떻게 전개되어 왔는가
3. 어린이와 청소년의 미디어 문해력 증진을 위해 어떤 프로그램을 운영하는가
4. 학교와 가정, 학교 밖에서 미디어 문해 교육을 어떻게 실천하고 있는가
5. 영국의 디지털 문해 교육을 누가 주도하는가
6. 영국의 디지털 문해 교육이 우리에게 주는 시사점은 무엇인가

Chapter 10 독일의 디지털 미디어 문해력과 교육 사례 강진숙 249
1. 독일의 디지털 미디어 문해력과 세부 역량
2. 독일의 디지털 미디어 이용 현황
3. 독일의 디지털 미디어 문해력 교육 및 활동 사례
4. 시사점 및 제언

Part **01**

디지털 미디어 문해력의 개념과 사례

Chapter 01　디지털 미디어 문해력이란 무엇인가_신삼수
Chapter 02　프라이버시 리터러시 교육_이선민
Chapter 03　디지털 미디어 문해력 실천 사례_김봉섭
Chapter 04　지역 연계 디지털 미디어 문해력 실천 사례_유경한

디지털 미디어 **문해력**
이해와 실천

Chapter 01

디지털 미디어 문해력이란 무엇인가

신삼수 _ 성균관대학교 미디어문화융합대학원 겸임교수

우리 모두 미디어 세상에 살고 있다. 미디어는 물과 공기에 비유될 정도로 항상 우리 곁에 있다. 우리는 글을 제대로 이해할 줄 아는 사람을 문해력을 갖춘 자, 그렇지 못한 사람을 문맹으로 구분한다. 미디어도 마찬가지다. 미디어를 아는 사람은 미디어 문해력을 갖춘 자, 그렇지 못한 사람을 미디어 문맹으로 구분 지을 수 있다. 미디어 세상에서 미디어 문맹으로 살아갈 수는 없다. 글자는 한 번 익혀 평생 써먹지만 미디어는 그게 안 된다. 뉴미디어가 올드 미디어가 되듯이 과거 미디어 문해력은 철 지난 것에 지나지 않는다. 디지털 시대에는 디지털 미디어 문해력을 익혀야 한다. 핵심역량을 갖추었다면 어떤 미디어가 세상에 나타나도 걱정할 이유가 없다. 많이 알수록 더 많이 볼 수 있다. 미디어가 그렇다. 단지 보는 데 그치지 않고, 맥락을 파악하고, 이면을 들여다볼 줄 알며, 역사와 사회적 관점에서 깊이 들여다볼 수 있다면 금상첨화다. 이 장에서는 미디어 문해력을 왜 갖춰야 하는지, 미디어가 어떻게 발달하고 있는지, 미디어 문해력이 무엇이며 어떤 핵심역량을 갖춰야 하는지 살펴본다.

1
왜 미디어 문해력을 갖춰야 하는가

"아는 것이야말로 사랑이요, 빛이요, 광명이라."
"Knowledge is love and light and vision."

헬렌 켈러(Helen Keller, 1880~1968)가 22세 대학생 시절 썼던 글귀다. 대학 2학년 때 교수의 권유로 썼다는 〈헬렌 켈러 자서전: 사흘만 볼 수 있다면The story of my life〉에 나온다. 그녀 인생의 가장 중요한 날로 기억하는 설리번 선생님을 만나기 직전, 6세 때를 떠올리며 쓴 글이다(Keller, 1903). 헬렌 켈러는 생후 19개월 심한 열병으로 시각장애, 청각장애, 농인이라는 삼중 중복장애에 시달렸다. 7세에 만난 설리번 선생님의 헌신과 그녀 자신의 강한 의지로 장애를 이겨낼 수 있었다. 세상에 많이 알려진 헬렌 켈러 나이 21세 때까지의 그녀의 삶이다. 이후 헬렌 켈러는 88세로 사망할 때까지 여성 참정권 운동, 인종차별 반대 운동, 장애인 복지 사업과 함께 미국 사회에 대한 비판을 멈추지 않았다. 본받을 만한 삶을 살았기에 시대는 그녀를 미국의 작가, 교육자이자 사회주의 운동가로 기억한다(EBS 〈지식채널e〉, 2014).

헬렌 켈러는 앞을 볼 수 없었음에도 문맹은 아니었다. 설리번 선생님과 함께 그 어떤 사람보다 뛰어난 시선으로 세상을 읽는 힘을 길렀다. 장애를 이겨내고 마침내 대학생이 되었고, 수준 높은 지식을 만난 당시의 기쁨을 다음과 같이 표현했다.

'지식은 소리 없이 밀려와 깊어가는 사고의 물결로 영혼을 가득 채운다. 아는 것은 힘이다. 아니 아는 것이야말로 행복이다. 넓고도 깊은 지식이 있으면 참된 목적과 허위를 구별할 수 있고 고상한 것과 저속한 것을 구별할 수 있기 때문이다. 인류의 진보를 이끌어 온 획기적인 사상이나 행동을 아는 것은 몇 세기에 걸친 인간의 위대한 심장 박동을 느끼는 것이다. 만약 이런 심장 박동에서 하늘을 향한 고된 노력을 느끼지 못한다면 생명의 하모니를 들을 수 없는 것과 마찬가지다.'

-〈헬렌 켈러 자서전〉, 김명신 옮김. 제20장 中에서-

헬렌 켈러가 참된 지식, 알아가는 기쁨을 누릴 수 있었던 이유는 그녀의 문해력 덕분 아니었을까? 그녀는 설리번 선생님이 손바닥에 써주는 글과 점자로 정보를 습득했고, 이를 해독하여 지식으로 발전시켰다. 요즘 우리는 어떤가? 물과 공기처럼 우리 주위를 미디어가 포위하고 있다. 심호흡으로 우리 몸에 산소를 채우듯 미디어를 통해 다양한 정보가 입력된다. 미디어가 쏟아내는 정보는 오감을 통해 들어온다. 그간의 경험과 기존 지식이 어울려 더욱 진보된 지식으로 살아나 영혼을 채운다. 헬렌 켈러가 자서전을 쓰던 시기, 그녀가 책을 통해 '몇 세기에 걸친 인간의 위대한 심장 박동'을 느꼈다면, 네트워크 시대에 살고 있는 우리는 책은 물론 라디오와 텔레비전, 인터넷으로부터 헬렌 켈러가 그랬던 것처럼 오랜 세월 전해오는 인간의 위대한 심장 박동을 느낄 수 있다. 이용하는 미디어에 대한 문해력이 높으면 높을수록 박동소리를 더 크게 들을 수 있지 않겠는가.

우리 시대 모든 부모 역시 헬렌 켈러가 그랬던 것처럼 자녀들이 앞서 살았던 위인과 석학들의 위대한 심장 박동을 느낄 줄 알고, 허위정보에 휘둘리지 않기를 바랄 것이다. 깨어나서 잠들 때까지 미디어는 우리 곁에, 눈앞에 펼쳐져 있다. 미디어 문해력을 갖출 때 비로소 미디어에 끌려다니지 않는다. 미디어를 바로 다룰 줄 알 때, 헬렌 켈러가 그랬던 것처럼 지식을 통해 사랑을 알고, 행복을 느끼며 생명의 하모니를 들을 수 있다.

디지털 미디어가 범람하는 시대일지라도 그것에 휘둘리지 않고 능숙하게 활용할 줄 아는 아이, 콘텐츠라는 이름으로 주위를 휘감는 정보 홍수 시대에 무엇이 진실이고 무엇이 허위조작정보인지 판별할 줄 아는 아이, 미디어가 소통의 필수 도구가 된 세상에서 미디어를 통해 올바로 메시지를 주고받을 줄 아는 아이, 미디어라는 창을 통해 세상을 바로 볼 줄 아는 아이로 키우고 싶은 게 디지털 시대 부모의 바람이다(봉미선, 2022). 헬렌 켈러의 말을 빌려 다시 쓴다면, 깊은 사고력으로 지식을 탐구하면서 행복해하는 사람, 박학다식을 바탕으로 진실과 거짓을 구별할 줄 아는 사람, 인류를 획기적으로 발전시켜 온 사상과 실천을 이해하는 사람, 이런 지식을 바탕으로 자기 삶에 최선을 다하면서 조화로운 세상을 만드는 데 이바지하는 사람이 아닐까? 결국 폭넓은 지식을 배경으로 미디어를 통하여 세상을 볼 줄 아는 미디어 문해력을 갖춘 사람이야말로 디지털 시대에 헬렌 켈러처럼 지식의 기쁨을 누릴 수 있다는 얘기다. 미디어 문해력을 갖춰야 하는 이유다.

2
미디어는 어디까지 발달하고 있는가

선사 시대에는 메시지를 구술로만 전달할 수 있었다. 문자가 발명되면서 글을 읽고 쓸 수 있는 사람들과 그렇지 못한 사람들 간 접근할 수 있는 메시지에 차이가 생겨났다. 문자로 기록된 메시지는 글자를 해독할 수 있는 지식인의 전유물이었다. 하지만 1440년 구텐베르크가 인쇄술을 발명하여

성경을 대량 배포하면서 상황은 달라졌다. 1827년 조세프 니엡스Joseph Niépce가 사진술을 선보였고, 1860년 미국 신문들이 남북전쟁에서 처참하게 사망한 병사들의 사진을 실어 충격을 안겼다. 생생한 사진 한 장, 이미지의 힘이 확인되었다.

1900년대 들어서 통신기술 발전으로 무선 통신이 가능해졌고, 무선통신 기술은 라디오 방송국을 탄생시켰다. 약 30년 후 TV가 선을 보였다. 1922년 라디오 방송을 시작한 영국은 1936년 세계 최초로 흑백 텔레비전 방송을 시작했다. 1950년 이후 텔레비전이 눈과 귀를 사로잡았다. 1960년 미국 대통령 선거에서 처음으로 후보들이 텔레비전 토론을 펼쳤고, TV토론에 힘입어 젊은 케네디 후보가 공화당 닉슨 후보를 제치고 당선되었다.

캐나다 미디어학자 마셜 맥루한Marshall McLuhan은 1960년대 초반 '지구촌 Global village' 시대를 예언했다. 미디어 기술의 발달로 세계가 하나의 원시 부족처럼 가깝게 의사소통하게 될 것이라는 그의 예측은 1980년대 개인용 PC가 나오고 인터넷이 등장하면서 현실이 되었다. 스마트폰이 현대인의 손바닥을 점령하고, 소셜 미디어가 사람과 사람을 마치 신경망처럼 연결하면서 적어도 온라인 네트워크에서는 국경이 사라졌다.

모든 사회는 그 사회를 지배하는 특정한 커뮤니케이션 양식과 유형에 따라 유지되고, 그것에 의해 문화의 사상과 교육의 기준이 정해진다. 스마트폰으로 대표되는 모바일 미디어는 언제 어디에서나 미디어를 이용할 수 있는 편의성을 향상시켰다. OTTOver The Top는 시청자가 더이상 실시간 방송에 묶이지 않도록 해방시켰다. 실시간 방송에 매달리지 않아도 된다. 다시 보기 위해 일부러 녹화하는 수고를 들일 이유도 없다. OTT를 통해 내가 보고 싶을 때, 원하는 프로그램을 몰아서 한꺼번에 볼 수 있다. 온라인 네트워크는 상호작용이 가능한 미디어 환경을 제공한다. 텔레비전을 보면서 스마트폰으로 정보를 검색하거나 이메일을 주고받을 수 있다. 보기만 하는 수동적인 시청자에 머물지 않아도 된다. 텔레비전 프로그램에 대해 직·간접으로 의견을 개진할 방법이 다양해졌다.

문제는 미디어가 변해도 너무 빠르게 변한다는 데 있다. 어느 정도 익숙해질라치면 어김없이 새로운 미디어가 등장한다. 뉴미디어라는 말이 모호해졌다. 어떤 미디어를 지칭하는지 알 수 없다. 과거에는 독자로 시청자로 그냥 보고만 있어도 되었건만, 새로운 미디어는 수동적인 인간으로 그냥 내버려두지 않는다. 스마트폰을 다룰 줄 모르면 세상이 어떻게 돌아가는지 알기 힘들고, 키오스크를 모르면 주머니에 돈이 있어도 끼니를 채우기 곤란하다. 바둑 9단 이세돌 선수가 인공지능 기술 '알파고'에 세 판을 내리지고 한 판을 힘들게 이겼다는 소식을 들을 때까지만 해도 그냥 신기한 정도였다. 하지만 챗GPT가 등장하면서 상황은 달라졌다. 놀랄 정도로 정보탐색과 자료정리에 걸리는 시간을 단축시켜주고, 영어 번역은 물론 문장을 능숙하게 검토한다. 단지 눈으로 보는 데 그치지 않고 적극적으로 이용할 줄 알아야 미디어 좀 안다고 말할 수 있는 세상이다.

미디어 이용은 접근access 여부만으로 끝나지 않는다. 언제 어디에서나 미디어와 생활하기에 미디어는 삶의 질을 결정짓는 중요한 요소로 자리잡았다. 텔레비전보다 스마트폰이 더 필수적인 매체로 인식되면서 미디어의 지형도 달라졌다. 스마트폰은 글로벌 OTT 활성화의 견인차가 되었고, 누구나 영상채널을 만들어 동영상으로 하고 싶은 말을 할 수 있는 시대가 열렸다. 유튜브는 연령대를 불문하고 가장 많이 보는 미디어 서비스로 자리잡았고, 누구나 미디어 채널을 열어 소통하는 플랫폼으로 우뚝 섰다.

'텔레비전 다시 보기'의 발전된 형태로 시작된 국내 OTT '웨이브(Waave, 舊 pooq)'는 지상파TV 콘텐츠를 앞세워 우리나라를 대표하는 OTT로 자리

잡는가 싶더니 금세 글로벌 OTT '넷플릭스Netflix'에 선두자리를 내주고 말았다. 스마트폰이 대세가 된 최근 10년 사이 미디어 발달과 미디어 이용행태 변화는 가히 '미디어 격변'을 실감나게 보여준다. 시청자는 더이상 수용자로만 머물지 않는다. 생산자이면서 동시에 소비자다. 1979년 앨빈 토플러 Alvin Toffler가 생비자(生費者, prosumer)를 얘기할 때만 해도 미래 전망에 머물렀다. 이제는 현실이다. 대중의 일상이 되었다.

미디어 '수용자'가 '생비자'로 바뀌면서 미디어 문해력의 중요성이 더욱 강조되고 있다. 텔레비전에 내가 나오는 그저 신기하기만 했던 체험으로는 더이상 눈높이를 맞출 수 없다. 단지 눈으로 보는 시청자에 머물지 않고 콘텐츠를 직접 만드는 시청자로 역할이 확장됨에 따라 제작자로서, 운영자로서 역량이 더욱 중요해졌다. 과거 미디어 접근access에 맞춰졌던 미디어 리터러시의 무게 중심이 자연스레 이해와 참여로 옮겨갔다. 이런 흐름을 반영하여 지난 2020년 정부는 부처 합동으로 '디지털 미디어 소통역량 강화 종합계획'을 발표했다. 온·오프라인 미디어 교육 인프라를 확대하고, 국민의 디지털 미디어 제작 역량과 미디어 정보 판별 역량을 강화하고, 배려와 참여의 디지털 시민성을 확산시키겠다는 게 뼈대다.

2022년 말 선보인 생성형 인공지능 서비스 '챗GPT'는 인터넷 기반 산업에 거대한 변화를 불러올 것으로 주목받고 있다. 인공지능이 인간을 앞서는 '특이점singularity'이 머지않았다는 예측이 나오고, 인공지능이 인간의 일자리를 빼앗고, 거대 글로벌 자본의 영향으로 빈익빈 부익부는 더욱 심화될 것이라는 전망이다. 〈제2의 기계 시대The Second Machine Age〉의 공동저자인 미국 스탠포드대학교 에릭 브린욜프슨Erik Brynjolfsson 교수는 기술의 발달이 "번영의 엔진이면서 동시에 격차의 엔진이 될 것"을 우려했다. 인공지능이 "기술을 보유한 소수의 시장 지배력은 증폭시키고, 나머지 대부분 사람들의 소득은 끌어내린다"는 진단이다(Brynjolfsson & McAfee, 2014). 끝없이 새로운 모습으로 나타나는 새로운 미디어의 홍수 속에서 우리는 살아남을 수 있을까?

3
미디어 문해력이란 무엇인가

역사를 거슬러 원시 시대로 들어가 보자. 사냥을 나섰다. 숲속에서 부스럭 소리가 난다. 토끼일까? 호랑이일까? 손에 쥔 창을 앞세워 사냥에 나서야 할까 아니면 나 살려라 줄행랑을 쳐야 할까? 소리를 해독하는 능력에 따라 목숨이 오갈 수도 있다. 소리를 듣고, 상대를 파악하고, 내가 어떻게 대응해야 할지 아는 것은 원시 시대 반드시 필요한 소리 해독 역량이었다.

다시 조용해진 숲속이다. 발밑에서 진동이 감지된다. 커다란 짐승이 다가오는 소리인지 지축이 흔들리는 또 다른 자연현상인지 분별해야 한다. 과연 땅에서 왜 진동이 느껴졌으며, 무엇 때문이며, 나는 어떻게 대응해야 할까?

글자가 없던 시대, 인간은 이처럼 듣고, 보고, 느낌으로 정보를 얻고 상황을 판단했다. 글자가 등장하면서 오감의 시대는 잠시 멀어졌다. 오로지 눈으로 읽어 들인 정보가 대부분이었다. 글자를 읽지 못하면 문맹으로, 글자를 읽을 수 있는 사람은 문해자로 구분 지었다.

문해력의 사전적 의미는 '글을 읽고 이해하는 능력'이다. 어휘 능력에만 국한하지 않는다. 글을 읽기 위해서는 문자를 알아야 하고, 그 글의 의미를 이해하기 위해서는 맥락을 파악하고, 행간을 읽어낼 줄 알아야 한다. 물론 이를 위해 어휘력을 기본으로 언어 능력을 갖춰야 한다.

우리나라 중학생들의 문해력은 OECD 다른 나라와 비교할 때 어느 수준일까? 37개 나라 가운데 7위 수준으로 나타났다. 핀란드나 캐나다보다는 낮은 수준이지만, 미국이나 영국보다는 높다. OECD가 국가별 15세(우리나라 기준 중2)를 대상으로 실시한 국제학업성취도평가(PISA, Program for International Student Assessment) 결과다(OECD, 2022). 79개 국 60만 명 대상 조사에서 우리나라 학생들의 읽기 능력이 높게 나타난 이유 가운데 하나는 단일 언어를 사용하는 언어 동질성이 매우 높기 때문이다.

조사 결과를 들여다보니 다른 문제가 발견됐다. 상위권 학생 비율은 그대로인데 하위권에 속하는 비율이 2008년도 조사에 비해 두 배 넘게 늘어난 것이다. 뒤처지는 학생이 많아져 우리나라 중학생들 간 문해력 격차가 벌어지고 있다는 얘기다. 수월성을 앞세우다 보니 보편성이 후퇴된 결과 아니겠는가. PISA 결과는 또 다른 문제점을 알려줬다. 우리나라 중학생들의 읽기 능력은 매우 높은 데 비해, 사실과 의견을 구별하는 능력은 매우 낮다는 현실이다. OECD 평균 47%, 2명 중 1명이 맞추는 문제를 우리나라 학생들은 25.6%, 4명 중 1명 수준에 그쳤다. 인터넷 블로그에서 가져온 내용을 지문으로 제시한 다음, 내용 가운데 4~5개를 발췌하여 사실인지, 작성자의 의견인지를 구별하고 모두 맞혀야만 정답으로 인정하는 방식이었다. 만일 PISA가 디지털 미디어 문해력을 조사한다면 어떤 방식이어야 하고 그 결과는 어떨까? 문자 중심에서 벗어나, 사진과 동영상으로 확장해야 할 것이다. 그럴 때 우리나라 중학생들의 디지털 미디어 문해력은 더 낮게 나타나지 않을까?

미디어 문해력은 미디어를 비판적인 관점에서 이해하는 능력을 일컫는다. 미디어가 만드는 현실을 곧이곧대로 받아들이지 않고 자신의 관점에서 똑바로 해석할 줄 아는 힘이다. 텔레비전과 스마트폰과 같은 미디어 기기를 다룰 줄 아는 능력은 물론, 그 안에 무수히 존재하는 콘텐츠를 제대로 소화할 수 있는 능력을 말한다.

디지털 시대 주체적인 개인으로 바로 서기 위해서는 내가 접하는 미디어 콘텐츠 내용이 옳은지 그른지, 어떤 주체에 의해 어떤 의도로 만들어졌는지, 사회적으로는 어떤 의미가 있는지 등에 대해 올바른 시선으로 바라보고 해석할 수 있어야 한다. 미디어를 통하지 않은 나의 직접 경험과 다르기 때문이다. 미디어 속 현실은 내 눈으로 보고, 만질 수 있는 세상이 아니다. 고개를 돌려 사방을 모두 살필 수 없으며, 지금 당장 눈으로 확인할 수 있는 실제가 아니다. 누군가에 의해 연출된 내용을 미디어라는 작은 창으로 볼 뿐이다.

미디어가 발달하면서 남이 만든 콘텐츠만 봐야 하는 게 아니다. 내가 기획하고 연출해서 미디어 언어로 표현할 수 있다. 나의 생각과 의도를 반영한 동영상을 만들어 인터넷에 올릴 수 있다. 말로는 내 앞에 마주하는 몇몇 사람하고만 소통할 수 있지만, 인터넷이라는 네트워크로 전 세계 사람과 소통할 수 있다. 다만 소통하는 언어가 다를 뿐이다. 지구마을의 이장이 되어 맘껏 마이크를 잡을 수 있는 세상이다. 물론 미디어 언어를 알아야만 가능하다.

미디어 언어를 구사하기 위해서는 미디어를 알아야 하고, 미디어 언어의 문법과 쓰임새를 알아야 하고, 그 미디어를 이용하는 지구마을 사람들을 알아야 한다. 미디어 언어를 읽을 줄 알고, 미디어 언어를 구사할 줄 알고, 나의 미디어 언어로 소통할 수 있는 상대방을 알아야 한다. 미디어 언어로 소통할 수 있는 능력, 미디어 언어를 올바로 읽을 수 있는 능력이 미디어 문해력이다.

아직 글자를 깨우치지 못한 유아와 어린이도 친구와 대화할 수 있다. 부모가 애타게 한글을 가르치는 이유는 더 많은 지식을 만나고, 더 넓은 세상에서 더 깊이 있게 소통하는 아이로 기르기 위함이다. 미디어가 발달하면서 알아야 할 게 늘어났다. 소통수단이 말과 글에 머물지 않는다. 전자시대로 접어들면서 정보의 유통수단이 확연히 달라졌다. 전화가 등장하면서 국제통화가 가능해지더니, 라디오가 발명되고, 텔레비전이 등장하면서 그야말로 시청각 정보의 홍수에 빨려 들어갔다. 인터넷이라는 네트워크가 등장하면서 세상 어느 곳이나 정보가 넘쳐나고, 때로는 홍수가 난 듯 범람한다. 그곳에서 살아남기 위해서는 구조신호를 읽을 줄 알아야 하고, 때로는 구조신호를 보낼 수 있어야 하고, 혼자만 살겠다고 발버둥치기보다는 다른 사람들과 함께 머리를 맞대는 지혜도 필요하다.

댐이 무너진 듯 밀려오는 정보의 홍수 속에 나를 살려 줄 해답이라고 생각했었던 게 거짓이라면 어떻겠는가. 거짓인 줄도 모르고 그대로 믿고 따랐다면 또 어떻게 되었을까? 누군가에 의해 나쁜 의도로 조작된 거짓정보를 판별해야 하는 일은 온전히 이용자 몫이다. 책을 읽으면서 그 내용의 진위를 구별하고, 더 깊이 이해하기 위해서는 풍부한 배경지식이 필수다. 아는 만큼 보인다는 말은 비단 여행에서만 통하는 게 아니다. 책을 읽으면서도, 텔레비전을 볼 때도 동일하게 적용된다. 미디어가 전하는 정보가 전부가 아닌 일부라는 것을, 의도적으로 담지 않은 정보도 있을 수 있다는 점을, 만든 사람의 생각과 가치판단이 들어 있다는 것을 아는 것부터가 미디어 문해력의 시작이다.

SNS가 미디어인 것처럼, 챗GPT도 새로운 미디어 서비스다. 과거 미디어 환경은 미디어가 쏟아내는 정보를 일방적으로 듣고 있어야 하는 수용자에 지나지 않았지만 지금은 다르다. 내가 내리는 검색 명령에 따라, 내가 어느 콘텐츠를 선택하는지에 따라 내가 마주하는 정보가 달라진다. 얼마나 정확하게 명령을 내리는지에 따라 결과가 달라진다. 똑똑한 명령이 똑똑한 콘텐츠를 부른다. 똑똑한 명령을 내리기 위해서는 끊임없이 세상을 탐구하고 아는 힘, 지식을 길러야 한다. 액면만 보고 판정할 수 없는 세상이 되었다. 눈으로 보이는 게 전부가 아니기에 한 겹 더 헤쳐 들어가 속내를 알 수 있어야 한다. 빅데이터 세상이다. 인공지능AI과 알고리즘이 일상적으로 사용하는 말이 되었다. 미디어 발달은 하드웨어적인 측면에서만 들여다 볼 일이 아니다. 소프트웨어적인 측면까지 이해할 수 있어야 하는 세상이다.

미디어 문해력이란 '개개인이 미디어 메시지를 분석, 평가하고 만들어 내는 데 필요한 지식knowledge과 역량skills'을 일컫는다. 이는 벨기에 커뮤니케이션 학자 한스 마르텐스Hans Martens가 여러 학자들의 선행연구들을 분석하여 정리한 결과다(Martens, 2010). 그렇다면 마르텐스가 말한 지식과 역량은 구체적으로 무엇일까? 김아미(2015)는 마르텐스의 리터러시 정의에 나오는 '지식'은 미디어 리터러시의 중심이 되어 왔던 핵심개념, 즉 미디어 언어, 재현, 수용자, 미디어 기관 혹은 산업을 의미하고, '역량'은 영국의 미디어 규제단체인 오프콤(Ofcom, Office of Communications)이 제시하고 있는 '접근하고, 비판하고, 분석하며 창조하는 역량'으로 해석했다.

다시 말해 핵심개념은 미디어를 이해해야 하는 것이고 핵심역량은 미디어를 바로 보고, 이를 활용할 줄 아는 능력이다. 캐나다 미디어리터러시교육협회Association for Media Literacy 회장을 지낸 캐롤린 윌슨Carolyn Wilson과 협회를 창립한 배리 던컨Barry Duncan은 미디어에 대해 알아야 하는 사항을 여덟 가지로 정리했다(Wilson & Duncan, 2009).

① 모든 미디어는 구성되었다.
  All media are constructions.
② 각각의 눈으로 메시지를 해석한다.
  Each person interprets messages differently.
③ 미디어는 상업적 속성을 갖는다.
  The media have commercial interests.
④ 미디어는 이데올로기와 가치를 담은 메시지를 포함한다.
  The media contain ideological and value messages.
⑤ 각각의 미디어는 고유의 언어, 기술, 코드, 약속들을 갖는다.
  Each medium has its own language, techniques, codes and conventions.
⑥ 미디어는 상업적 함의들을 담고 있다.
  The media have commercial implications.
⑦ 미디어는 사회적, 정치적 함의들을 지닌다.
  The media have social and political implications.
⑧ 미디어는 형태와 내용과 밀접하게 관련되어 있다.
  Form and content are closely related in the media.

미디어는 세상을 있는 그대로 보여주지 않는다. 그들의 판단으로 보여주고 싶은 부분만 카메라에 담고, 보여주기 싫은 부분은 프레임 밖으로 밀어낸다. 그래서 이용자는 비판적인 관점에서 자신의 관점으로 미디어를 읽을 줄 알아야 한다. 생산자 따로 소비자 따로인 세상이 아니다. 누구나 미디어 생산자가 될 수 있다. 미디어를 생산하기 위해서는 미디어의 속성, 사용된 기법, 목적, 저자, 편향성, 가치, 관점 등을 파악할 줄 알아야 한다. 이것이 디지털 시대 미디어 문해력을 갖춰야 하는 이유다.

4
디지털 미디어 리터러시 핵심역량은 무엇인가

　디지털 기술 발달로 미디어 '수용자'가 '생비자'가 되면서 미디어 리터러시 교육의 패러다임이 바뀌었다. 메시지를 단지 듣고 보는데 그치지 않고, 내가 메시지를 만들어 내보내는 세상이다.
　미디어 참여는 책임을 요구한다. 사회적 규범을 따라야 하고, 다른 사람의 권리 침해를 용납하지 않는다. 누구나 미디어 제작 과정에 참여할 수 있는 디지털 시대에는 초상권, 개인정보, 저작권 보호가 필수다(정현선 외, 2015). 확인되지 않은 사실을 유포한다거나, 타인의 사생활을 침해하지 않기 위해서는 관련 규범을 숙지해야 한다. 어린이와 성인에 비해 청소년의 미디어 리터러시 규범 준수 능력이 가장 낮다는 연구결과는 눈여겨 봐야 할 대목이다(안정임, 2013).
　미디어 리터러시의 핵심역량을 갖추고 있다면 어떤 새로운 미디어가 등장하더라도 미디어라는 창을 통해 세상을 바로 볼 수 있다. 미디어 콘텐츠가 범람하는 시대에 '불량식품'으로 비유되는 허위조작정보(가짜뉴스)를 걸러낼 수 있다. 거짓은 더욱 진실처럼 다가온다. 조작된 정보는 사실과 진실보다 더 빨리 더 멀리 퍼져 나간다. 디지털 시대에는 더욱 그렇다.
　미디어 리터러시 역량은 21세기 인재의 역량 가운데 하나다. 디지털 스마트 미디어 시대에 접어들어 보고 듣는 데서 나아가 미디어를 직접 제작하며 참여한다. 그 과정에서 규범에 대한 이해와 윤리의식 또한 중요한 부분으로 인식되고 있다. 미디어 리터러시 교육의 지향점은 모든 아이들이 올바른 시선으로 책임을 다하고, 권리를 행사할 줄 아는 당당한 디지털 시민으로 키우는 데 있다.

　정현선 등(2015)은 한국의 초·중·고 〈2015 개정 교육과정〉의 총론에 나오는 역량 가운데 의사소통 역량 및 지식정보처리 역량이 미디어 리터러시와 밀접하게 관련된다고 보고, 학생들이 미디어 리터러시 교육을 통해 습득해야 하는 요소로 여덟 가지(① 의미 이해와 전달 ② 책임 있는 미디어 이용 ③ 감상과 향유 ④ 책임 있는 미디어 활용 ⑤ 정보 검색과 선택 ⑥ 창작과 제작 ⑦ 사회·문화적 이해 ⑧ 비판적 분석과 평가)를 제시했다. 김현진 외(2019)는 디지털 시대 민주시민 육성을 위한 미디어 리터러시 역량 프레임워크를 설계했다. 민주시민 육성을 위한 미디어 역량을 '지식정보사회에서 책임 있고, 성숙한 개인들이 정치, 사회, 경제, 문화에 대한 미디어의 정보와 서비스를 비판적으로 이해하고, 유통하며, 자신의 생각을 표현 및 창작함으로써, 미디어 웰빙과 상생을 추구하는 시민 역량'으로 규정하였다. 민주시민 육성을 위한 미디어 리터러시 역량을 기반 역량(① 접근과 활용 ② 윤리와 보안 ③ 웰빙과 문화)과 수행 역량(① 이해와 비평 ② 소통과 참여 ③ 표현과 생산)으로 구분하고, 각각 세 개의 하위 역량을 제시하였다.

　디지털 시대, 민주시민 육성을 위한 미디어 리터러시 수행 역량은 미디어 실천 중심의 역량이다. 미디어 정보를 빠르게 이해하고 비판적 사고를 기초로 비평하고, 미디어 안에서 정보를 유통시키거나 타인과 사회적 관계를 맺으며, 미디어를 통해 자신의 생각을 표현하거나 창작하는 역량이다.

　강진숙 연구팀(2017)은 독일, 프랑스, 핀란드의 미디어 교육 현황을 분석한 다음 시사점(① 지식 ② 비평 ③ 의사소통 ④ 접근·활용 ⑤ 구성·제작 ⑥ 참여)을 도출하였다. 각 나라의 미디어교육법 체계와 정책활동 사례들은 서로 다르고 특수성을 갖지만 공통적으로 미디어 교육의 목표는 단지 미디어 제작이나 코딩 학습 등의 도구적 숙련성을 습득하는 것을 넘어선다는 것이다. 즉 부정적이고 폭력적 환경에 공동 대처하기 위한 시민으로서 권리와 연대의식을 학습하고, 나아가 주체적인 사회 참여를 위해 어린이의 권리, 남녀평등의 인식, 그리고 디지털 리터러시 역량 획득을 제시하고 있다는 점에서 시사점을 준다. 김아미(2015)는 리터러시 교육을 통해 얻게 되는 역량을 크게 세 가지로 정리했다. 자기규제 능력을 포함하는 접근 역량, 문화 역량을 포함하는 비판적 이해 역량, 시민 역량을 포함하는 참여 역량이 그것이다.

봉미선과 신삼수(2020)는 미디어 발달과 미디어 이용행태 변화를 반영, 디지털 시대의 미디어 리터러시 핵심역량을 다섯 가지로 정리했다. 아날로그 시대, 다수 연구자들에 의해 공통적으로 제안되었던 '① 접근과 활용 ② 비판적 이해 ③ 창의적 생산'에 '④ 소통과 참여 ⑤ 윤리와 규범'을 더했다.

'접근과 활용' 역량은 '다양한 미디어를 통해 필요한 자료를 찾아 적확한 정보를 선택하여, 의도에 맞게 활용할 줄 아는 능력'이다. 미디어를 향유하고, 미디어를 통해 의사를 표현하기 위해서는 무엇보다 양질의 미디어 콘텐츠에 접근할 수 있어야 한다. 원하는 콘텐츠를 찾아 선택할 수 있을 때, 비판적으로 이해할 수 있고 그 콘텐츠를 재료로 재창조할 수 있다. 아날로그 시대 접근의 개념은 '수용자'로서 매체를 수신할 수 있는가, 미디어 수신기를 조작할 수 있는지 여부를 뜻했다. 디지털 시대 접근과 활용 역량은 '① 수용자로서 미디어 이용 차원의 수동적 접근과 ② 이용자로서 재창작을 위해 필요한 콘텐츠를 확보할 수 있는 적극적 접근'을 포괄한다.

'비판적 이해'는 소니아 리빙스턴Sonia Livingstone의 말대로 미디어 콘텐츠 소비자를 넘어 시민으로 자리잡기 위해 필요한 역량이다. 미디어에 포위당하지 않고 능동적인 이용자가 될 수 있다. 비판적으로 이해한다는 것은 '미디어 리터러시 핵심개념(저자, 포맷, 수용자, 콘텐츠, 동기)에 기반을 두어 콘텐츠의 내용과 맥락을 파악할 줄 아는 능력'으로 정의할 수 있다. 토먼과 졸스(Thoman & Jolls, 2008)가 제시한 다섯 가지 미디어 리터러시 핵심개념에 맞춰 소비자·생산자로서 콘텐츠 분석을 위한 핵심질문에 답할 수 있는 역량을 말한다.

'창의적 생산'은 디지털 시대 생산자로서 갖춰야 할 미디어 리터러시 핵심역량이다. 렌 매스터만Len Masterman(1985)은 미디어 교육의 제1원칙을 민주주의를 강화하는 데 두었다. 미디어 생산은 디지털 시대 시민으로서 목소리를 낼 수 있는 중요한 수단이다. 미디어를 통해 자신의 생각과 의견을 표현할 수 있어야 한다. 창의적으로 미디어를 생산할 수 있을 때 콘텐츠를 생산하고 공유하여 개인의 목적을 달성함과 동시에 미디어 생태계에 이바지할 수 있다(김현진 외, 2019). 넓은 의미에서 미디어 생산은 미디어 관여 engagement를 포함한다.

'소통과 참여'는 미디어를 통해 다른 사람과 어울릴 수 있고, 시민사회의 일원으로서 책임 있게 참여하는 능력이다. 기존 연구에서도 공통적으로 '소통과 참여'를 핵심역량으로 강조하고 있다. 스마트 미디어와 함께 등장한 소셜 미디어는 디지털 시대 소통의 필수 도구로 자리잡았다. 헨리 젠킨스 Henry Jenkins는 구성원 스스로 창작과 공유활동에 참여하고, 다른 구성원들과 일정한 사회적 유대감을 형성하는 현상을 '참여 문화participatory culture'로 정의했다(Jenkins, 2009). 특정 미디어 콘텐츠에 공감하고, 이를 타인과 공유하기 위해서는 미디어 리터러시가 필수적이다.

'윤리와 규범'은 이용자의 허위조작정보 판별 능력이면서, 자신의 미디어 행위가 미디어 윤리를 준수함으로써 표절하지 않고, 타인의 권리를 침해하지 않도록 하는 사회적 규범을 숙지하고 준수하는 능력이다. 미국 미디어 리터러시 교육 전문단체 CMLCenter for Media Literacy은 미디어 접근 및 활용을 둘러싼 윤리 및 법적 문제에 관한 근본적인 이해를 강조했다. 영국 퓨처랩Future Lab도 법과 윤리를 위반하지 않고 미디어 활동을 펼칠 수 있는 온라인 안전e-safety 의식을 디지털 시대 미디어 리터러시의 핵심역량으로 꼽았다.

표 1-1. 민주시민 육성을 위한 미디어 리터러시 역량 정의

구분	정의
접근과 활용	다양한 미디어를 통해 필요한 자료를 찾아 적확한 정보를 선택하여, 의도에 맞게 활용할 줄 아는 능력
비판적 이해	미디어 리터러시 핵심개념(저자, 포맷, 수용자, 콘텐츠, 동기)에 기반하여 콘텐츠의 내용과 맥락을 파악할 줄 아는 능력
창의적 생산	미디어 특성과 언어를 활용하여 고유의 의미 있는 메시지를 창출하며, 사회적으로 이로운 문화 콘텐츠를 생산할 수 있는 능력
소통과 참여	미디어를 통해 다른 사람과 어울릴 수 있고, 시민사회의 일원으로서 책임 있게 참여하는 능력
윤리와 규범	윤리를 준수하며, 표절 금지, 초상권 보호, 개인정보 보호 등 사회적 규범을 숙지하고 준수하는 능력

출처: 봉미선·신삼수 (2020). 디지털 시대 미디어 리터러시 역량 증진을 위한 공영방송의 역할 고찰. 〈방송과 커뮤니케이션〉, 56쪽.

2015년을 기점으로 필수 매체에 대한 인식이 텔레비전에서 스마트폰으로 옮겨갔다. 최근 조사에서는 압도적인 비율로 스마트폰을 필수매체로 인식하고 있음이 드러났다. 청소년들에게 스마트폰이 필수매체라는 인식은 절대적이다. 이용자들의 매체 인식 변화에 맞춰 미디어 문해력 교육을 통해 키워줘야 할 역량도 달라질 수밖에 없다. 소비자 측면에서 볼 때, 과거에는 '비판적 이해'보다는 '접근과 활용'이 우선이었다면, 스마트폰 시대에는 '접근과 활용'보다는 '비판적 이해'가 우선이다.

생산자 측면에서 볼 때도, 핵심역량별 경중이 달라진다. 과거 퍼블릭

액세스 수준일 때는 '비판적 이해' 중심이었으나, 스마트폰과 유튜브가 일상화되면서 '소통과 참여', '창의적 생산', '윤리와 규범' 역량이 더욱 강조되고 있다.

새롭게 등장하는 미디어 또는 기술을 반영해야 하지만 그것에 집중해서는 안 된다. 신문, 라디오, 텔레비전, 소셜 미디어 등의 발전을 역사적인 관점에서 볼 때, 주체적인 수용자가 갖춰야 할 역량은 크게 다르지 않다. 새로운 미디어에 대한 이해가 필요하지만, 그에 앞서 향후 어떤 새로운 미디어가 등장하더라도 미디어에 지배당하지 않고 미디어를 능동적으로 활용할 수 있는 핵심역량을 증진시키는 개념적인 접근이 필요하다(Buckingham, 2019).

5
어떻게 미디어 문해력을 키울 수 있는가

"많이 알수록 더 많이 보게 된다."
"The more you know, the more you see."

젊은 나이에 거의 실명 상태까지 갔었던 올더스 헉슬리(Aldous Huxley, 1894~1963)의 명언이다. 그는 1932년 〈멋진 신세계〉라는 소설에서 기술로 치닫는 세상을 일찌감치 풍자했다. 17세에 시력을 잃었지만, 차츰 나아져 두꺼운 돋보기 안경의 도움을 받아 다시 세상을 볼 수 있었다. 그는 한때 시력을 잃고, 다시 되찾은 경험을 살려 〈보기의 기술 The art of seeing〉이라는 책을 썼다. 헉슬리는 본다는 것 seeing을 눈으로 감지하고 sensing, 그중의 일부를 선택하고 selecting, 뇌를 통해 인지하는 것 perceiving의 총합으로 보았다

(Seeing=Sensing+Selecting+Perceiving). 단지 시청하는 데 머물지 않고 보고 있는 영상이나 이미지가 무엇을 말하려는지, 그 안에서 무슨 일이 일어나고 있는지를 열린 마음으로 생각하며 바라볼 것을 강조했다. 인간은 듣고, 보고, 느끼고, 맛보고, 냄새 맡는 것들을 과거 경험으로 저장된 기억과 맞물려 인식할 수 있다고 설명했다. 더 많이 경험하고, 더 많이 배우고, 더 많이 알고 있으면, 더 잘 볼 수 있다는 얘기다.

헉슬리가 말하는 얼마나 잘 보는가, 얼마나 더 잘 볼 수 있는가를 말하는 역량이 문해력이 아니겠는가. 책으로부터, 텔레비전으로부터, 챗GPT로부터 수없이 많은 글과 이미지가 쏟아진다. 문자와 이미지, 동영상의 홍수 속에서 단지 읽고, 보는 데 그치지 않고 자신의 경험으로 축적된 기억을 끄집어내 제대로 볼 줄 아는 능력이 중요한 시대다. 그게 가능할 때 비로소 지식과 만날 수 있고, 새로운 지식도 만들어 낼 수 있다. 눈덩이 효과snowball effect라 하지 않던가. 어느 지점을 지나면 지식은 눈덩이처럼 늘어나고 자신의 문해력 또한 급상승한다. 헉슬리는 그 반대도 성립한다고 말했다. 많이 볼수록 더 많이 알게 된다는 것이다"The more you see, the more you know."

헬렌 켈러가 지식을 만나면서 감탄했던 것처럼, 헉슬리가 말했듯이 그냥 보는 데 그치지 않으려거든 디지털 시대 미디어 문해력을 갖춘 지식인으로 성장해야 한다. 내가 구사하는 미디어 언어가, 내가 만든 영상 콘텐츠가 누군가의 얼굴을 찌푸리게 만든다거나, 누군가의 권리를 침범하거나, 세상의 올바른 소통에 장애가 되는 잡음이 되지 않기 위해서라도 미디어 문해력을 위한 핵심역량을 갖추어야 한다. 방법은 많이 보고, 많이 읽고, 많이 경험하는 것이다.

디지털 시대는 "보는 것이 믿는 것Seeing is believing"이라는 말로 설명되지 않는다. 십수 년 사이 세상은 달라졌다. 눈에 보이는 것을 보이는 대로 믿었다가는 큰코다치는 세상으로 바뀌었다. 그래서 더욱 미디어 문해력이 화두다. 어떻게 미디어 문해력을 키워줄 수 있을까? 너무나 많은 사항이 고려되어야 한다. 먼저 생애마디에 따라 교육의 내용과 범위, 수준이 확연하게 달라진다. 초등학생이 갖춰야 할 미디어 문해력과 성인이 갖춰야 할 미디어 문해력은 너무나 다르다. 그렇다면 초등학생과 중학생이 갖춰야 하는 문해력도 다른가? 학교 교육에서는 초·중·고 구분이 가능하지만 한계가 있다. 미디어 문해력 교육 과정은 국어, 영어, 수학과 다르다. 미디어 문해력 고유의 커리큘럼이 있어야 하고, 그 구분은 학교 안과 밖에서 다르게 적용되어야 한다.

미디어는 일상생활 속에서 누린다. 그래서 물과 공기에 비유된다. 학교 안에서만 배울 수 있는 게 아니다. 오히려 학교 밖에서 더 많이 접하고, 더 많이 배울 수 있다. 생애주기별 미디어 교육을 표방하는 시청자미디어재단은 최근 연구에서 생애마디를 초·중·고로 구분하지 않고 연령대별로 구분지었다. 보다 효과적인 미디어 교육을 위한 타당한 구분이라고 여겨진다.

미디어 문해력 교육은 미디어에 따라 달라진다. 귀로만 받아들이는 라디오, 눈과 귀로 받아들이는 텔레비전, 눈으로만 받아들이는 활자와 사진이 다르다. 미디어별 콘텐츠 고유의 특징을 이해하고 해석할 수 있을 때 비로소 미디어 문해력을 갖췄다고 볼 수 있다.

미디어 문해력 교육은 콘텐츠 장르에 따라서도 많이 다르다. 미디어 콘텐츠의 유형은 뉴스, 교양, 오락, 다큐멘터리, 스포츠 등 다종다양하다. 콘텐츠 장르에 따라 접근, 이해, 해석의 방식과 수준은 다를 수밖에 없다. 마지막으로, 미디어 문해력 교육은 콘텐츠의 내용에 따라 다르다. 철학, 문학, 사회, 과학, 역사 등을 다루는 내용 또한 무궁무진하다. 그야말로 아는 만큼 보인다.

결국, 생애마디별, 미디어별, 콘텐츠 장르별, 콘텐츠 내용별 다양한 방식으로 조합할 수 있기에 특정 방식으로는 한계를 갖는다. 미디어 문해력은 특정 연령대의 사람에게, 특정 미디어를 염두하고, 특정 장르의 특정 내용 콘텐츠에 접근했을 때 그 미디어가 제공하는 형식과 내용을 본질적으로 이해할 수 있는가의 문제다. 미디어가 발달하면서 이미지가 등장했다. 굳이 설명 없이도 누구나 보는 것만으로 알 수 있었다.

미디어 교육보다는 미디어 문해력(리터러시) 증진이라는 프레임으로 접근하는 게 현실적이다. 미디어 교육은 유럽에서 학교 교육에 뿌리를 두고 출발한 용어인 데 비해, 미디어 문해력(리터러시)은 미국을 중심으로 학교 밖 사회교육에 기반을 두고 있다. 국내 현실에서 미디어 교육은 초·중·고 교육과정에 근거한 학교 교육에서 이뤄지는 '미디어 이해' 교육으로 인식되고 있다.

학교 교육을 중심으로 한 미디어 교육 측면에서 영국이 가장 앞섰다는 평가를 받는다. 호주와 캐나다, 미국 등은 정규교육과정에 미디어 교육 또는 미디어 리터러시 교육을 반영했다는 이유로 선도국가로 분류된다. 관점을 달리할 때, 대한민국이 그들보다 앞선 부분이 있다. 매체 수용자를 위한 안정직인 인프라와 운영 체계는 가장 앞서 있다고 해도 과언이 아니다.

하지만 이제 궤를 달리할 필요가 있다. 학교 교육 중심의 미디어 교육과 챗GPT로 구체화되고 있는 인공지능 시대, OTT 시대의 미디어 리터러시는 상당한 교집합 영역이 존재하지만 엄연히 다르다. 학교 교육 중심의 미디어 교육보다는 학교 밖, 사회적 차원, 생애주기 관점의 미디어 리터러시 교육 비중이 더욱 커지고 있다. 그 추세가 지속될 것이라는 점은 쉽게 예측할 수 있다.

태어나 나홀로 말을 배울 수 없듯이, 나홀로 문자를 해독할 수 없듯이 미디어 언어 또한 나홀로 터득하기 힘들다. 국가 차원의 제도가 필요하고, 사회적인 관심과 조직이 필요하다. 이미 잘 조직된 학교 안, 교육과정을 통해 미디어 언어를 가르칠 수 있고, 학교 밖에서도 얼마든지 가르치고 배울 수 있다.

　미디어는 도구다. 칼이 그런 것처럼. 누구 손에 쥐어져 어떤 일에 쓰이는 가에 따라 그 쓰임새는 천양지차다. 버틀랜드 러셀Bertrand Russell은 과학기술이 발달하면서 사람이 할 수 있는 일이 많아졌다는 말로 세상을 설명했다. "과거에는 인간이 할 수 있는 일이 매우 제한적이었기에 아무리 나쁜 생각을 갖더라도 남에게 끼치는 해악이 제한적이었고, 착한 마음을 먹더라도 할 수 있는 일에 한계가 있었다." 그러나 과학기술이 발달하고 지식의 양이 늘어나면서 인간이 할 수 있는 일도 늘어났다. "나쁜 사람들은 더 많은 해악을 끼칠 수 있고, 착한 사람들은 우리의 선조들이 상상 속에서나 가능했던 것보다 더 많은 선행을 할 수 있다"는 것이다(Russell, 2009). OTT시대를 맞아 지식을 얻고 확장할 수 있는 미디어 콘텐츠는 넘쳐나고, 그렇게 얻은 지식으로 세상을 이롭게 할 수 있는 미디어 플랫폼도 많다. 미디어 문해력을 갖춘 이용자가 늘어날수록, 진실이 거짓을 이기고, 선의가 악의를 능가하며, 개인보다 공동체를 우선하는 세상이 더 빨리 오지 않겠는가.

참고문헌

강진숙·조재희·정수영·박성우 (2017). 〈해외 미디어교육 법체계 및 정책기구 연구〉 (지정 2017-10). 서울: 한국언론진흥재단.

김아미 (2015). 〈미디어 리터러시 교육의 이해〉. 서울: 커뮤니케이션북스.

김현진·김현영·김은영·최미애 (2019). 〈민주시민육성을 위한 미디어 리터러시 교육 방안 연구〉 (연구보고 KR 2019-4). 대구: 한국교육학술정보원.

봉미선 (2022). 미디어로 우리 아이 당당한 디지털 시민으로 키우기. 이숙정·김창숙·이창호 외 (편), 〈부모 미디어 리터러시: 이론과 실천〉 (119-136쪽). 파주: 한울엠플러스.

봉미선·신삼수 (2020). 디지털 시대 미디어 리터러시 역량 증진을 위한 공영방송의 역할 고찰. 〈방송과 커뮤니케이션〉, 21권 3호, 41-75.

안정임 (2013). 연령집단에 따른 디지털 미디어 리터러시 수준 비교 연구. 〈학습과학연구〉, 7권 1호, 1-21.

정현선·박유신·전경란·박한철 (2015). 〈미디어 문해력(literacy) 향상을 위한 교실수업 개선 방안 연구〉 (교육부 2015-12). 세종: 교육부.

Brynjolfsson, E., & McAfee, A. (2014). *The second machine age: Work, progress, and prosperity in a time of brilliant technologies*. WW Norton & Company. 이한음 (역) (2014). 〈제2의 기계 시대: 인간과 기계의 공생이 시작된다〉. 서울: 청림출판.

Buckingham, D. (2019). *The media education manifesto*. John Wiley & Sons.

Jenkins, H. (2009). *Confronting the challenges of participatory culture: Media education for the 21st century*. Mit Press.

Keller, H. (1903). *The story of my life*. WW Norton & Company. 김명신 (역) (2009). 〈헬렌 켈러 자서전: 사흘만 볼 수 있다면〉. 서울: 문예출판사.

Martens, H. (2010). Evaluating media literacy education: Concepts, theories and future directions. *Journal of Media Literacy Education*, *2*(1), 1-22.

Masterman, L. (1985). *Teaching the media*. London: Comedia.

Russell, B. (2009). *Human knowledge: Its scope and limits*. Routledge.

Thoman, E., & Jolls, T. (2008). *Literacy for the 21st century: An overview and orientation guide to media literacy education*. Center for Media Literacy.

Wilson, C., & Duncan, B. (2009). Implementing mandates in media education: the Ontario experience. *Comunicar, 16*(32), 127-140.

EBS (2011, 11, 3). 사회운동가 헬렌 켈러. 〈지식채널e〉.
OECD (2022). PISA 2018 results. URL: https://www.oecd.org/pisa

Chapter 02

프라이버시 리터러시 교육

이선민 _ 시청자미디어재단 선임연구원

이 장은 디지털 미디어 문해력의 하나로 프라이버시 리터러시에 대해 설명하고 있다. 앱과 플랫폼, 기기, 사물인터넷(IoT, Internet of Things) 등을 통해 대규모의 개인 데이터가 생성되고, 이것이 기업 등에 의해 수집·추적·저장·이용되면서 프라이버시는 새로운 국면을 맞게 됐다. 프라이버시는 미디어 리터러시를 가능하게 하는 권리이고, 프라이버시 역량은 미디어 리터러시의 역량 중 하나이다. 그러나 그동안 미디어 리터러시에서 프라이버시 이슈는 그 중요성에도 불구하고 주목받지 못했다. 여기에는 프라이버시와 청소년에 대한 인권 의식이 희박한 국내 상황도 크게 작용했다. 관련 교육도 프라이버시를 다루기보다 수동적으로 개인정보를 보호하는 내용으로 진행되었다. 프라이버시 리터러시는 프라이버시가 개인의 자아 발달에 필요한 기본적인 권리이자 표현의 자유 등 민주사회의 구성원으로서 살아가는 데 필요한 권리를 뒷받침하는 기본적 가치라는 전제에서 출발한다. 이 장에서는 미디어 환경 변화와 프라이버시 개념 확장, 미디어 산업의 구조와 미디어 환경을 구성하는 개인, 기업, 국가의 미디어 기술을 통한 상호작용 및 이러한 상호작용이 개인에게 미치는 영향 등에 대한 논의를 바탕으로 프라이버시 교육의 방향성과 교육 프로그램을 소개하고자 한다.

1
들어가며

> 2023년 7월 페이스북을 운영하는 메타는 간편하게 본인확인을 할 수 있게 하는 '페이스북 로그인' 기능으로 다른 앱의 활동 내역 데이터까지 몰래 수집해온 것이 드러나 개인정보보호위원회로부터 과징금을 부과받았다. 페이스북 로그인 기능이 탑재된 앱을 설치하기만 해도 이용자들이 해당 앱에서 어떤 활동을 했는지가 메타로 빠져나갔다.
>
> 임지선, 2023. 7. 27

소셜 미디어, 검색엔진, 클라우드, 쇼핑, 금융, 메신저, 온라인게임, 각종 스마트폰 앱, IoT 인터페이스, 운영체제 등에서 개인 행동이 데이터화되면서(Hagendorff, 2018), 개인의 프라이버시는 과거와 다른 국면을 맞게 됐다. 구글이 표적 광고로 활용하기 위해 이용자 마우스 움직임까지 추적하는 상황에서(이승진, 2023. 3. 22), 인터넷 이용자 누구도 자유롭지 못하다. 18세 미만 아동도 마찬가지다. 아니 오히려 아동의 프라이버시는 더 취약한 상황에 놓여 있다.

> 미 연방거래위원회(FTC, Federal Trade Commission)는 2023년 6월 MS가 운영하는 엑스박스 게임 라이브 서비스에 대해 미국 아동온라인 프라이버시 보호법(COPPA, Children's Online Privacy Protection Act of 1998) 위반혐의로 2천만 달러의 과징금을 부과했다. MS는 부모의 동의 없이 13세 미만 아동의 개인정보를 수집했고, 게임 콘솔에 부여된 영구 식별자 정보와 아동의 서비스 이용 내역을 다른 게임과 앱 개발자와 공유했다.
>
> 네이버, 2023. 6. 15

미 연방거래위원회(FTC, Federal Trade Commission)는 2019년 9월 아동 개인정보를 불법으로 수집해 표적(맞춤형) 광고를 판매해 온 유튜브에 대해 1억7000만 달러(약 2,050억 원)의 벌금을 부과했다. 유튜브는 부모의 동의없이 아동의 동영상 시청 등의 인터넷 활동을 추적했고, 이렇게 얻은 쿠키를 이용해 아동들에게 장난감 회사 등의 표적 광고를 제공했다.

박용, 2019. 9. 5

2
아동 프라이버시와 개인정보

모바일 보안 기업 '픽셀레이트'가 매해 발표하는 〈아동 프라이버시 위험 보고서〉는 아동의 데이터와 프라이버시의 특수성을 명확하게 보여준다. 구글 플레이스토어와 애플 앱스토어의 아동 대상 모바일 앱 상위 900개를 조사한 결과, 23%가 아동프라이버시보호법 위반 가능성이 있었다(Pixalate, 2023). 2022년 보고서에 따르면 '어린이에게 인기 있는 아이폰 앱 1,000개 중 3분의 2 이상, 안드로이드 앱의 79%가 개인정보를 수집해 광고업계에 보냈다. 광고주는 일반 앱보다 어린이용 앱에서 광고비를 3.1배 이상 더 지불할 가능성이 있었고, 어린이용 앱에서 GPS나 IP 주소 등의 제3자(광고주 등) 공유가 일반 앱보다 42% 더 많이 일어날 가능성이 있는 것으로 나타났다(Pixalate, 2022). 기업이 갖은 방법을 동원해 아동의 개인 데이터를 수집하려는 것은 아동의 데이터가 경제적 가치가 높기 때문이다(Zuboff, 2019/2021). 코로나19 이후 교육의 급속한 디지털화는 아동 프라이버시에 대한 위협을 가중시킨다. 국제인권단체 '휴먼라이츠워치Human Rights Watch'가 49개 국 164개 교육용 앱과 웹사이트를 분석한 결과, 코로나19 당시 학교에서 사용하는 앱과 웹사이트에서 학생 수백만 명의 온라인 행동과 개인정보가 추적됐다. 교육 도구의 90%가 수집한 학생의 개인정보를 광고회사에 보내도록 설계됐고, 광고회사는 이 정보를 이용해 학생들의 관심사를 추정하고 그들이 사고 싶은 것을 예측할 수 있었다. 다수 기업이 학생들의 정보를 수집해 마케터와 데이터 브로커와 공유했고, 표적(맞춤형) 광고를 내보냈으며, 학생들을 대상으로 데이터 프로필을 구축했다(Harwell, 2022). 2023년 미 연방거래위원회는 아동에게 표적 광고를 내보내기 위해 아동 데이터를 수집·사용한 에듀테크기업 '에드모도Edmodo'를 고소했다. 에드모도는 페이스북과 구글을 포함한 온라인 광고 대기업과 이용자 데이터를 공유했고, 학업과 상관없는 경우에도 학생들의 카메라, 연락처, 위치정보 등을 수집했다(Han, 2023).

일반적으로 프라이버시 침해와 관련해 앞서 언급한 스마트폰과 태블릿, 웹 브라우징과 검색엔진, 플랫폼이나 앱 등 온라인 환경만을 생각하지만 아동 프라이버시와 관련된 범위는 상당히 넓다. 집에서는 인공지능 스피커, 인터넷과 연결된 장난감과 게임, 홈캠 등이, 집 밖에서는 어린이용 스마트워치(위치추적 시계), 학교 데이터베이스, 각종 학습 앱, 학교의 생체인식 데이터, 각종 회원제 서비스, 의료기록 등을 통해 개인 데이터와 정보가 수집된다. 어린이의 경우 주로 교육·보건 등 공적 영역에서 데이터가 일괄 수집되고(Children's Commissioner, 2018), GPS 추적, 카메라, 마이크 기능이 탑재된 어린이용 물품도 은밀히 데이터를 수집하고 있다(Bremmer, 2022). 디지털 미디어는 서비스와 제품에 대한 참여와 접근을 유도하기 위해, 혹은 개인 데이터와 정보로 이윤을 얻기 위해 필요 이상 많은 개인

정보를 공개하도록 권장하거나 개인 데이터와 정보를 수집한다(Lapenta & Jørgensen, 2015). 이렇게 수집된 아동의 선호와 습관 등이 담긴 개인 데이터는 쿠키 배치, 위치기반 광고와 행동 타깃팅 같은 온라인 활동 모니터링과 감시, 프로파일링을 통해 온라인에서의 행동을 유도·강화하면서 아동의 온라인 정체성과 경험 형성에 상당한 영향을 미친다[1]. 영국 아동위원회(Children's Commissioner, 2018)는 추적 데이터나 추론 데이터가 프로파일링 등을 통해 아동의 삶에 장기간에 걸쳐 영향을 미칠 수 있다고 강한 우려를 드러냈다. 어린이는 두뇌를 포함한 신체와 정신이 발달과정에 있어서 표적 광고, 감시, 다크 패턴dark pattern 등의 위험에 더 취약하다.

3
프라이버시의 의미

프라이버시는 혼자 있을 권리 등 사생활을 침해 받지 않을 권리에서 출발했다. 이후 프라이버시는 개인의 사생활 보호를 통해 자유롭게 정치·사회적 활동을 할 수 있게 하는 기본적 권리로서 그 의미가 확장됐다(김종철, 2001). 유네스코(2017)와 유엔 인권이사회(UN Human Rights Council, 2017)는 프라이버시 권리를 개인의 자아 발달에 반드시 필요한 권리라고 강조했다. 유엔 인권이사회는 "프라이버시 권리 침해가 표현의 자유 권리, 집회와 결사의 자유 권리를 포함한 다른 인권에 영향을 미칠 수 있다"고 말했다.

---

[1] 유럽연합의 「디지털 서비스법(Digital Services Act, DSA)」 시행(2023년 8월)으로 유튜브, 인스타그램, 틱톡 등 월간 사용자 수 4,500만 명 이상인 거대 테크 기업은 유럽연합 안에서 어린이와 청소년 대상으로 맞춤형 광고를 할 수 없게 됐다(오로라, 2023. 8. 23).

컬버와 그리즐(Culver & Grizzle, 2017)은 유네스코 프라이버시 보고서에서 프라이버시를 통해 표현의 자유 권리와 민주주의의 권리가 보장될 수 있고, 외부 압력과 간섭 없이 개인의 생각, 정치적 의견, 예술적 표현을 펼칠 수 있다고 주장했다.

인터넷과 정보통신 기술의 발전으로 프라이버시의 폭은 넓어졌고, 특히 개인의 정보와 관련된 영역이 부각됐다. 개인 데이터가 디지털 미디어, 앱, SNS, 데이터베이스, 디지털 아카이브, 컴퓨터, 다양한 모바일 장치에 수집·저장되면서 정보와 관련된 프라이버시의 폭은 더욱 확장됐으며 그만큼 침해의 위협 또한 커졌다(Pangrazio & Selwyn, 2019). 현대에서 프라이버시는 '개인, 집단, 기관이 자신에 관한 정보를 다른 사람에게 언제, 어떻게, 어느 정도까지 전달할지 결정할 수 있는 권리(Westin, 1967)', '어떤 개인정보를 어떻게 공개할지에 대한 의사결정권(Zuboff, 2019/2021)' 등의 의미를 지닌다.

한정된 플랫폼에서 개인정보를 입력하던 과거와 달리 개인 활동 데이터 수집 등을 통한 프라이버시 침해 위협이 커지면서, 프라이버시 권리와 개인정보 및 데이터 개념을 세분화하는 움직임이 나타나고 있다. 반더호프(van der Hof, 2016)는 프라이버시를 법적 개념으로서 식별되거나 식별 가능한 개인과 관련된 정보인 '개인 데이터personal data' 이외에 '① 주어진 데이터Data given, ② 추적 데이터Data traces, ③ 추론 데이터Inferred data'로 영역을 구분한다. '주어진 데이터'는 개인이 온라인에서 활동하는 동안 인식하며 제공하는 (자신이나 타인에 관한) 데이터를 의미한다(예 소셜미디어 프로필 개인정보란에 출생일 기재). '추적 데이터'는 개인이 인식하지 못하는 사이 기록된 데이터로 참여과정이나 데이터 추적기술을 통해 캡처된 쿠키, 웹 비컨이나 기기·브라우저의 흔적, 위치 데이터와 기타 메타데이터를 말한다(예 특정 앱 사용이나 포스트할 때 위치, 특정 플랫폼 사용시간 등). '추론 데이터'는 '주어진 데이터'와 '추적 데이터' 분석에서 도출된 데이터로, 알고리즘(프로파일링)에 의해 다른 데이터 소스와 결합하는 데이터(예 나이, 성별, 페이스북 좋아요 등으로 개인이 구입할 물건을 예측)를 말한다.

아동의 미디어 이용에 관한 논의를 주도해온 리빙스턴 외(Livingstone et al., 2019)는 아동의 온라인 프라이버시를 '① 개인과 다른 개인이나 집단(대인 프라이버시), ② 공공 혹은 제3부문(제도적 프라이버시), ③ 영리 집단(상업적 프라이버시)' 등 세 가지 관계유형으로 구분한다(〈그림 2-1〉 참고). '대인 프라이버시Interpersonal privacy'는 온·오프라인에서 이용 가능한 정보가 온라인 연결을 통해 생성·접속·증폭되는 과정과 관련이 있고, '제도적 프라이버시institutional privacy'는 정부, 교육, 보건 등 공공기관의 개인 데이터 수집·처리 과정에 초점을 맞춘 개념이다. '상업적 프라이버시'는 기업이 사업과 마케팅 목적으로 개인 데이터를 수집·이용하는 과정과 관련이 있다.

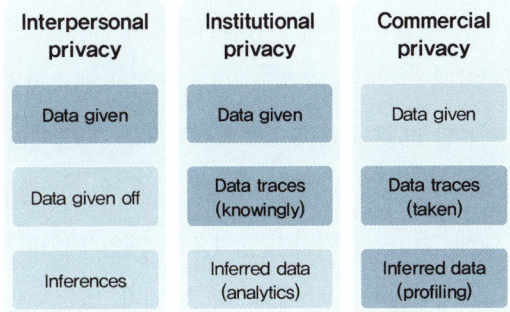

그림 2-1. 아동 프라이버시 차원과 데이터 유형 (Livingstone et al., 2019, p. 16)

유니세프(2018)는 〈온라인 어린이 프라이버시와 표현의 자유에 관한 보고서〉에서 아동의 프라이버시 권리가 복합적이라는 점에 주목해, '① 물리적physical 차원, ② 커뮤니케이션communication 차원, ③ 정보informational 차원,

④ 의사결정decisional 차원' 등 네 차원으로 프라이버시를 분류했다. '물리적 프라이버시'는 아동의 실제 이미지, 행동이나 위치를 추적, 모니터링과 방송하는 기술의 영향을 받는 것과 관련이 있고, '커뮤니케이션 프라이버시'는 아동의 게시물, 채팅, 대화, 메시지나 통화를 정부나 다른 행위자가 감시하는 상황과 관련이 있다. '정보 프라이버시'는 아동의 개인 데이터가 수집·저장·처리될 때의 위험성과 관련이 있고, '의사결정 프라이버시'는 정보에 대한 접근을 제한해, 아동의 독자적 의사결정이 방해받는 것과 관련이 있다.

4
프라이버시 리터러시 교육의 방향성

아동의 데이터는 여러 차원에서 광범위하게 수집되고 있지만, 아동들은 이에 대해 명확하게 인식하지 못하고 있다. 아동들은 소셜 미디어 등 온라인 서비스를 이용할 때 수동적이고 무의식적으로 개인 데이터를 제공했고 (Pangrazio & Selwyn, 2018; Selwyn & Pangrazio, 2018), 정부나 기업의 데이터 이용에 대해 그다지 우려하지 않았으며, 개인 데이터가 무엇을 의미하는지, 자신의 데이터가 누구에게, 왜 가치가 있는지를 알지 못했다 (Lapenta & Jørgensen, 2015).

그러나 프라이버시에 대한 교육은 수년간 위험과 위협의 프레임(금전적 손실, 납치 등)으로 진행되어 왔거나(Children's Commissioner, 2018), 미디어 환경을 반영하지 못한 채 과거의 논의에 머물러 있다. 대표적으로 국내 중학교 정보 교과의 개인정보 교육은 '피해 사례를 통한 개인정보의 중요성

인식'을 교육 목표로 하고, '위험·범죄피해·보호'의 메시지를 강조하고 있다.2) 또한, 프라이버시 대신 「개인정보 보호법」에 근거해 개인정보에 관한 교육만을 시행하고 있다.3) 영국 아동위원회(Children's Commissioner, 2017)는 단순히 가시적인 위험과 피해보다는 어린 시절 수집된 개인 데이터가 이후 개인의 경험과 전망에 미칠 영향 등을 우려한다. 판그라지오와 셀윈(Pangrazio & Selwyn, 2019)은 데이터와 프라이버시 관련 정보의 비대칭으로 인해 구성원이 불이익을 당하거나 소외될 우려가 크므로 미디어 리터러시 교육에서 프라이버시 교육이 필요하다고 강조한다.

미디어 리터러시 교육에서는 프라이버시가 개인 프라이버시 필요성과 가치, 디지털 기술 이용 시 프라이버시에 미치는 영향, 프라이버시와 투명성의 균형, 표현의 자유, 정보에 대한 접근 등과 관련이 있으므로 이를 중심으로 한 교육을 지향하고 있다(Culver & Grizzle, 2017). 다음에서는 이러한 내용을 반영한 국제기구, 학술연구, 정부기구 등의 대표적인 프라이버시 교육 프로그램을 소개하고, 국내 교육 프로그램도 일부 소개한다.4)

---

2) 2015 개정 교육과정의 중학교 정보 교과 개인정보 보호 교육 목표는 '개인정보 유출로 인한 피해 사례 조사를 통한 개인정보 보호 중요성 인식과 개인정보 관리·보호 방법 인식과 실천'이다.
3) 프라이버시 연구자들에 따르면 프라이버시가 타인에 의해 파악될 수 있는 기록이나 정보의 형태를 띨 때 개인정보로 바뀌고, 프라이버시는 개념에서부터 권리의 요소를 포함하므로 개인정보와 관련된 권리를 논할 때 일반적으로 프라이버시 개념으로 접근한다(권건보, 2021; 권헌영 외, 2017; 정영화, 2001).
4) 이 글에서 소개한 프로그램 이외 프라이버시 교육 프로그램으로 커먼센스 미디어(Common Sense Media)의 '디지털 시민성' 프로그램 중 프라이버시와 보안, 세계적인 프라이버시 전문가 다니엘 솔로브(Daniel Solove) 교수가 운영하는 '티치 프라이버시(Teach privacy)', 하버드대 산하 버크만 클라인 센터(Berkman Klein Center)의 청소년 대상 프로젝트 '청소년과 미디어(Youth and Media)'의 프라이버시와 평판 프로그램, 캘리포니아주 산호세 공공도서관의 '가상 프라이버시 랩(Virtual Privacy Lab)' 등이 있다.

5
프라이버시 교육 프로그램

1) 유네스코의 미디어 리터러시로서 프라이버시 교육

　컬버와 그리즐(Culver & Grizzle, 2017, p. 15)은 유네스코 프라이버시 보고서에서 '프라이버시 역량'은 미디어와 정보의 생성, 분석, 배포, 적용 사용, 수익화 과정을 이해하고 프라이버시에 대한 권리를 요구하는 능력과 정보를 보호하는 방법뿐만 아니라 어떤 정보를 공유할지 판단하고 행동하는 것을 포함한다고 말했다. 이들은 '온라인에서 개인 프로필과 정보의 상품화·수익화에 대해 인식하는' 프라이버시 역량은 '앱과 서비스의 비즈니스 모델을 인식하고, 디지털 미디어 기업 등이 프라이버시 정책에 책임이 있다는 것을 아는' 미디어 리터러시의 맥락에 있다고 봤다. 이들에 따르면, 프라이버시와 관련된 다양한 혜택과 우려를 판단하려면 '민주주의 사회에서 미디어의 역할과 기능을 이해하는 기술skill'이, 상업적 목적으로 개인정보 등이 담긴 콘텐츠를 이용해도 되는지를 결정하려면 '윤리적 정보 이용 기술'이 필요하다. 또한 데이터 보안 등을 이해하기 위해서는 정부나 상업적 이해관계의 파악이 필요한데, 이는 미디어 리터러시의 중요한 부분이다.

　미디어 플랫폼에서 프라이버시에 대한 인식은 인터넷의 무료 서비스 이용에 프라이버시와 개인정보 제공 등의 '비용'이 들고, 이 비용이 남용되면 안 되고 이용자의 투명한 동의가 필요하다는 점에서 시작된다. 프라이버시 역량이 있다면 미디어 산업에 대한 이해(미디어 리터러시)를 근거로 소셜 미디어, 앱의 무료 서비스 이용에 대한 대가로 개인정보를 제공할지를 결정할 수 있어야 하고, 개인정보가 상업적으로 이용될 경우 공정한 소득 분배나 이익 공유를 요구 또는 협상할 수 있어야 한다. 또한 개인정보나 데이터를 공유할 때, 개인정보에 문제가 생겼을 때, 정보에 입각해 결정할 수 있어야 한다. 특정 정보가 개인으로 식별될 수 있는 상황을 이해하는 능력은 비자발적으로 수집된 메타데이터의 처리 방식에 대한 이해 등 매우 복잡한 판단을 요구한다.

유네스코는 프라이버시를 미디어정보 리터러시(MIL, Media Information Literacy)의 요소로서 다음과 같이 정리했다(Culver & Grizzle, 2017).

- 사이버공간에서 개인의 프라이버시 권리가 왜 필요하고 중요한지 이해하기
- 개인정보와 프로필이 특히 온라인에서 상품화, 상업화되는 경향을 인지하기
- 언제, 어떻게 프라이버시와 익명성을 요구할지, 언제 타인의 프라이버시와 익명성을 존중할지 이해하기
- 온라인이나 오프라인에서 언제 개인정보를 공유할지 판단하기
- 온라인 플랫폼을 비롯한 여러 기관의 프라이버시 정책과 정보 관리 행태 평가하기
- 디지털 환경의 프라이버시 위험과 혜택을 이해하고, 프라이버시 설정과 수준을 적절하게 조정하기
- 타인의 개인정보를 윤리적으로 사용하고 타인의 프라이버시 존중하기

유네스코(2021)는 최근 펴낸 '미디어 리터러시 커리큘럼'에서 프라이버시 교육과 관련해, 프라이버시의 가치, 디지털 미디어 기업의 사업 모델과 개인 데이터의 관계, 프라이버시 관련 개인·기업·국가의 역할과 의무 이해, 온라인 개인정보와 평판 관리 등을 강조했다(〈표 2-1〉 참고).

표 2-1. 유네스코(2021)의 프라이버시 교육 모듈

단원	학습목표	주요 주제
미디어정보리터러시(MIL) 관점으로 프라이버시 이해하기	• 온라인 프라이버시와 관련된 우려와 MIL에 주는 시사점을 설명할 수 있다. • 온라인에서 개인정보 보호 전략을 알 수 있다. • 내 온라인 활동이 데이터를 생성한다는 사실을 이해하고 온라인의 개인정보와 평판을 관리하는 방법을 알 수 있다.	• 프라이버시 역량에 대한 기본 지식 • 온라인 프라이버시 관리 • 개인정보 보호 • 온라인 데이터의 윤리적 사용 • 온라인 데이터의 제작과 활용
프라이버시와 데이터 개발	• 데이터가 콘텐츠와 사업모델, 사회경제적 발전에 미치는 기본 메커니즘을 이해하고 설명할 수 있다. • 프라이버시와 데이터 보호를 구분할 수 있다. • 프라이버시와 개인 성장, 사회 발전 사이에 일어나는 상호작용을 탐색할 수 있다. • 프라이버시가 자유로운 자기표현과 정보 접근성을 통한 혜택에 중요한 이유를 설명할 수 있다. • 앞서 언급된 주제를 개인적, 지역적, 사회적 맥락에서 찾아보고 의문을 제기할 수 있다.	• 데이터의 주도적 개발 • 지속가능한 발전목표 • 프라이버시와 데이터 보호 • 프라이버시가 개인과 사회 발전에 미치는 영향 • 프라이버시, 표현의 자유, 정보 접근성 • 프라이버시와 투명성
프라이버시와 데이터 보호에 관한 기관의 의무 인식	• 프라이버시 주요 행위자와 그들의 역할을 이해할 수 있다. • 프라이버시 보호에서 개인과 기관의 의무를 구분할 수 있다. • 프라이버시가 침해됐을 때 이를 바로잡기 위해 가야 하는 곳과 해야 할 일을 이해할 수 있다. • 개인과 집단의 프라이버시 강화를 위해 MIL를 증진하는 방법을 이해하고 알 수 있다.	• 프라이버시 보호 주요 행위자 • 기관 의무의 다양한 유형 • 프라이버시 침해 바로잡기 • 프라이버시 보호 방편으로 기관의 MIL 증진하기 • 프라이버시 침해의 유형

2) 캐나다 온타리오주 정보프라이버시위원회 · 미디어 스마트의 프라이버시 교육

아동과 청소년의 디지털 리터러시 교육과 캠페인을 꾸준히 해온 캐나다 온타리오주 정보·프라이버시위원회(OIPC, 2023)는 캐나다의 대표적인 미디어 리터러시 교육단체인 '미디어 스마트Media Smarts'와 함께 초·중등생 프라이버시 교육 프로그램을 제공하고 있다.[5]

OIPC는 초등학교 저학년부터 프라이버시 중요성과 함께 개인 데이터의 개념, 디지털 환경의 특성, 미디어 산업의 속성 등을 교육한다. 교육 주제는 학년별로 '프라이버시란 무엇인가'(2-3학년), '프라이버시 보호하기'(4-5학년), '프라이버시의 가치'(6-7학년), '나의 프라이버시, 너의 프라이버시'(7-8학년)로 구성되어 있다. 교육 자료는 '핵심개념과 빅아이디어', '영역의 필수 지식'(4-5학년은 프라이버시와 보안, 윤리와 공감, 6-7학년은 프라이버시와 보안, 소비자 의식으로 구성), '프라이버시와 관련된 구체적 방법'(이용, 이해, 관여), '개인 데이터 보호 역량(개인 데이터, 디지털 환경 이해, 내 데이터 관리)으로 구조화되어 있다(〈표 2-2〉 참고). 프로그램은 단순히 프라이버시에 관한 지식을 전달하기보다 구체적인 실천 방법과 역량을 가르치고 있다.

---

[5] 캐나다는 연방 차원의 '개인정보보호위원회(Office of the Privacy Commissioner of Canada, OPC)'가 있고, 주별 '정보공개 및 개인정보보호 위원회(Office of the Information and Privacy, OIPC)'가 해당 관할 지역의 개인정보 보호 실태를 감시하고 감독한다. 온타리오주에는 캐나다 인구의 3분의 1 정도가 거주한다(이선민 외, 2021).
https://www.ipc.on.ca/about-us/children-and-youth-in-a-digital-world

표 2-2. 캐나다 온타리오주 정보·프라이버시위원회 프라이버시 교육 프로그램

학년	핵심개념과 빅아이디어	~ 하는 방법을 배울 수 있다
2-3	• 미디어는 상업적 고려를 하고 있다. • 디지털 미디어는 네트워크화되어 있다. • 디지털 미디어는 공유될 수 있고, 지속적이다. • 디지털 미디어에는 예상치 못한 수용자가 있다.	• 이용: 프라이버시 위험을 관리할 수 있는 방안 탐색하기 • 이해: 기기, 앱, 온라인 활동별 프라이버시 위험 확인하기 • 관여: 타인의 프라이버시를 위해 나은 선택하기
4-5	• 디지털 미디어는 네트워크화되어 있다. • 디지털 미디어는 공유될 수 있고, 지속적이다. • 디지털 미디어에는 예상치 못한 수용자가 있다. • 디지털 미디어를 통한 상호작용은 실제 영향력이 있다.	• 이용: 프라이버시 전략을 능동적으로 채택해 프라이버시 위험 관리하기 • 이해: 기기, 앱, 온라인 활동별 프라이버시 위험 확인하기 • 관여: 타인의 프라이버시를 위해 나은 선택하기
6-7	• 미디어는 상업적 고려를 하고 있다: 앱이나 웹사이트는 무료처럼 보이지만 너의 주의와 개인정보에 대한 대가가 따른다. • 디지털 미디어는 네트워크화되어 있다: 연결된 네트워크에 있는 정보는 모든 네트워크에 도달할 수 있다. • 디지털 미디어는 공유될 수 있고, 지속적이다: 포스팅을 하면, 포스팅은 영원히 온라인에 있거나 공유되고, 복사되며, 대체되며, 네가 원치 않는 방식으로 사용될 수 있다. • 디지털 미디어에는 예상치 못한 수용자가 있다: 포스팅한 것과 너에 관한 수집된 정보는 예상하지 않거나 모를 수도 있는 사람들에게 게시될 수 있다.	• 이용: 프라이버시 전략을 능동적으로 채택해 프라이버시 위험 관리하기 • 이해: 기기, 앱, 온라인 활동별 프라이버시 위험 분석하기 • 관여: 데이터 수집이 온라인 경험에 미치는 영향을 제한하기 위한 전략 개발하기
7-8	• 디지털 미디어는 네트워크화되어 있다. • 디지털 미디어는 공유될 수 있고, 지속적이다. • 디지털 미디어를 통한 상호작용은 실제 영향력이 있다. • 디지털 미디어 경험은 우리가 이용한 도구에 의해 형성된다.	• 이용: 프라이버시 전략을 능동적으로 채택해 프라이버시 위험 관리하기 • 이해: 기기, 앱, 온라인 활동별 프라이버시 위험 분석하기, 미디어 도구의 디자인 특성 분석하기 • 관여: 타인의 프라이버시에 관한 나은 선택을 위한 원칙과 가이드라인 개발하기

프로그램은 2-3학년부터 '온라인 프라이버시' 개념에 대해 설명하고, 이후 학년에서도 같은 개념을 수준을 높여가며 교육한다. OIPC는 2-3학년 자료에서 '온라인 프라이버시'를 '① 온라인에서 다른 사람과 게임을 할 때, 다른 사람이 너에 대해 알 수 있는 것(채팅에서 네가 말한 것: 이용자 이름, 아바타, 프로필 사진), ② 온라인 비디오를 볼 때 비디오 회사가 알 수 있는 것(네가 본 비디오: 끝까지 봤든, 중간을 건너뛰었든, 시청을 중단했든), ③ 다른 사람에게 네 사진이나 비디오를 보냈다면 거기서 알 수 있는 것들(네 생김새, 비디오에서 네가 무엇을 하는지, 뒤에 있는 반려동물, 가족 같은 배경에 관한 것)'로 설명한다. 2-3학년의 핵심개념인 '디지털 미디어에는 예상치 못한 수용자가 있다'는 것과 관련해 '① 온라인 게임에서 네가 모든 사람을 알지 못할 수 있음, ② 스트리밍사이트에서 있을지 몰랐던 수용자가 있을 수 있음(구글 같은 검색 엔진은 검색 내용을 알고 있음), ③ 예상할 수 없는 미래의 수용자가 있을 수 있음(네가 특정인에게 보낸 사진이 다른 사람에게 전달될 수 있음) 등을 다루며 세 유형의 수용자audience에 대해 토론하게 한다.

6-7학년의 '알아야 할 핵심 지식' 중 '프라이버시와 보안'에서 '프라이버시 위험은 스캠scam, 당황, 감정의 해침, 사이버불링, 재산과 개인의 안전에 대한 위협을 포함한다', '온라인 게임에서 익명의 이용자명이나 아바타를 사용한다' 등의 구체적 전략을 제시한다. '소비자 인식'에서는 플랫폼 기업의 속성에 대해 명확하게 교육한다. '대부분 "무료" 앱은 광고 판매를 통해 돈을 벌고, 개인정보를 수집, 판매해서 돈을 버는 경우도 있다', '광고주는 광고가 너의 개인정보를 이용해 너를 타깃으로 할 때 광고비를 더 많이 지불한다', '플랫폼은 너의 개인정보를 이용해 네가 흥미를 느끼고 광고를 볼 수 있게 하는 콘텐츠를 보여주거나 추천한다' 등으로 알기 쉽게 설명한다.

6-7학년 '개인 데이터 보호 전략'과 관련한 설명은 다음과 같다.[6]

- 개인 데이터: 개인 데이터의 이해, 익명 사용과 신원 마스킹, 개인 데이터와 기술 데이터(개인의 활동을 모니터하고 개인을 식별하는 쿠키, 위치정보)
- 디지털 환경: 인터넷과 관련 서비스 알기, 등록이 꼭 필요한 곳에만 개인 데이터 공유하고 주의하기, 디지털 경제의 핵심 주체(ISP, 서비스 제공자, 개발자, 큐레이터 등), 시장 상품을 사용하는 시스템과 무료 서비스 제공(고객 카드, 쿠키, 이용자 계정설정 활용 추적 광고, 뉴스레터 구독 등)의 이해, 개인 데이터 수집을 포함하는 디지털 서비스의 사업 모델 이해
- 내 데이터 관리: 온라인 앱 설정 알기, 나와 부모의 동의를 요구하는지 알기, 개인 데이터 보호하기 위해 할 수 있는 과정 이용하기

3) 개인 데이터 리터러시와 프라이버시 교육

판그라지오와 셀윈(2019)의 개인 데이터 리터러시personal data literacy 교육은 데이터에 대한 이해에 초점을 맞춰 프라이버시를 교육한다. 이들의 문제의식은 디지털 환경에서 데이터 관행에 대해 정보를 바탕으로 결정할 수 있도록 개인이 '자신이 온라인에서 한 일에 대해 설명하고, 기본적으로 그 안에서 행동하기 위해 세상을 이해하는 것'을 제공할 수 있도록 관행이나 기술의 사회문화적 맥락에 대한 성찰이 필요하다는 것이다.

개인 데이터 리터러시 교육은 개인 데이터를 상황에 맞게 식별하고 해석하는 것에서 출발해, 개인이 기기와 시스템에 제공하는 개인 데이터와 데이터가 사용되는 방식과 과정을 식별·분석한 후, 이에 대응하는 이용과

---

[6] 7-8 학년 자료에서는 프라이버시, 시민 자유와 데이터 보호 항목이 추가되어 자신의 행동이 타인의 프라이버시에 미치는 영향에 대한 이해와 개인 프라이버시 보호가 개인들의 사생활에 미치는 영향뿐만 아니라 공적 영역, 인터넷에서 어떻게 적용되는지를 다룬다.

전략을 고안할 수 있는 역량을 기르는 것을 목표로 한다. 데이터 환경에 대한 이해의 과정은 데이터가 구성되고 해석되는 방식에 초점을 맞춰 디지털 텍스트가 디지털 경제에서 수행하는 역할을 해석·해독하고, 수집되는 개인 데이터와 데이터를 수집하는 기제와 과정, 개인 데이터의 활용 과정에 대한 이해를 포함한다. 개인 데이터 리터러시 프레임워크는 개인 데이터 흐름이 어떤 맥락에 있는지, 그것이 적절한지에 대한 판단을 돕는다.

개인 데이터 리터러시의 다섯 개 영역은 다음과 같다.

- 개인 데이터와 유형을 식별하기(데이터 식별)
- 개인 데이터가 언제, 어떻게 생성·처리되는지를 식별하고, 데이터 시각화와 차트·그래프 등 처리된 데이터가 재현하는 정보를 해석하기(데이터 이해)
- 처리된 개인 데이터에서 생성된 프로파일링과 예측을 분석·해석하기(데이터 성찰)
- 다양한 유형의 개인 데이터의 관리·이용 능력 같은 약관 읽기, 플랫폼에서 프라이버시 설정 같은 기술적 역량을 구축하기(데이터 이용)
- 데이터 수집 관행에 저항하고, 난독화 전술을 구사하기(데이터 전술)

4) 시청자미디어재단의 개인정보와 프라이버시 교육

시청자미디어재단은 초등 고학년과 중학교 저학년을 대상으로 '초·중등생을 위한 개인정보와 프라이버시(2022)'라는 4차 시의 교육 프로그램을 제공하고 있다. 이 프로그램은 프라이버시와 개인정보를 '나-대인관계-미디어'로 확장해가며 다루고 있다.

1차 시는 프라이버시와 개인정보 공개의 구체적 맥락에 대해 설명하고 정보 공개의 구체적 과정과 효과를 경험하게 하며, 정보 공개 여부와 공개 대상, 공개 내용에 대한 권한과 기준이 자신에게 있다는 것을 알게 하는 것을 목표로 한다. 2차 시는 공개범위와 대상, 전파속도, 복제성, 영구성 등과 같은 온라인의 속성을 다루고, 소셜 미디어 포스팅 등을 통해 나와 다른 사람의 개인정보가 인식될 수 있는 것, 정보공개 맥락에서 소셜 미디어에 포스팅을 할 때 생각할 점과 소셜 미디어에 개인정보를 설정하는 방법을 다루고 있다. 3차 시는 온라인에서 활동할 때 어떤 정보가 저장되는지, 개인들의 정보가 공유·공개되는 과정을 이해하고 기록·수집·저장된 정보로 인해 생겨나는 디지털 흔적과 평판의 속성을 인식하는 과정이다. 또한 개인의 활동이 다른 사람의 평판 형성에도 영향을 준다는 점 등에 대해 깨닫게 하는 과정을 통해 다른 사람의 프라이버시와 디지털 평판도 존중해야 한다는 것을 배우게 한다. 4차 시는 미디어 기업의 무료 서비스가 개인들의 데이터와 정보를 대가로 한 것이라는 점, 개인정보를 바탕으로 한 표적 광고와 맞춤형 콘텐츠의 원리가 동일한 점, 기업이 개인의 정보와 데이터를 수집하는 이유와 개인의 정보와 데이터의 수집·이용이 개인에게 미치는 영향에 대해 배운다. 또한 이용약관에서 미디어 기업이 수집하는 정보와 이것이 약관으로 표현되는 방식에 대해 알 수 있도록 관련 내용을 다루고 있다. 또한 개인 차원에서 데이터를 보호하기 위한 기술적 실천과 프라이버시 권리를 찾기 위한 사회적 움직임을 소개한다.

표 2-3. 시청자미디어재단의 초·중등생을 위한 개인정보와 프라이버시 교육

주제	학습목표	주요 개념
내 정보, 어디까지 공개할까?	• 프라이버시 개념과 중요성을 안다. • 대상과 상황에 맞게 공개할 수 있다.	개인정보 프라이버시
온라인에 내 정보를 게시한다면?	• 온라인 공간의 특성을 안다. • 온라인에서 내 정보를 적절하게 게시할 수 있다.	온라인 소셜 미디어
온라인에 남은 내 정보 어떤 영향을 미칠까?	• 온라인에 내 정보가 남는다는 것을 안다. • 온라인의 내 정보가 나를 평가하는 근거가 된다는 것을 안다.	디지털 흔적 디지털 평판
미디어 기업의 데이터와 정보 수집 인식하기	• 미디어 기업이 내 데이터와 정보를 수집·저장·이용한다는 것을 안다. • 미디어 이용약관을 이해할 수 있다.	타깃팅 광고 이용약관

6
나가며

　유니세프(2018)는 아동의 프라이버시와 관련해, 아동과 보호자는 데이터 처리에서 충분한 정보를 제공받고 자유 의지에 따라 동의할 수 있어야 하며, 아동의 데이터는 공정하고 합법적이고 투명한 방식으로 처리되고, 아동의 데이터는 최소한의 필요한 것만 저장해야 하며, 약속한 기간 이상으로 저장해서는 안 되며, 아동이 개인 데이터를 보호할 수 있도록 교육받고, 정보를 제공받고, 북돋아지는empowered 곳에서 아동의 프라이버시가 최상으로 보호될 수 있다고 강조했다(p. 8). 프라이버시에 대한 교육과 함께 아동의 프라이버시를 존중하는 법제도나 미디어 환경의 조성을 강조한 것이다. 프라이버시 개념과 학생과 아동 인권에 대한 인식이 미비한 국내에서

는 프라이버시 교육 못지않게 관련 제도의 정비가 시급하다. 이런 여론을 반영해 개인정보보호위원회는 아동과 관련한 대책 마련에 나섰다.

하지만 최근 교육의 디지털화로 원격교육, 디지털 교과서 등 에듀테크가 학교에 전면 도입되면서 우려의 목소리가 나온다. 리빙스턴 외(2019)는 학생 데이터에 대한 전권이 학교 등 공적 영역에서 일괄 위임된 상황에서 학교 등 교육기관을 통한 정보수집이 아동의 프라이버시를 침해할 가능성이 높다고 지적했다. 영국 아동위원회(2018)도 학교 등 공공부문에서 프라이버시, 투명성, 보안이 지켜지지 않거나 민간과 협력과정에서 아동과 부모가 모르는 새 아동의 건강이나 교육에 관한 매우 민감한 데이터가 사기업으로 흘러들어간다고 우려했다. 아이들이 학습을 위해 프라이버시 포기를 강요받는 상황이 벌어질 수 있는 것이다(Han, 2023).

아동의 프라이버시 교육을 위해서는 프라이버시가 권리라는 것을 깨닫게 하고 실천하게 하는 것이 중요하다. 이를 위해서는 프라이버시에 초점을 맞춘 디지털 미디어 문해력 교육과 함께, 학교와 가정에서 아동들의 프라이버시가 일상적으로 존중받을 수 있는 환경을 조성하는 것이 필요하다.

참고문헌

권건보 (2021). 정보통신기술의 발달과 한국의 프라이버시권 관련 주요 쟁점. 〈헌법재판연구〉, 8권 1호. 121-153.

권헌영·윤상필·전승재 (2017). 4차 산업혁명시대 개인정보권의 법리적 재검토. 〈저스티스〉, 158권 1호, 7-42.

김종철 (2001). 헌법적 기본권으로서의 개인정보통제권의 재구성을 위한 시론. 〈인터넷법률〉, 4호.

박용 (2019, 9, 5). '아동 개인정보 불법 수집' 돈벌이 활용 유튜브, 2000억 벌금 철퇴. 〈동아일보〉. URL: https://www.donga.com/news/article/all/20190905/97289727/1

오로라 (2023, 8, 28). EU, 종교·정치성향 기반 '표적 광고' 금지… 위반땐 매출 6% 벌금. 〈조선일보〉. URL: https://www.chosun.com/economy/tech_it/2023/08/28/GHTARGWPL5HDTDL3IWSNKAVTRM

이선민·장여경·김법연·오병일·김상현 (2021). 디지털 환경에서 아동·청소년 프라이버시 권리를 위한 교육방안과 제도 개선 연구. 서울: 시청자미디어재단.

이승진 (2023, 3, 22). 나도 모르는 내 개인정보, 구글은 모든 것을 안다. 〈아시아경제〉. URL: https://view.asiae.co.kr/article/2023032207415702441

임지선 (2023, 7, 27). 간편한 본인확인 '페이스북 로그인', 간편하게 앱 이용정보 빼갔다. 〈한겨레〉. URL: https://www.hani.co.kr/arti/economy/it/1102040.html

정영화 (2001). 현대 헌법학에서 프라이버시 법리의 재검토. 〈사이버커뮤니케이션학보〉, 7호, 214-267.

Bremmer, M. (2022, 12, 8). "프라이버시 미포함" 모질라, 연말 선물용 디지털 제품 구매 가이드 발표. URL: https://www.itworld.co.kr/news/268341#csidx86c03592d4afc56adc243f750908c71

Children's Commissioner (2017). *Life in 'likes': Children's Commissioner Report into social media use among 8-12 year olds*. London, UK: Children's Commissioner for England, 1-42.

Children's Commissioner (2018). *Who knows what about me? A Children's Commissioner report into the collection and sharing of children's data*. London, UK: Children's Commissioner for England, 1-25.

Culver, S. H., & Grizzle, A. (2017). *Survey on privacy in media & information literacy with youth perspectives*. UNESCO Series on Internet Freedom. Paris, France: UNESCO.

Grizzle, A., Wilson, C., Tuazon, R., Cheung, C. K., Lau, J., Fischer, R. ... & Gulston, C. (2021). *Media and information literate citizens: Think critically, click wisely!* Paris: UNESCO.

Hagendorff, T. (2018). Privacy literacy and its problems. *Journal of Information Ethics, 27*(2), 127-145.

Han. H. J. (2023, May 25). US Sues Online Learning Company Over Students' Data Privacy. Retrieved 8/1/2023 from https://www.hrw.org/news/2023/05/25/us-sues-online-learning-company-over-students-data-privacy

Harwell, D. (2022, May 24). Remote learning apps shared children's data at a 'dizzying scale'. Washinton Post. Retrieved 8/1/2023 from
https://www.washingtonpost.com/technology/2022/05/24/remote-school-app-tracking-privacy

Information and Privacy Commissioner of Ontario (2023, April 20). Privacy Pursuit Lesson Plan–The Value of Privacy (Grades 6-7). Retrieved 10/8/23 from https://www.ipc.on.ca/about-us/children-and-youth-in-a-digital-world

Lapenta, G. H., & Jørgensen, R. F. (2015). Youth, privacy and online media: Framing the right to privacy in public policy-making. *First Monday, 20*(3)

Livingstone, S., Stoilova, M., & Nandagiri, R. (2019). *Children's data and privacy online: Growing up in a digital age. An evidence review.* London: London School of Economics and Political Science.

Pangrazio, L., & Selwyn, N. (2018). "It's not like it's life or death or whatever": Young people's understandings of social media data. *Social Media+ Society, 4*(3).

Pangrazio, L., & Selwyn, N. (2019). 'Personal data literacies': A critical literacies approach to enhancing understandings of personal digital data. *New Media & Society, 21*(2), 419-437.

Pixalate (2022). Mobile apps: google vs. apple COPPA scorecard (children's privacy). Retrieved 8/1/2023 from
https://www.pixalate.com/hubfs/Reports_and_Documents/Mobile%20Reports/2022/App%20Reports/Active%20Apps/Child-Directed%20Apps/Q1%202022%20-%20Apple%20vs.%20Google%20COPPA%20Scorecard%20Report%20-%20Pixalate.pdf

Pixalate (2023). pixalate Q1 2023 Children's Privacy Risk Report for Mobile Apps. Retrieved 8/1/2023 from https://www.pixalate.com/childrens-privacy-risk-report-for-mobile-apps

Selwyn, N., & Pangrazio, L. (2018). Doing data differently? Developing personal data tactics and strategies amongst young mobile media users. *Big Data & Society, 5*(1).

van der Hof, S. (2016). I agree, or do I? A rights-based analysis of the law on children's consent in the digital world. *Wisconsin International Law Journal, 34*(2), 409-45.

Westin, A. F. (1968). Privacy and freedom. *Washington and Lee Law Review, 25*(1), 166-170.

Zuboff, S. (2019). *The age of surveillance capitalism*. NY: Public Affairs. 김보영 (역) (2021). 〈감시자본주의 시대〉. 경기: 문학사상사.

네이버 (2023, 6, 15). MS, 미국 COPPA 위반에 따른 과징금 부과 소식. URL: https://blog.naver.com/n_privacy/223129431971

UNICEF (2018). *Children's online privacy and freedom of expression*. Paris, France: UNICEF.

UN Human Rights Council (2017). The right to privacy in the digital age. Retrieved 8/1/2023 from https://digitallibrary.un.org/record/1307661

Chapter 03

디지털 미디어 문해력 실천 사례

김봉섭 _ 한국지능정보사회진흥원 연구위원

　디지털 미디어 문해력은 뉴미디어 시대 또는 초연결 사회를 주도하는 기술 미디어와 관련해서 현재 가장 많이 주목받는 리터러시 연구 분야 중 하나다. 또한 코로나19가 촉발한 디지털 전환digital transformation이 우리 삶 전반의 영역과 밀접하게 맞닿으면서, 디지털 미디어 문해력은 개인의 일상생활 영위와 사회생활 참여를 위한 필수 능력이 되고 있다.

　하지만, 우리나라 국민의 디지털 미디어 문해력 수준은 우수한 ICT 인프라에도 불구하고 다소 기대에 미치지 못하는 수준이다. 2021년 OECD가 발표한 보고서에 따르면 조사 대상 37개 국 중 우리나라 청소년의 디지털 리터러시 역량은 37위, 디지털 리터러시 교육 경험은 35위로 최하위 수준인 것으로 밝혀졌다. 또한, 성인의 경우 OECD의 2019년 보고서에 따르면 기술 기반 문제해결 역량은 조사 대상 39개 국 중 16위였고, 디지털 취약계층의 비중은 OECD 평균보다 다소 높은 것으로 나타났다.

　이러한 현실에 비추어 우리나라 국민의 디지털 미디어 문해력 증진을 위해 벤치마킹할 수 있는 사례를 살펴보는 것은 매우 필요하다. 무엇보다 부족한 비판적 사고력을 높이는 방안을 고찰하는 것이 중요하다. 먼저, 글로벌 디지털 시민 재단The Global Digital Citizen Foundation에서는 비판적 사고력을 증진하기 위한 전략과 도구 그리고 학습 활동 사례를 제시하고 있다. 또한 누구나 쉽고 편리하게 정보를 생산하고 유통할 수 있게 되면서 가짜뉴스를 분별할 수 있는 능력이 매우 중요해짐에 따라 스탠포드역사그룹Stanford History Education Group은 실험을 통해 '수평적 글 읽기' 방식을 제안했으며, IREX는 캐나다 정부의 지원으로 L2DLearn to Discern 프로그램을 개발했다. 디지털 미디어 환경에서 '협업collaboration 역량'이 중요해짐에 따라 적용할 수 있는 프로그램으로 대표적인 것은 1970년대 초 미국의 엘리엇 아론슨Elliot Aronson 교수가 개발한 '직소Jigsaw' 교육 방법론이다. 이와 함께 UNESCO는 디지털 미디어 환경에서 역량 있는 디지털 미디어 이용자 양성을 위해 총 150여 시간 분량의 미디어·정보 리터러시 교육 커리큘럼을 제안했다. 마지막으로 디지털 미디어 문해력과 관련하여 우리나라에서 운영 중인 프로그램으로는 푸른나무재단의 '사이좋은 디지털 세상'이 있다.

한편, 디지털 미디어 문해력이 강조되면서 기존의 리터러시 능력은 약화되는 이른바 기능적 문맹 또는 사회적 난독증 현상이 발생함에 따라 새로운 문해력으로 멀티 리터러시multi literacies, 즉 다중 문해력이 새롭게 부상하고 있다. 1996년 뉴런던그룹New London Group이 제안한 것으로 하나의 리터러시에만 의존하는 것이 아니라 복수의 리터러시를 강조하는 개념이라 할 수 있다. 이와 관련하여 현재 OECD와 UNESCO 등 국제기구가 중심이 되어 다중 문해력의 중요성을 강조하고 있다.

1
들어가며

문자 이전에 사람들의 의사소통 방식은 말로 표현하는 구술(口述)이었다 (Naomi, 2021). 철학을 비롯해 문학, 과학, 미술, 연극 등 다양한 분야에서 서양 문명에 큰 영향을 끼쳤던 고대 그리스에서도 사람들이 의사소통하고 문화와 지식을 전달할 때 쓰였던 중요한 수단은 말이었다. 기원전 5세기 아테네에서는 글을 읽을 줄 아는 사람들이 있긴 했지만, 글로 된 문화는 없었다. 실제로 고대 그리스의 위대한 철학자인 플라톤Plato의 〈대화편〉은 말로 하는 내용을 적은 것이다.

역사적으로 구술문화에서는 주의 깊은 듣기와 말하기가 가치 있는 기술이었다(Naomi, 2021). 듣기 위해서는 다른 사람이 하는 말에 귀를 기울이고 정신을 모아야 했다. 기억 능력도 필수였다. 준비한 연설은 대부분 외운 것이었다. 마찬가지로 발언을 하는 사람도 자기주장을 공들여 꾸며 전달해야 했다. 그것도 즉석에서 해야 할 때가 많았다. 오늘날에는 빠르게 사라져 가는 능력이다. 정치인 등 일부를 제외하고 교육 수준이 아주 높은 사람들 사이에서도 흔치 않은 능력이다.

인쇄술이 등장하고 나서도 한동안 구어는 중요한 의사소통 수단이자 지식 전달 도구였다. 17세기 대부분에 걸쳐 잉글랜드에는 여전히 구술문화가 남아 있었다. 예를 들어 14세기 제프리 초서Geoffrey Chauser는 〈캔터베리 이야기〉를 글로 쓰긴 했지만 그는 자신의 이야기를 귀족들 앞에서 소리 내어 읽어야 했다. 성경 또한 글로 쓰였지만 16세기 프로테스탄트 혁명이 일어난 후에야 서민들은 혼자서 읽도록 권유받았다. 뉴스가 전파되는 것도 소문과 함께 대개는 포고를 알리는 마을 관원을 통해서였다(Naomi, 2021).

인쇄술이 대중화되고 근대 교육이 시작되면서 드디어 문자문화는 구술문화를 제치고 중요한 지식의 축적과 보전 그리고 새로운 지식 탄생의 촉매가 되었다. 글자로 인쇄된 텍스트의 생산 단가가 낮아지면서 사람들이 책을 구매하여 볼 수 있게 되었고, 근대 민족 국가의 유지와 발전 그리고 산업화에 필요한 인력을 양성하기 위해 공교육이 시작되면서 구술에서 문자로 급속하게 문화가 바뀌게 되었다. 문제는 구술문화와 달리 문자는 읽고 쓰고 이해하는 리터러시literacy, 즉 문해력이 중요해졌다는 사실이다.

전통적인 의미에서 문해력을 뜻하는 리터러시란 문자와 밀접히 연관된 개념으로 글을 읽고 쓰고 이해하는 능력을 의미한다. 하지만 문자의 사용 및 이해와 관련된 '리터러시'는 단지 어떤 기술적technical 사용 능력만을 의미하는 것은 아니다. 조선시대 과거시험의 경우에서 볼 수 있는 것처럼, 오히려 문해력은 국가 권력과 밀접히 연결될 정도로 사회적으로 매우 중요한 역량이었다. 권력자에게 있어서 특히 문자를 이해하고 활용할 수 있는 능력은 매우 중요한 역량으로 강조될 수밖에 없었으며, 이에 대한 교육 역시 사회적으로나 국가적으로 중요시될 수밖에 없었다. 중세의 대학이 문해력의 중요성을 강조했던 것이나 인쇄술이 역사적 중요성을 지닐 수밖에 없는 것도 이와 같은 맥락에서 이해할 수 있다.

이러한 문해력은 근래 들어 '정보를 이해하는 능력' 혹은 '특정 분야에서 활용되는 역량과 지식'이라는 의미로 재(再)정의되고 있다. 한 걸음 더 나아가 김종규(2022)는 리터러시를 인간 삶의 근본적 토대인 사유의 영역에 속하는 것으로 의미를 확장했다. 한마디로, 문해력은 다른 동물들에게서는 찾아볼 수 없는 인간 고유의 능력이라 할 수 있다.

또한, 문해력은 "읽고 쓸 수 있는being literate" 최종적인 어떤 상태가 아니라, "읽고 쓸 수 있게 되는becoming literate" 발달 과정으로 인식된다. 읽고 쓴다는 것이 고정된 개념이 아니라 기술적 맥락에 따라 변화하는 "움직이는 표적moving target"으로서 "지시적deictic" 개념으로 이해되어야 한다는 것이다(Leu, 1997).

이에 문해력은 사회 변화와 기술 발전으로 새로운 기술 미디어에 기반한 텍스트들이 등장함에 따라 새로운 텍스트들을 읽고 쓰고 이해하는 능력으로 의미가 확대되었다. 나아가 문해력은 복잡한 사회적 현상에 적응하고 대처하는 능력이자 새로운 도구와 방법으로 의사소통하는 역량으로 확장되고 있다. 하지만 이러한 전용과 확장 과정에서도 여전히 문해력을 이루는 핵심적인 의미는 바로 읽고 쓰고 이해하는 능력이라고 할 수 있다.

확장된 문해력 개념 중에서도 특히 디지털 미디어 문해력은 뉴미디어 시대 또는 초연결사회를 주도하는 기술 미디어와 관련해서 현재 가장 많이 주목받고 있는 리터러시 연구 분야 중 하나로 인터넷 보급 및 확산과 함께 등장한 개념이다. 이를 처음 언급한 길스터(Gilster, 1997)는 컴퓨터나 응용 프로그램 등 다양한 디지털 기기를 이용하고 정보기술을 조작하며 처리하는 능력으로 정의했다. 이후 30여 년 시간이 흐르는 동안 디지털 미디어 문해력의 개념은 디지털 기기와 기술을 다루고 적절히 처리하는 단순 능력을 넘어 사회·문화적 요인을 배경으로 확장되어 온 특징을 지닌다. 따라서, 디지털 미디어 문해력은 디지털에 대한 접근, 이해, 생산과 같은 일반적 개념 이상으로, 사회참여와 협력, 의사소통 및 정보 공유, 문제해결, 윤리 의식 및 시민성 등과 같은 사회·문화적 측면을 포함하는 방향으로 확대되었다는 점(김도헌, 2020; Hobbs, 2010)에서, 문해력의 개념이 역동적·과정적 측면에서 분석될 수밖에 없다는 점을 여실히 보여준다(한상길, 2017).

또한, 2018년 UNESCO United Nations Educational, Scientific and Cultural Organization 에 따르면 "디지털 리터러시는 직장, 일자리, 창업과 같은 목적을 갖고 디지털 기술을 활용하여 정보를 안전하고, 적절하게 탐색하고, 관리하고, 이해하고, 통합하고, 소통하고, 평가하고, 창조할 수 있는 능력으로, 디지털 소양은 컴퓨터 리터러시, ICT 리터러시, 정보 리터러시, 미디어 리터러시에서 적용된 역량을 복합적으로 포함하고 있다."고 정의하고 있다(UNESCO, 2018). 이러한 정의는 능력 혹은 역량의 관점에서 문해력에 접근하는 확장된 리터러시 개념의 사용방식을 반영하고 있다. 특히 "디지털 소양"으로서 디지털 미디어 문해력은 연관 미디어에 적용된 역량을 복합적으로 포함하고 있음을 밝히고 있다. 나아가 최근 디지털 미디어 문해력의 정의에서는 접근, 이해, 창조의 개념과 함께 참여와 협력, 공유와 같은 사회문화적 차원의 리터러시 활동 또한 강조되고 있다. 특히 코로나19가 촉발한 디지털 전환 digital transformation이 우리 삶 전반의 영역과 밀접하게 맞닿으면서, 디지털 미디어 문해력은 개인의 일상생활 영위와 사회생활 참여를 위한 필수능력이 되고 있다.

  문해력 개념은 인간 문명의 시작부터 오늘날까지 계속 변화하고 있다. 읽기와 쓰기를 필요로 하는 언어 시스템이 변화하기 때문이다. 또한 디지털 미디어 문해력의 개념적 정의는 현재 확장된 의미로 사용되는 많은 문해력 개념처럼 아직 엄밀히 확정되지 않았다. 하지만 달라지는 시스템과 그로 인해 다양해지는 텍스트에 대한 디지털 미디어 문해력을 키우는 것은 점점 더 일상을 살아가는 데 중요한 과제가 되고 있다. 변화하는 문해 환경에서 자신의 존엄과 가치를 유지하면서 타인과 어울려 살아가기 위해서는 어떠한 노력을 해야 하는지 살펴볼 필요가 있는 이유다.

2
우리나라 국민의 디지털 미디어 문해력 수준

특정 사안을 이해하기에 앞서 정확하게 수준을 진단하고 실태를 파악하는 일은 매우 중요하다. 무엇보다 어떤 문제가 있는지를 명확하게 이해할 수 있어 문제의 본질을 확인하고 해결책을 마련하는 데 필요하기 때문이다. 디지털 미디어 문해력의 경우도 동일하다. 디지털 미디어 문해력과 관련하여 현재 우리는 어떤 위치에 있고, 무엇이 부족하며 넘치는지를 정확하게 알고 있어야 디지털 미디어 문해력을 높이기 위한 올바른 전략을 수립할 수 있다. 이에 따라 디지털 미디어 문해력의 증진을 위한 국내외 사례들을 살피기 전에, 우리나라 청소년과 성인의 디지털 미디어 문해력 수준을 먼저 확인할 필요가 있다.

1) 청소년

우리나라 청소년의 디지털 미디어 문해력 수준을 확인할 수 있는 대표적인 자료는 한국교육학술정보원에서 매년 실시하는 〈국가수준 초·중학생 디지털 리터러시 수준 연구〉다. 지난 2007년부터 지금까지 매년 국가 수준 초·중학생의 디지털 리터러시 수준을 측정하고 연도별로 심층 분석하여, 교육적·정책적 시사점을 제시해 오고 있다.

2022년도 수준 측정 연구는 전국 초등학교 4학년부터 중학교 전 학년 26,365명(초등학생 11,595명, 중학생 14,770명)을 대상으로 국가 수준의 디지털 리터러시 검사를 실시하고 그 결과를 분석했다. 디지털 리터러시 검사는 크게 ICT 요소(정보의 탐색, 분석 및 평가, 조직 및 창출, 활용 및 관리, 소통)와 컴퓨팅 사고 요소(추상화, 자동화) 영역을 측정했다(한국교육학술정보원, 2022).

조사 결과, 우리나라 청소년의 디지털 리터러시 점수는 코로나19 이전에 비해 지속적으로 향상되고 있는 것으로 나타났다. 2022년 디지털 리터러시 평균 점수(동등화 점수)는 초등학생 17.67점, 중학생 17.13점으로, 초등학생과 중학생 모두 2019년과 2021년에 이어 2022년에도 디지털 리터러시 검사 점수가 높게 나타나 우리나라 청소년의 리터러시 수준이 꾸준히 상승하고 있음을 알 수 있었다(계보경, 2022).

디지털 리터러시 검사의 하위 요소별로는, 초등학생의 경우 '정보의 활용과 관리' 및 '추상화'의 평균이 다른 요소에 비해 상대적으로 높게 나타났으며, '자동화'의 평균은 상대적으로 점수가 낮게 나타났다. 중학생의 경우, 타 요소에 비해 '정보의 활용과 관리' 및 '정보와 소통'에서 상대적으로 높은 점수를 획득했으며, '추상화'와 '자동화' 요소의 점수가 다른 요소에 비해 낮았다. 초등학생과 중학생 모두 '자동화' 요소의 점수가 다른 요소에 비해 매우 낮게 나타났다는 점과 이러한 경향이 이전 연도의 검사에서도 동일하게 나타났다는 점은 학생들이 ICT 기기와 컴퓨팅적 사고를 적용하여 효과적인 문제해결 방법 및 절차를 자동화하는 능력을 키우는 데 보다 많은 노력이 필요함을 시사한다.

그렇다면 다른 나라의 청소년과 비교해서 우리나라 청소년의 디지털 미디어 문해력 수준은 어느 정도일까? 그 해답은 지난 2021년 OECD (Organization for Economic Cooperation and Development, 국제협력개발기구)가 발간한 〈21세기 독자들: 디지털 세계를 위한 리터러시 역량 개발〉 보고서를 통해 확인할 수 있다(OECD, 2021). 이 보고서는 2018년 국제학업

성취도평가(PISA, Programme for International Student Assesment) 조사 결과를 토대로 분석한 것이다. 이 보고서에서 말하는 디지털 리터러시는 협의로는 디지털 기술을 습득하여 활용하는 것이며, 광의로는 디지털에 대한 선택, 태도와 사고력, 문제해결력 등을 의미한다. 특히, 이 보고서는 정보를 찾고, 선택하고, 이해하고, 사실과 의견을 판별하는 것, 즉 비판적 사고를 디지털 세상의 중요한 역량으로 제시했다(주윤경·소유석, 2021).

이 보고서에 따르면 조사 대상 37개 국 중 우리나라 청소년의 디지털 리터러시 역량은 37위, 디지털 리터러시 교육 경험은 35위로 최하위 수준인 것으로 나타났다. 디지털 리터러시 역량은 25.6%로 OECD 평균(47.4%) 대비 21.8%p 낮고, 디지털 리터러시 교육 경험은 46.9%로 OECD 평균(58.2%) 대비 11.3%p 낮았다. 특히, 우리나라 청소년은 정보의 신뢰를 판별하고 공개정보의 영향력에 대한 이해 등 비판적 사고와 관련된 교육 경험이 다소 낮게 나타났다.

이와 같이 우리나라 청소년이 사실과 의견을 구분하는 사실 판별 역량이 부족한 이유는, 정보에 대한 비판적 사고 및 태도에 대한 교육 경험이 부족한 데에서 기인한다. 이에 따라 우리나라도 디지털 활용(코딩, 데이터 분석 등) 교육만큼이나 공개정보에 대한 영향력 이해, 정보의 신뢰성 판단, 정보의 적절성 비교 분석력 등 지능정보사회의 디지털 리터러시(비판적 사고) 역량 강화 교육을 확대·추진할 필요가 있다.

2) 일반 성인

전 세계적으로 국가사회 전반에 디지털이 내재화되면서 일과 삶의 모든 영역에서 더 높은 수준의 인지능력이 요구되는 추세이다. 특히, 지식기반

경제에 참여하고 혜택을 받을 수 있는 능력을 갖추기 위해 복잡한 정보를 이해, 분석하고, 소통하는 기술 기반 문제해결 역량이 매우 중요하다. 이에 따라 국제성인역량조사(PIAAC, Programme for the International Assessment of Adult Competencies)에서 밝힌 기술 기반 문제해결 역량은 디지털 활용, 문제 해결 과정 설계, 정보 접근 전략, 정보에 대한 비판적 평가 등을 포괄하고 있어 디지털 리터러시 개념과 유사한 내용이라 할 수 있다.

OECD는 이러한 국제성인역량조사 3차 조사 결과(2014년~2019년, 39개국)를 바탕으로 사회가 필요로 하는 성인의 핵심정보처리 역량을 분석하여 지난 2019년 〈기술 문제: 성인 대상 기술 조사에 대한 추가 결과〉 보고서를 발간했다(OECD, 2019). 이 보고서에 따르면 우리나라 성인의 기술 기반 문제해결 역량(레벨 2~3)은 조사 대상 39개 국 중 16위(30.4%)로 OECD 평균(29.7%) 수준인 것으로 조사되었다. 상위권 국가(뉴질랜드 44.2%, 스웨덴 44.0% 등) 대비 저조한 수치이며, 일본(34.6%)보다도 낮았다. 또한, 성인 중 디지털 취약계층의 비중은 6위(24.6%)로 OECD 평균(16.3%)보다도 높게 나타났다. 우리나라 성인 중 컴퓨터 활용 경험이 전혀 없거나, ICT 활용 역량이 부족한 디지털 취약계층 비중이 다른 OECD 국가들과 비교하여 다소 높음을 알 수 있다. 세부적으로는 컴퓨터 활용 경험이 없는 성인은 15.5%로 OECD 평균(11.7%)보다 높고, ICT 활용 역량이 부족한 성인은 9.1%로 OECD 평균(4.7%) 이상으로 나타났다(주윤경·소유석, 2021).

지능정보사회에서 디지털 미디어 문해력은 개인의 일과 삶 모든 생애주기에 영향을 미칠 것이기 때문에 성인의 디지털 미디어 문해력 강화도 매우 중요하다. 우리나라의 경우 컴퓨터 활용 경험이 없거나, ICT 활용 역량이 부족한 디지털 취약계층 비중이 OECD 평균 이상이기 때문에 취약계층의 디지털 미디어 문해력 강화는 필수라고 할 수 있다. 특히, 연령이 디지털 미디어 문해력에 미치는 영향이 크고, 우리나라의 경우 55세~65세 이상에 디지털 취약계층이 집중적으로 형성되어 있어, 더 늦기 전에 고령층에 대한 체계적인 리터러시 교육이 필수로 요구되고 있다.

3
디지털 미디어 문해력 증진을 위한 교육 사례

수학자이자 철학자인 앨프레드 노스 화이트헤드Alfred North Whitehead의 1929년 에세이 〈교육의 목적〉에는 다음과 같은 내용이 있다. 우리가 무엇을 가르치는지에 대한 물음은 시대와 달라진 문화, 달라진 우선순위에 맞춰 새롭게 지시되어야 한다. 이와 관련하여 디지털 미디어 문해력은 초기에 주로 이용 역량만 강조되었다면 최근 들어서는 비판적 사고, 창의성, 디지털 시민성 등과 같은 '성찰'로 중심이 옮겨가고 기술과 성찰을 통합하려는 노력이 점차 중요해지고 있다. 한마디로 디지털 미디어 문해력은 '기술' 중심에서 점차 '기술'과 '성찰'을 통합한 통합적 노력으로 강조점이 옮겨가고 있음을 알 수 있다(강진숙·권오현, 2022). 이러한 논의를 바탕으로 기술환경 변화에 맞추어 다양한 환경에서 적용할 수 있는 디지털 미디어 문해력 증진방안을 고찰하고자 한다.

1) 비판적 사고력 제고를 위한 글로벌 디지털 시민 재단의 비판적 사고 기술[1]

　1분이라는 짧은 시간 동안에 유튜브에는 300시간 분량의 동영상이 업로드되고 페이스북에는 75만 건의 콘텐츠가 공유되고 있다. 인간의 지각 능력을 넘어설 정도로 정보의 생산과 유통이 빠르게 이루어지는 상황이다. 이렇게 무제한적으로 정보가 생산되고 유통되는 환경에서 정보에 휘둘리지 않고 올바른 선택을 하기 위해서는 정보 이용자의 가치 판단 능력이 무엇보다 중요하게 되었다. 비판적 사고 능력이 디지털 환경에서 가장 중요한 디지털 역량으로 주목받는 이유다.

　비판적 사고와 관련하여 근대적 기초를 닦은 인물로 자주 인용되는 인물은 존 듀이John Dewey다. 그는 1910년 〈How we think〉에서 '반성적 사고reflective thought'를 다음과 같은 뜻으로 사용했다. "어떤 믿음이나 가정적인 형태의 지식에 대해 그것을 지지하는 근거와 그것에서 이르기 쉬운 결론에 비추어 적극적이고 지속적이며 주의 깊게 고려하는 것." 그 후 수십 년이 지나는 동안 '반성적 사고'라는 용어는 '비판적 사고' 또는 '명확한 사고'로 대체되었다. 이처럼 본래 이 개념은 교수법의 논리 및 과학적 방법과 밀접한 관계가 있었다. 또한 비판적 사고는 좋은 시민정신과도 관련이 깊은 개념으로 사용되기 시작했다. 이즈음 심리학자 에드워드 글레이저Edward Glaser는 이렇게 썼다. "민주주의에서 역량 있는 시민에게는 읽고 쓰는 능력 이상의 훨씬 많은 것들이 요구된다. 무엇보다 필요한 것은 비판적으로 사고하는 능력이다"(Naomi, 2021 재인용).

　비판적 사고는 문제에 대한 해결책을 선택할 때, 결과와 다른 세부 사항

---

[1] 보다 자세한 내용은 글로벌 디지털 시민 재단의 블로그(https://globaldigitalcitizen.org)를 참고하기 바란다.

을 고려하기 위해 사용한다. 매일매일 시시각각으로 이루어지는 선택의 상황에서 꼭 필요한 능력이다. 특히, 선택의 기초가 되는 무수한 정보가 산재해 있을 때, 정보의 홍수 속에서 적합하고 올바른 정보의 선택을 통해 합리적이며 최고의 결정을 위해서는 반드시 개발되어야 할 역량이라 할 수 있다.

비판적 사고와 관련해서 혁신적이고 전문적인 학습과 컨설팅을 위한 비영리 단체인 글로벌 디지털 시민 재단The Global Digital Citizen Foundation에서는 비판적 사고력을 개발하기 위한 전략과 도구 그리고 학습 활동 사례를 제시하고 있다. 먼저 비판적 사고력을 높이기 위한 전략으로 첫 번째 전략은 무분별한 활동을 제거하는 것이다. 대부분의 사람들은 자유 시간이 부족하다고 불평한다. 하지만 목적 없이 소셜 미디어를 서핑하거나 웹사이트 검색으로 시간을 보내는 경우도 상당하다. 따라서 스스로 자신의 행동에 앞서 항상 "왜?"라는 질문을 던지는 노력이 필요하다.

두 번째 전략은 하루에 한 가지 이상의 문제에 집중하는 것이다. 이 전략을 선택할 때는 한 가지 문제에 대한 해결책을 찾기 위해 매일 약간의 시간을 할애한다. 먼저, 본질을 결정한다. 이를 위해 문제와 관련된 정보를 최대한 많이 수집한다. 특히 발생 이유에 주의를 기울인다. 수집된 사실이 진실인지 여부를 주의 깊게 확인한다. 그런 다음 문제를 해결하기 위한 몇 가지 옵션을 생각하고 가능한 결과에 대한 분석을 바탕으로 가장 좋은 옵션을 선택한다. 이 과정을 매일 연습함으로써 비판적인 생각을 더 자주 적용하고 더 나은 결정을 내리는 데 도움이 될 것이다.

세 번째 전략은 결정 사항을 일지에 기록하는 것이다. 이전의 전략과 결합하면 매우 효과적인 전략이다. 문제, 원인, 상황에서 벗어날 수 있는 가능한 방법, 그리고 내린 결정을 매일 기록할 수 있는 일지를 쓴다. 선택한 결과를 평가할 때, 작업을 얼마나 잘했는지 일지에 표시한다. 일지는 문제를 풀 때 실수를 기록하는 것뿐만 아니라 장기적으로 진행 상황을 추적하는 데 도움이 된다. 시간이 지나면 오류가 적다는 것을 알게 될 것이다.

네 번째 전략은 특별한 특성을 개발하는 것이다. 비판적 사고 기술을 빨리 습득하고 싶다면, 책을 읽는 것만으로는 충분하지 않다. 먼저, 규칙을 지키는 것이 중요하다. 문제해결 단계(예 정보 확인) 중 하나를 놓쳤다면 규칙이 부족한 것이다. 다른 유용한 자질들은 인내, 겸손, 그리고 의지력 등이다. 의심하는 법을 알면 속이는 것이 훨씬 어려워진다. 의견을 표현할 때, 강력한 주장으로 그것을 뒷받침한다.

이러한 전략을 기반으로 비판적 사고력을 향상시키기 위해 도움이 되는 방법은 무엇일까? 어떤 교수법이 효과적일까? 등은 비판적 사고력과 관련하여 가장 중요하면서도 쉽게 답하기 곤란한 질문들이다. 여기에서는 사례를 통해 글로벌 디지털 시민 재단이 제시한 비판적 사고력을 기르는 데 도움되는 방법에 대해 배워보자.

먼저, 해결할 또는 대답할 질문을 하나 정한다. 예를 들어 "미래의 에너지로 원자력은 적당할까요?"라고 하자.

❶ 연습 1

먼저 다음과 같은 양식의 표를 만든다.

긍 정	부 정	문의사항

그러고 나서 원자력 에너지 사용에 대한 장·단점을 분석하여 해당하는 칸에 입력한다. 하지만 이것만으로는 질문에 대해 적절하거나 정확한 답을 찾을 수 없다. 그래서 세 번째 칸에 처음 질문과 관련한 추가 질문을 나열한다. 예를 들어 전 세계적으로 원자력 발전소는 얼마나 있는지, 그것들은 얼마나 많은 에너지를 생산하고 있고 생산 비용은 얼마인지, 지금까지 원자력 발전소에서 일어난 사고는 몇 건인지 등이 될 수 있다. 해당 질문과 관련한 데이터를 수집한 후 새로운 정보로 인해 다른 결론이 도출되면 위 표의 첫 번째와 두 번째 칸에 있는 항목을 변경한다. 이를 통해 문제 해결을 위한 입력 데이터를 수집하고 분석하며 확인하는 방법을 배운다.

❷ 연습 2

의미 있는 방법으로 질문에 대한 답을 찾도록 노력한다. 여기에는 반드시 '주장'을 포함해야 한다. 예를 들어 "정말로 원자력 에너지가 가장 저렴한가?"라는 질문이 있다. 답변은 "아니요, 첫째, 원자력 발전소를 짓는 비용이 많이 들고, 둘째, 태양 에너지는 … 데이터를 기준으로 하면 더 저렴하기 때문입니다." 이와 같은 연습 덕분에, 주어진 시간에 가지고 있는 정보를 바탕으로 자신의 의견을 주장하는 방법을 배우게 된다.

❸ 연습 3

자신의 옵션과 대체 옵션을 비교한다. 이를 위해 먼저 비교할 지표를 결정한다. 여기에서는 생산된 에너지 1단위의 비용, 유지보수 및 발전소 건설 비용, 환경에 미치는 영향 등이다. 이러한 지표와 관련하여 원자력, 태양열, 물, 그리고 열 등을 비교한다. 그리고 각각의 지표에 대해 신뢰할 수 있는 출처로 통계 정보를 찾고 어떤 유형의 에너지가 더 저렴한지 결정한다.

❹ 연습 4

토론은 문제에 대한 최고의 해결책을 찾는 좋은 방법이다. 지난 연습으로 확인한 데이터를 통해 평균적으로 원자력 에너지가 열 에너지보다 낫지만 태양 에너지보다는 나쁘다는 것을 알게 됐다. 하지만 일부 학생은 이러한 사실에 동의하지 않고 태양 에너지가 원자력 에너지보다 열등하다고 생각하는 상황을 가정한다. 이에 따라 태양 에너지가 원자력 에너지보다 우수하다는 자신의 의견을 뒷받침하는 주장을 준비하여 의견이 다른 이들과 관련 주제에 대해 토론한다. 이렇게 하면 다양한 각도에서 문제를 보고 수집된 사실을 바탕으로 올바른 결정을 내릴 수 있다.

'비판적 사고'는 눈에 보이는 모든 것을 쉽게 믿거나 따르지 않으며 보수적으로 경직되지 않는 태도를 말한다. 나아가 그러한 태도로 대상의 합리 혹은 불합리한 부분을 꿰뚫어 보면서 자신만의 사상이나 관점을 확립하는 것이라 할 수 있다. 자신만의 사상이나 관점을 내놓으려면 사고할 줄 알아야 한다. 여기서 말하는 사고란 일종의 자기 학습 과정으로 기존 이론을 의심하고 비판적으로 자신만의 지식 체계를 수립하며 학습의 주체가 되는 것이다. 독립적으로 사고하지 못하고 혁신적인 의식이 없으면 자신만의 독특한 사상이나 관점을 형성하기 어렵다. 이런 이유로 비판적 사고란 창조적 인재로 성장하는 초석이라 할 수 있다(김봉섭, 2022).

2) 가짜뉴스 대응을 위한 수평적 글 읽기와 L2D^{Learn to Discern}

소수의 권력과 자본가에 의한 정보의 독점적 생산과 유통은 디지털 전환으로 인해 누구나 쉽게 정보를 생산하고 유통할 수 있는 환경이 되었다. 이와 관련하여 〈링크의 경제학〉 저자인 폴 길린Paul Gillin은 "만일 한 명이

다섯 명의 친구에게 이야기하고 그 친구들이 다시 각자 다섯 명의 친구에 추가로 이야기하면 열두 번 만에 백만 명이 넘는 사람에게 퍼지게 된다."라며 이러한 현상의 도래를 주장했다. 문제는 누구나 쉽고 편리하게 정보를 생산하고 유통할 수 있게 되면서 증명되지 않은 정보가 다량으로 유통될 수 있게 되었다는 사실이다. 이른바 '가짜뉴스의 범람'이라는 문제가 사회적으로 큰 이슈가 되고 있는 것이다. 전통적인 정보의 생산과 유통 환경에서 신뢰할 수 있는 정보의 유통을 일정 수준 담보해왔던 정보 여과 기능이 누구나 쉽게 정보를 생산하고 유통할 수 있는 환경에서는 제대로 된 기능을 할 수 없게 되었을 뿐 아니라 거의 파괴되는 정도에 이르게 되었기 때문이다.

이러한 상황에서 우리가 접하는 정보가 신뢰할 수 있는 뉴스 보도인지, 교묘하게 위장된 광고인지, 도발적인 선전인지 궁금하게 만드는 정보를 만나면 어떻게 해야 하는지가 중요한 디지털 미디어 문해력의 한 요소가 되었다. 단순히 웹사이트에 정보를 게시하거나 웹사이트의 경로를 따라가다 보면 정보에 입각한 결정을 내리는 데 필요한 명확성이나 맥락을 얻을 수 없을 가능성이 높기 때문이다.

이러한 상황을 해결하기 위한 해법으로 제시된 것이 바로 '수평적 글 읽기'다. 수평적 글 읽기 개념과 용어 자체는 스탠포드역사그룹(Stanford History Education Group, SHEG)의 설립자인 샘 와인버그Sam Wineburg가 주도한 연구에서 발전했다(Wineburg & McGrew, 2017). 이 연구는 2017년, 스탠포드대학 교육대학원의 연구진이 팩트체커fact checker, 역사 연구자, 스탠포드대학 학부생들을 대상으로 미국 소아과 의과대학과 미국 소아과학회에 대한 웹사이트를 조사하는 연구였다. 이 연구에서 각 그룹은 두 웹사이트의 신뢰성을 평가하도록 요청받았다. 여기서 미국 소아과학회는 합법적인 전문 단체였지만, 미국 소아과 의과대학은 자신들의 의도를 교묘히 조작한 증오 단체였다. 모든 팩트체커는 미국 소아과학회가 합법적인 전문 단체라고 판단했지만, 문제는 역사 연구자의 50%와 스탠포드대학 대학생의 20%만이 이 단체를 전문 조직으로 평가했다는 것이다. 이러한 결과에 대해 연구진은 팩트체커들의 경우 해당 웹사이트에만 머물지 않았기 때문에 가짜 사이트를 구분해 낼 수 있었다고 결론지었다. 즉, 팩트체커들은 새로운 브라우저 탭을 열고 구글과 위키피디아를 사용하여 해당 사이트에 대한 정보를 검색했다. 반면 역사 연구자들과 대학생들은 대부분 각 기관의 해당 웹사이트에 머물며 "정보" 섹션을 읽고 오답이나 배너 광고와 같은 것들을 찾아 신뢰도를 결정했다.

이러한 결과를 토대로 스탠포드역사연구그룹은 '수평적 글 읽기'라는 새로운 방식을 제안했다. 이는 다른 저자의 동일 주제에 대한 기사(어떻게 다루고 있는지 보기 위해)와 확인 중인 저자의 다른 기사를 검색하여 저자의 신뢰도와 의도 및 편견 등을 결정하는 데 도움이 되는 방법이다. 깊이 파고드는 대신 넓게 파고드는 방식으로 전문적인 팩트체커들이 주로 사용한다. 이와 관련하여 교육 혁신을 특징으로 하는 웹사이트인 TeachThought.com의 "This Is The Future And Reading Is Different Than You Remember"에서 테럴 히크Terrell Heick는 "간단히 말해 (수직적인 읽기와 반대로) 수평적인 읽기는 읽고 있는 것을 확인하는 행위입니다."라고 쓰고 있다.

스탠포드역사연구그룹이 제시하는 수평적 글 읽기와 관련한 내용은 다음과 같다.

먼저 수평적 글 읽기를 위해 정보 이용자는 평소에 다음과 같은 질문을 하도록 훈련한다.

- 누가 원본이 출판된 사이트에 자금을 지원하거나 후원합니까?
- 다른 권위 있는 소식통들은 그 사이트에 대해 뭐라고 말합니까?
- 원작의 주제를 검색할 때, 초기 결과는 사실 확인 기관에서 나온 것입니까?
- 저자가 작성한 다른 기사에 대해 의문이 제기되었습니까?
- 당신이 다른 곳에서 발견한 것이 원래 작품과 모순됩니까?
- 신뢰할 수 있는 뉴스 매체가 당신이 읽고 있는 것을 보도하고 있습니까? (보도되지 않았지만 더 중요할 수도 있음을 유의해야 합니다.)

이러한 질문을 토대로 수평적 글 읽기에서는 이전에 접하지 못했던 출처에서 정보를 발견한 경우 출처를 조사한 후 해당 출처의 의견을 확인해야 할지를 결정한다. 이를 위해 먼저 구글과 위키피디아를 사용하여 출처에 대한 진위 여부를 조사한다. 이를 통해 다음과 같은 주요 구성 요소를 검색할 수 있다.

- 게시(일반적으로 가장 적합함)
- 자금 지원 조직(웹사이트의 "정보" 페이지에서 종종 찾을 수 있음)
- 저자
- 내용(웹사이트 제목을 잘라내어 구글에 붙여넣기)

최소 3~5개의 새로운 출처를 읽고 원본 출처에 대해 어떤 의견을 제시하는지 확인한다. 3~5개의 출처를 찾을 수 없다면, 그 자체가 정보라고 할 수 없다. 즉, 원 출처의 명성이 확립되어 있지 않은 것이므로 조심해서 진행한다.

이러한 과정을 통해 글의 작성자와 게시자를 살펴보고 근거를 분석했다. 그런데 누가 어떤 의도로 글을 작성했는지 분명히 파악하고, 글에 드러난 주장과 근거가 합리적이고 타당하다고 판단했더라도, 한 가지 단계가 더 남았다. 바로 다른 자료들을 찾아 읽는 '교차 검증'의 과정이다. 교차 검증은 읽은 자료에서 주장하는 내용과 다른 주장을 하고 있는 자료들은 없는지, 다른 자료들도 같은 주장을 하고 있다면 어떤 근거를 사용하고 있는지 비교해 보는 매우 능동적인 읽기의 과정이다(Naomi, 2021). 이러한 사실들을 확인한 후에야 비로소 원본 출처의 신뢰성에 대한 판단을 내린다.

이 외에도 가짜뉴스에 대응하기 위한 디지털 미디어 문해력 프로그램으로 L2D가 있다. 세계적인 국제개발과 교육 관련 비영리 단체인 IREX International Research and Exchanges Board가 캐나다 정부의 지원으로 개발한 프로그램으로, 러시아의 허위 정보 캠페인에 대항하기 위한 수단으로 고안되었다. 시민들이 고전적 미디어 리터러시 수업 프로세스를 기반으로 허위 정보, 선전 및 혐오 발언을 인식하고 저항하는 것을 돕기 위해 개발되었다. 이는 토론 및 강의 활동, 비디오 및 대화형 게임을 결합하여 일련의 실용적인 기술을 내면화하는 데 도움을 주는 방법으로 구성되어 있다.

프로그램의 효과성을 검증하기 위해 프로그램에 참여한 성인 15,000명을 대상으로 프로그램이 종료된 1년 후를 조사한 결과, 신뢰할 수 있는 뉴스와 가짜뉴스를 구별하는 능력이 24% 증가했고, 소비된 뉴스의 정보를 교차 확인하는 능력이 22% 증가했으며, 뉴스 분석에 대한 신뢰도는 26% 증가한 것으로 나타났다(Hobbs, 2020). 기타 L2D 프로그램에 대한 자세한 내용은 해당 웹사이트(https://www.irex.org/project/learn-discern#component-id-1605)를 참고하기 바란다.

3) 직소Jigsaw 교육

디지털 미디어 문해력을 구성하는 요소 중 하나로 강조되는 것이 '협업 collaboration 역량'이다. 여기서 협업 역량은 공동의 목표를 달성하기 위해 디지털 기기를 활용하여 사회관계망을 구성하고, 정보를 교환하고 협상과 상호 존중을 통해 의사를 결정할 수 있는 역량을 말한다. 협업 역량의 중요성은 여러 사회적 현상을 통해서 확인할 수 있다. 예를 들어, 세계적 권위를 자랑하는 노벨 물리학상의 경우 1993년 이후 20년 가까이 수상자 전부가 공동 수상자인 것으로 나타났다. 같은 기간 노벨 화학상에서 단독 수상의 경우는 5회에 불과했다. 과학적 현상을 규명하는 작업이 개인의 탁월한 역량이나 성과보다는 여러 사람의 공동 노력에 의한 결실임을 보여준다. 이처럼 미래 사회에는 타인과의 협력이 무엇보다 중요하다(김봉섭, 2022).

이러한 협업 역량을 높이기 위한 교육 방법론이자 학교 수업에서 적용할 수 있는 방안 중 하나로 직소 교육이 있다. 이는 디지털 미디어 이용과 관련하여 디지털 미디어 문해력을 높이기 위해 개발된 것은 아니지만 디지털 미디어 문해력 교육에 충분히 적용 가능한 방법론이라 할 수 있다.

직소 교육은 1970년대 초 미국 텍사스 오스틴 대학의 엘리엇 아론슨Elliot Aronson 교수에 의해 처음 개발됐다. 아론슨 교수에 따르면 당시 텍사스 교육 현장에 만연한 경쟁적인 환경으로 인해 높아진 집단 간 적대적인 학교 분위기를 협력적인 기류로 개선하기 위해 고안했다고 한다.

직소 교육은 개별 퍼즐들을 조합하여 하나의 완성된 형체를 이루는 직소 퍼즐처럼 교육 내용을 세부 단위로 구성하고 개별 요소들을 통합하여 학습 목표를 이루도록 하는 방법론이다. 직소 퍼즐에서처럼 각 조각과 같은 학생의 역할은 교육 내용의 완전한 이해를 위한 필수 요소다. 구성원 모두의 협력이 필요한 교육 방법론이라 할 수 있다.

하나의 사례를 통해 직소 교육의 운영 방법을 알아보도록 하자. 역사 과목 중 학습 목표가 한국전쟁에 대해 배우는 것이라고 가정하여 살펴보면 먼저, 역사 과목을 수강하는 학생들을 대여섯 명의 학생으로 구성된 소그룹으로 나눈다. 한 직소 그룹에서, A는 전쟁 전 북한에서 김일성이 권력을 잡게 된 과정을 연구하는 역할을 맡는다. 이 그룹의 또 다른 일원인 B는 한국전쟁에서 유엔군의 역할을 탐구하는 일을 배정받는다. C는 중국의 한국전쟁 참전과 관련한 부분을 탐구한다. D는 소련의 역할을 연구한다. E는 한국전쟁의 종전과 관련된 것을 다룬다. 각각의 직소 그룹은 모두 이러한 개별적인 역할을 가진 참여자로 구성한다.

이처럼 각 직소 그룹 내에서 역할 분담이 이루어진 후 먼저 동일 과제를 가진 학생들(각 직소 그룹에서 한 명씩)이 만난다. 예를 들어, 북한의 권력 변화 분야에 할당된 학생들은 전문가 팀으로 만나 주제에 대한 전문가가 되어 정보를 수집하고 발표를 준비한다. 이른바 북한 권력 변화의 '전문가' 그룹이 되는 것이다. 다른 '전문가'와 함께 학습하고 발표를 준비하기 때문에, 개인 학습에 어려움을 경험할 수 있는 학생들에게 특히 유용하다. 어느 정도 주제에 대한 발표 준비가 되면 개별 주제를 담당한 구성원들이 다시 원래의 직소 그룹에 모인다. 각 그룹의 북한 권력 전문가는 다른 구성원들에게 해당 내용을 설명한다. 이와 함께 각 그룹의 구성원들은 자신이 맡은 주제에 대해 그룹 전체를 대상으로 발표한다. 이 과정에서 개별 구성원이 전체 내용을 학습할 수 있는 유일한 방법은 다른 전문가의 발표를 경청하는 것이다. 따라서, 만약 A가 B를 좋아하지 않거나, C가 괴짜라고 생각하여 그(녀)를 따돌리거나 놀린다면, A는 평가에서 좋은 결과를 얻지 못할 것이다. 이러한 과정을 거쳐 최종적으로 구성원들은 동료 그룹 구성원들로부터 한국전쟁과 관련한 학습 내용에 대해 평가를 받는다.

이러한 과정을 보다 체계적으로 구분하면 아래의 단계와 같다.

1단계 학생들을 5인 또는 6인으로 구성된 직소 그룹으로 구분한다. 각 그룹은 구성원의 성별, 민족, 인종, 그리고 능력 등을 고려하여 다양한 구성원이 참여할 수 있도록 조직한다.

2단계 각 그룹에서 리더십이 뛰어나고 친화력이 높으며 학습 능력이 우수한 학생 1인을 선발하여 해당 그룹의 리더로 임명한다.

3단계 특정 주제에 대한 수업 내용을 5~6개로 나누어 구분한다. 예를 들어 한국전쟁이 주제라면 전쟁 전 북한에서 김일성이 권력을 잡게 된 과정, 한국전쟁에서 유엔군 역할, 중국의 한국전쟁 참전, 소련의 역할, 한국전쟁의 종전 등으로 나눌 수 있다.

4단계 각 직소 그룹의 구성원 각각에게 자신이 맡을 세부 내용을 하나씩 지정하되 각 세부 내용에 대해서는 해당 부분을 맡은 학생만 접근할 수 있도록 한다.

5단계 자신이 맡은 내용에 대해 해당 학생들이 관련 내용을 충분히 이해하고 학습할 수 있는 시간을 부여한다.

6단계 세부 내용별로 각 직소 그룹에서 해당 내용을 담당하는 구성원들이 모여 임시 '전문가 그룹'을 결성하고, 세부 내용에 대해 요점을 정리하는 한편 소속 그룹에서 발표할 내용을 정리하는 시간을 갖는다.

7단계 구성원들은 자기가 소속된 원래의 그룹으로 돌아간다.

8단계 교사와 각 그룹의 리더는 세부 내용별로 자신이 맡은 부분의 학습 결과를 다른 구성원들에게 발표하게 하고 세부 내용과 관련한 질문이 활발히 일어날 수 있도록 지도한다.

9단계 교사는 각 그룹별로 이동하며 전체 진행 과정을 관찰한다. 문제가 있는 그룹(예 특정 구성원이 진행을 방해하거나 독단적으로 운영하는 그룹)에는 적절하게 개입한다. 그룹의 리더가 개입하는 것이 가장 좋기 때문에 교사들은 리더들의 관리 역량을 높이기 위한 별도의 프로그램을 운영할 수 있다.

10단계 모든 과정이 끝나면 해당 과정이 단순히 재미와 게임이 아니라 중요한 훈련이 될 수 있음을 깨닫게 하고 학습 목표의 달성 여부를 확인하기 위해 참여 학생들을 대상으로 해당 주제와 관련한 내용에 대해 평가를 실시한다.

직소 교육은 무엇보다 특정 주제를 배우는 데 있어 매우 효율적인 방법이다. 하지만 더 중요한 것은 참여 구성원들이 학업 활동 중에 중요한 역할을 자임함으로써 경험, 참여, 그리고 공감 등과 관련한 역량을 높일 수 있다는 점이다. 특히, 직소 교육에서는 모든 구성원이 공동의 목표를 달성하기 위해 한 팀으로 협력해야 한다. 모든 구성원이 한 팀으로 서로 협력하지 않는 한, 어떤 학생도 자신의 개인적인 목표(주제 학습, 좋은 점수 받기)뿐 아니라 공동의 목표를 달성할 수 없다. 이 과정에서 그룹 목표와 개인 목표는 서로 보완되고 강화된다. 결국 '설계에 의한 협력'으로 인해 참여자 간의 상호작용이 촉진되고 공동의 과제에 대한 기여자로서 모든 구성원을 가치 있는 존재로 여기게 되는 것이다.

이러한 직소 교육은 디지털 이용과 관련한 주제를 선택해 운영함으로써 주제에 대한 이해뿐 아니라 디지털 미디어 문해력의 한 요소인 협업 역량을 높이는 주요한 도구로서 기능할 것이다. 예를 들어, 정보화 역기능과 관련해서 사이버 폭력, 스마트폰 과의존, 사이버 사기, 온라인 도박, 저작권 침해 등에 직소 교육 방법을 적용하여 학습하면 유용할 것이다. 직소 교육과 관련한 세부 내용에 대해서는 The Jigsaw Classroom 웹사이트(https://www.jigsaw.org)를 참고하기 바란다.

4) UNESCO의 '미디어 · 정보 리터러시'[2]

디지털 미디어 환경에서 역량 있는 디지털 미디어 이용자 양성에 가장 많은 관심을 기울이는 단체는 UNESCO다. 이와 관련하여 UNESCO는 지난 2021년 미디어 · 정보 학습자와 교육자를 위한 미디어 · 정보 리터러시 교육 커리큘럼을 개발했다. 엄청난 속도의 디지털 전환에서 지구촌이 달성해야 할 지속 가능한 발전을 도모함과 동시에 정보와 미디어 및 디지털 기술

---

[2] 자세한 내용은 유네스코한국위원회 · 한국언론진흥재단(2022)의 〈비판적으로 사고하고 현명하게 클릭하기〉를 참고하기 바란다.

에 대해 지역, 계층, 성별, 언어 등에 의한 차별을 막고 잘못된 정보 및 허위 정보에 대한 취약성으로부터 시민을 보호하기 위한 방안으로 이 커리큘럼을 제안했다.

미디어·정보 리터러시는 점점 더 복잡해지는 미디어 커뮤니케이션 환경을 탐색하는 데 필요한 여러 역량을 포괄하는 개념이다. 미디어·정보 리터러시를 통해 시민들은 해박한 지식과 윤리적인 참여의식을 기반으로 콘텐츠, 콘텐츠 제공자, 디지털 기술을 통합하는 데 필요한(또는 자체적으로 콘텐츠를 생산하고 공유하는 데 필요한) 비판적 사고와 여러 역량을 갖추게 된다. 그뿐 아니라 이용자는 목적성을 갖고 창의적으로 디지털 기술을 활용할 수 있으며, 프라이버시 등 온라인상의 권리를 알고 정보의 접근과 사용에 관련된 윤리적 이슈를 학습할 수 있다. 이와 같은 방식으로 미디어·정보 리터러시는 디지털화하는 사회에서 문화 간 소통, 성평등, 정보 접근, 표현의 자유 및 평화와 지속 가능한 발전을 도모하는 데 기여한다.

미디어·정보 리터러시는 총 열네 개 모듈로 구성되어 있으며 모든 모듈의 교육 시간을 합하면 150여 시간에 이른다. 해당 모듈은 교육자와 모든 사회 행위자 및 기관이 각 국가 상황에 맞추어 학습 내용을 적용할 수 있도록 주제 개요, 학습 목표, 콘텐츠와 학습 활동을 제공한다. 먼저, 〈모듈 1〉은 초석 다지기로 미디어·정보 리터러시와 기타 주요 개념에 대한 개론 부분이다. 이어서 〈모듈 2〉는 정보와 기술 이해하기, 〈모듈 3〉은 연구와 정보 주기, 디지털 정보 프로세싱, 지식재산과 관련된 부분이며, 〈모듈 4〉는 진실 추구와 평화를 위한 부분으로 잘못된 정보와 허위 정보, 혐오 표현에 맞서는 미디어·정보 리터러시 역량을 중심으로 구성되어 있다. 또 〈모듈 5〉는 시민으로서의 수용자, 〈모듈 6〉은 성평등을 중심으로 미디어와 정보에서의 재현, 〈모듈 7〉은 미디어와 기술이 콘텐츠에 미치는 영향, 〈모듈

8)은 프라이버시와 데이터 보호, 그리고 우리와 관련된 내용이며, 〈모듈 9〉는 인터넷이 주는 기회 및 과제와 관련한 내용이다. 다음으로 〈모듈 10〉은 광고와 미디어·정보 리터러시, 〈모듈 11〉은 인공지능과 소셜 미디어, 미디어·정보 리터러시 역량, 〈모듈 12〉는 디지털 미디어, 게임, 전통 미디어, 〈모듈 13〉은 미디어·정보 리터러시의 맥락에서 미디어와 기술, 그리고 지속가능 발전 목표와 관련한 내용이며, 마지막인 〈모듈 14〉는 이전 모듈에서 다루었던 콘텐츠의 캡스톤 역할을 하는 내용이다.

이와 함께 미디어·정보 리터러시는 개별적인 모듈을 조합한 일곱 가지 역량으로 재구조화한 방안을 제안함으로써 교육 현장에서 이를 활용하여 미디어·정보 리터러시 역량을 제고할 수 있도록 구성되어 있다. 예를 들어 미디어·정보 리터러시 첫 번째 역량으로 정보, 미디어, 디지털 커뮤니케이션이 지속 가능한 발전 및 민주주의에서 수행하는 역할 이해하기와 관련한 학습을 위해 〈모듈 1〉, 〈모듈 2〉, 〈모듈 13〉, 〈모듈 14〉 등을 제안하는 식이다.

UNESCO의 미디어·정보 리터러시 교육 커리큘럼은 청소년을 비롯하여 모든 시민이 자신에게 필요한 정보를 알고 검색하여 비판적으로 평가하고 활용함으로써 정보와 미디어 콘텐츠를 현명하게 이용할 수 있는 역량을 함양하는 데 기여한다. 따라서 미디어·정보 리터러시를 갖춘 시민은 디지털 기술을 목적에 맞고 창의적으로 사용할 수 있으며, 온라인과 디지털 권리를 알고 정보 접근성과 활용에 관한 윤리적 문제도 충분히 이해할 수 있을 것이다. 더불어 타인과 디지털 미디어와의 소통을 비롯하여 표현의 자유와 정보 접근성, 양성평등, 다양성, 평화, 지속 가능한 발전을 더욱 효과적으로 실현할 수 있다.

5) '사이좋은 디지털 세상' 프로그램

디지털 미디어 문해력과 관련하여 우리나라에서 운영중인 프로그램으로는 '사이좋은 디지털 세상'이 있다. 이는 푸른나무재단이 2015년 카카오의 후원을 시작으로, 2016년부터 카카오임팩트(카카오 사회공헌재단)와 함께 개발한 청소년 디지털 시민교육 프로그램으로 현재 초등학생을 대상으로 운영하고 있다. 이 프로그램은 디지털 원주민digital natives으로 태어난 청소년 세대가 디지털 세상을 살아가는 데 필요한 올바른 디지털 핵심 인성을 갖추고, 디지털 시민 의식을 가진 건강한 청소년으로 성장할 수 있도록 돕고자 하는 목적으로 만들어졌다(최원기·조민식·노명순, 2022).

'사이좋은 디지털 세상'에서는 여러 선행연구를 참고하여 청소년을 대상으로 교육이 필요한 디지털 시민성 영역을 '① 감정 및 공감, ② 사이버 폭력, ③ 디지털 에티켓, ④ 개인정보 보호, ⑤ 디지털 리터러시, ⑥ 저작권, ⑦ 온라인 정체성 등' 일곱 가지로 구분하여 교육 프로그램을 구성하고 있다. 먼저 감정 및 공감과 관련해서는 오프라인(현실) 및 온라인 세상 속 사람들의 다양한 감정을 인지할 수 있도록 하며, 다양한 감정을 잘 표현하는 방법, 즉 부정적인 감정에 대한 표현 또는 조절법에 대해 고민하고, 올바른 감정표현 및 이해로 원활한 소통을 증진하는 내용으로 구성되어 있다. 또한 온·오프라인에서 함양해야 할 가치인 '공감'에 대한 이해와 적용을 위한 방안들이 제시되어 있다.

사이버 폭력과 관련한 주제는 사이버 폭력의 개념과 종류 인지, 사이버 폭력을 당했을 때의 대처 기술(분명한 거부 의사, 도움 요청 방법 인지 등)을 습득하기 위한 내용이다. 사이버 폭력에 대해 방관하지 않고 적극적으로 대처하고 방어하는 역할의 중요성을 알리는 내용도 포함되어 있다.

세 번째 주제인 디지털 에티켓 부분에서는 온라인에서도 올바르게 의사소통하는 긍정적 상호작용을 통한 관계 맺기와 디지털 세상에서 가져야 할 에티켓(존중, 배려, 공감 등) 등이 포함되어 있다.

개인정보와 관련해서는 스미싱, 인터넷 사기, 해킹, 악성코드 감염, 스팸, 위치정보 노출과 같은 온라인의 다양한 온라인 위험으로부터 자신을 보호하기 위한 방안들을 배우고 인터넷 세상에서의 개인정보와 프라이버시 보호, 관리법을 습득하기 위한 내용으로 구성되어 있다.

디지털 리터러시와 관련한 분별력 주제에서는 인터넷(온라인 매체, SNS 등)의 다양하고 방대한 정보 속에서 필요한 정보 및 신뢰할 수 있는 정보를 분별하여 긍정적으로 활용하는 능력을 제고하기 위한 방안들이 담겨 있다.

또한, 저작권 주제에서는 인터넷 공간에서 취득한 다양한 정보와 저작물을 올바른 방법으로 사용하여 저작자에 대한 권리를 지켜줌으로써 자신의 권리도 보호하는 내용과 함께 올바른 저작물 공유 방법에 대한 개념을 습득할 수 있는 내용으로 구성되어 있다.

마지막으로 온라인 정체성과 관련해서는 온라인과 오프라인에서의 자신의 정체성 확인을 통해 디지털에서 나타나는 자신의 다른 모습의 이점 혹은 위험에 대한 개념 확립 및 이해의 내용과 함께 온라인에서의 유명세나 평판에 치우치지 않고, 현실에서의 자신을 존중하고 사랑하는 정체성 함양 방안들로 이루어져 있다.

프로그램의 구성 및 자세한 내용과 관련해서는 사이좋은 디지털 세상 홈페이지(https://www.digital7942.org)를 참고하기 바란다.

4
다중 문해력Multi Literacies의 부상과 필요성

일상의 거의 모든 일이 디지털을 매개로 이루어지면서 디지털 기술을 활용하는 디지털 미디어 문해력의 중요성이 강조되는 것은 매우 당연한 일이다. 인쇄 매체 환경에서 '문자를 읽고 쓰는 능력'을 의미하는 리터러시가 디지털 전환에 따른 매체 및 인지 환경으로 인해 디지털 미디어 문해력의 필요성이 더욱더 부각되었다. 문제는 이러한 리터러시의 중심축이 옮겨가는 과정에서 새로운 부작용이 초래되었다는 사실이다. 디지털 미디어의 영향으로 기존의 리터러시 능력이 약화되는 이른바 기능적 문맹 또는 사회적 난독증이라는 현상이 발생하고 있다는 것이다(김종규·원만희, 2022).

신경과학자인 매리언 울프Maryanne Wolf(2018)의 주장에 따르면 기능적 문맹은 "새로운 매체 및 인지 환경이 새로운 뇌 회로의 형성 및 기존과는 다른 인지 과정을 촉진하였기 때문에 발생한 것"이라고 할 수 있다. 이에 대해 한 방송에서 조병영 한양대 국어교육과 교수는 오늘날 점점 하락하는 문해력과 관련하여, 화자의 맥락 파악 없이 특정 단어에만 반응하고 집착하는 경향에 관해 이야기했다. 화자가 어떤 맥락에서 어떤 의도로 그러한 단어를 말했는지 이해하려는 시도는 전혀 없이 그 단어에 대한 본인의 정서(좋든 싫든)를 표출하는 것을 소통하는 것으로 착각한다는 것이다(김내훈, 2023).

이러한 문제의 해결 방법으로 등장한 것이 새로운 문해력으로서 멀티 리터러시multi literacies, 즉 다중 문해력이다. 다중 문해력은 1996년 뉴런던그룹New London Group이 처음 제안했다. 여기에 소속된 학자들은 사회에 복수의 리터러시가 존재함을 강조하면서 리터러시란 '사람들이 역동적 표현 자원을 활용하여 다양한 문화적 의도를 성취하기 위해 활동하는 과정에서 그들에 의해 지속적으로 재구조화되는 것(New London Group, 1996)'이라고 설명한다.

뉴런던그룹에 따르면 다중 문해력은 학생들이 빠르게 변화하고 디지털 전환이 급속하게 진행되는 세상에 더 잘 준비할 수 있도록 돕기 위해 사용되는 광범위한 언어, 문화, 의사소통 및 기술적 관점과 도구를 수용하고 장려한다. 또한, 학교는 학생들이 자신의 삶을 창조하고 공동체의 미래에 기여할 수 있도록 교육과 학습, 의사소통 채널, 문화적, 언어적 다양성에 대한 접근성을 높이는 새로운 기술의 가용성을 적용해야 한다는 점을 강조한다.

울프 역시 비슷한 주장을 하고 있다. 기능적 난독증의 대안으로 그가 제시한 '두 개의 리터러시 능력을 갖춘 두뇌 만들기Building a Biliterate Brain'는 문자 리터러시가 갖는 융합의 힘에 주목한다. 여기서 이중의 리터러시 능력이란, 기존의 리터러시, 즉 인쇄된 매체print mediums를 읽는 능력과 디지털 매체digital mediums를 읽는 능력 모두를 포함하는 것이다(Wolf, 2018).

그의 논의에 따르면, 대안의 목표는 다중 문해력을 위한 두뇌 역량을 구축하는 것이다. 무엇보다 그는 인쇄된 책 읽기를 강조한다. 어떤 매체로든 깊게 잘 읽기 위해서, 즉 다른 매체와의 원활한 소통을 위해 인쇄된 책 읽기는 필요하다고 본 것이다. 이는 인쇄된 책 읽기, 나아가서 문자 리터러시가 만능 키라는 것이 결코 아니다. 예를 들어, AI와의 소통을 가능케 해주는 디지털 리터러시와 빅데이터 등을 다루는 데이터 리터러시 그리고 헬스 리터러시 간에는 직접 소통이 여의치 않더라도 이 상이한 리터러시들을 병렬적으로 연결해 주는 매개적 역할을 문자 리터러시가 수행할 수 있다는 것이다. 다중 문해력이 문자 리터러시에서 유래되었다는 점과 문자 리터러시를 통해 그 다중성이 융합될 수 있다는 점에서 문자 리터러시는 '다중 문해력'을 위한 필수적 조건이다. 그리고 이것이 바로 디지털 전환 시대에서 문자 리터러시가 갖는 의미와 가치이다.

이와 관련하여 가장 발 빠르게 대응하고 있는 곳은 OECD와 UNESCO 등과 같은 국제기구들이다. OECD와 UNESCO 등은 디지털 기술이 고도화되고 전면화되면서 매체 지형 및 리터러시 환경이 변화함에 따라 문자 중심의 리터러시에서 수리력, 디지털 리터러시, 데이터 리터러시 등 다중 문해력 배양의 필요성을 강조하고 있다. 특히 OECD는 미래를 위한 교육적 대안으로 〈The Future of Education and Skills: Education 2030〉을 발표했다. 여기에서는 디지털 리터러시 전환에 따라 미래 변화 속에서 다중 문해력 교육이 매우 중요한 역할을 할 것이라는 전망과 필요성을 명확히 제시하고 있다. 특히, 전 세계의 모든 국가들은 다중 문해력 교육을 통해 학습자 모두 주체로서 미래의 변화에 대응할 수 있는 태도를 마련하는 데 미래 교육의 목표를 두어야 한다고 주장한다.

바로 이 점이 이 시대에 '다중 문해력'이 필요한 이유다. 인간 고유의 사유 본성과 기술의 비약적 발전을 양립시킬 수 있는 방향으로 미래 교육은 나아가야 한다. 따라서 미래 교양교육의 핵심 기반으로서 리터러시의 함양은 '다중 문해력'의 함양에 초점이 맞춰져야 할 것이다. 그리고 이를 위해 '문자 리터러시'에겐 새로운 시대에 적합한 위상과 역할, 즉 다중적인 리터러시들을 병렬적으로 연결하는 교량의 위상과 그것들에 의해 매개되는 다양한 사유들을 융합하는 역할이 주어져야 할 것이다.

5
나가며

디지털 미디어 기술은 '계산 능력'을 넘어 인간의 '지능'과 유사한 능력을 보여주는 방식으로 진화하고 있다. 상대의 표정과 감정을 이해하는 소프트웨어, 내가 알고 싶어 하는 것이 무엇인지를 먼저 판단하여 알려주는 검색 엔진, 내가 좋아할 법한, 혹은 적어도 구매할 법한 물건을 소개하는 추천 시스템 등 사례는 무궁무진하다. 이 외에도 인공지능은 경험 많은 의사보다 환자의 질병을 정확히 찾아낼 때도 있다. 변호사가 수많은 법원 기록 중에서 변호를 맡은 사건과 관련된 판례를 찾아낼 수 있게 돕기도 한다. 볼프강 아마데우스 모차르트Wolfgang Amadeus Mozart가 작곡한 곡과 비슷하게 들리는 음악도 작곡할 수 있고 신문 기사를 작성할 수도 있다.

물론 아직까지 인공지능의 수준은 인간의 지능을 모방하는 정도에 머물러 있다. 하지만, 인공지능의 발전 속도는 두려울 정도다. 실제로 AI회사 딥마인드가 '알파고'에 이어 내놓은 체스 프로그램인 '알파제로'는 스스로 학습하는 프로그램으로 놀랍게도 자신을 상대로 게임을 한 지 9시간 만에 인간을 능가하는 실력에 도달했다고 한다(Acemoglu & Johnson, 2023). 이러한 상황이 지속되다 보면 인간은 공동체의 유지와 문명의 발전을 위해 인간과 다투는 것이 아니라 기계와 경쟁해야 할지도 모르겠다. 그렇기에 디지털 미디어 문해력은 삶에 필요한 단순 기술이 아니라 고도의 전략이 되어야 하는 이유이자 미래를 대비하는 최선책인 것이다.

이러한 디지털 미디어 문해력를 높이기 위해서는 경험에 의한 학습 훈련을 해야 한다. 경험에 의한 학습 훈련은 자전거를 처음 배우던 때를 생각해 보면 이해하기 쉽다. 자전거를 배울 때 처음에는 균형을 잡지 못하고 넘어지기를 반복하다가 어느 순간 넘어지지 않고 자연스럽게 몸의 균형을 맞추며 자전거를 타게 된다. 이때 우리는 마음이 개입하고 방해하지 않는, 몸이 깊이 체득한 상태에서 자전거를 타게 되는 것이다. 디지털 미디어 문해력도 동일하다. 경험에 의한 훈련이 되어야 한다. 단순히 읽어서는 배울 수 없고 일상에서 디지털 미디어 이용과 관련하여 적절한 방법을 수시로 연습해야 한다.

자연스럽게 디지털 미디어 문해력 교육은 직접 실행하고 경험하는 현장 실습과 현장 교육이 되어야 한다. 지금까지의 문해력 교육은 미래에 필요할 것 같은 내용과 방법을 가르치는 just-in-case 교육이라면, 디지털 미디어 문해력 교육은 활용이 필요할 때 신속하게 이용할 수 있는 내용과 방법을 가르치는 just-in-time 교육이 되어야 한다.

디지털 미디어의 진보는 현재 진행형이다. 멈추고 싶다 한들 멈춰지지 않으며, 멈추려는 시도는 어리석은 일이 되고 있다. 디지털 미디어 이용에 가치 있을 만한 역량에 투자하여 자신을 바꾸려는 편이 더 낫다. 미래는 준비하는 자의 몫이다.

참고문헌

강진숙·권오현 (2022). 〈후기 청소년(19-24세)의 미디어 리터러시 교육과 미디어 정책에 대한 인식 연구〉 (연구보고 22-R00). 세종: 한국청소년정책연구원.

계보경 (2022). 데이터를 통해 보는 2022년 우리나라 초·중학생들의 디지털 리터러시 수준. 〈지능정보윤리 이슈리포트〉, 3권 4호, 4-13.

김내훈 (2023). 캔슬 컬처와 정치의 실종. 〈지능정보윤리 이슈리포트〉, 4권 2호. 4-10.

김도헌 (2020). 국내 미디어·디지털·정보·ICT 리터러시의 연구동향 분석. 〈교육문화연구〉, 26권 3호, 93-119.

김봉섭 (2022). 건강한 디지털 활용을 위한 디지털 페어런팅. 이숙정·김창숙·이창호 외 (편), 〈부모 미디어 리터러시: 이론과 실천〉 (137-174쪽). 파주: 한울엠플러스.

김종규 (2022). 디지털 전환, 디지털 리터러시 그리고 멀티리터러시. 〈동서철학연구〉, 103호, 327-354.

김종규·원만희 (2022). 미래 대학 교양교육의 핵심 영역으로서 '다중 문해력(Multi-Literacy)'. 〈동서철학연구〉, 104호, 307-330.

유네스코한국위원회·한국언론진흥재단 (2022). 〈비판적으로 사고하고 현명하게 클릭하기〉.

주윤경·소유석 (2021). 지능정보사회 역기능 대응을 위한 우리의 준비: 전 국민 디지털 리터러시 역량 강화의 필요성. 〈Digital Inclusion Report, 3호〉. 대구: 한국지능정보사회진흥원.

최원기·조민식·노명순 (2022). 〈2022 디지털 시민성 함양을 위한 시대적 함의 연구: 사이좋은 디지털 세상 프로그램을 중심으로〉. 서울: 푸른나무재단.

한국교육학술정보원 (2022). 2022년 국가수준 초·중학생 디지털 리터러시 수준 측정 연구.

한상길 (2017). 문해의 개념과 문해교육 실천 방향. 〈한국성인교육학회〉, 20권 2호, 29-50.

Acemoglu D., Johnson S. (2023). *Power and progress: Our thousand-year struggle over technology and prosperity*. NY: PublicAffairs. 김승진 (역) (2023). 〈권력과 진보: 기술과 번영을 둘러싼 천년의 쟁투〉. 서울: 생각의 힘.

Dewey J. (1910). *How we think*. New York: D.C. Heath & Co Publishers.

Gilster, P. (1997). *Digital literacy*. New York: Wiley Computer Pub. 김정래 (역) (1999). 〈디지털 리터러시: 인터넷 정보 활용을 위한 마인드 혁명〉. 서울: 해냄.

Hobbs, R. (2010). *Digital and media Literacy: A plan of action*. The Aspen Institute.

Hobbs, R. (2020). *Mind over media: Propaganda education for a digital age*. NY: W. W. Norton & Company.

Leu, D. J. (1997). Caity's question: Literacy as deixis on the Internet. *The Reading Teacher, 51(1)*, September, International Reading Association, 62-67.

Naomi S. Baron (2021). *How we read now: Strategic choices for print, screen, and audio*. 전병근 (역) (2023). 〈다시, 어떻게 읽을 것인가〉. 서울: 어크로스.

New London Group (1996). A pedagogy of multiliteracies: Designing social futures. *Harvard educational review, 66*(1), 60-92.

Whitehead, A. W. (1929). *The aims of education and other essays*. New York: The Macmillan Company.

Wineburg, S. & McGrew, S. (2017). *Lateral reading: Reading less and learning more when evaluating digital information*. Stanford History Education Group Working Paper.

Wolf, M. (2018). *Reader, Come Home*. HarperCoollins books.

글로벌 디지털 시민 재단. URL: https://globaldigitalcitizen.org
사이좋은 디지털 세상. URL: https://www.digital7942.org
아이렉스. URL: https://www.irex.org/project/learn-discern#component-id-1605
The Jigsaw Classroom. URL: https://www.jigsaw.org

OECD (2018). *The future of education and skills; Education 2030. The Future We Want*.

OECD (2019). *Skills matter: Additional results from the survey of adult Skills*. OECD Skills Studies.

OECD (2021). *21st-Century readers: Developing literacy skills in a digital world*. PISA.

UNESCO (2018). A Global Framework of Reference on Digital Literacy Skills for Indicator 4.4.2. *Information Paper, 51*.

Chapter 04

지역 연계 디지털 미디어 문해력 실천 사례

유경한 _ 전북대학교 미디어커뮤니케이션학과 교수

이 장은 지역의 디지털 미디어 문해력 증진을 위해 고려해야 할 요소와 참고할 만한 사례들을 검토함으로써, 효과적인 지역의 문해력 증진을 위한 시사점을 도출한다. 지역의 디지털 문해력 향상을 위해서는 인구 구성의 지역별 특성, 지역의 고유성과 맥락을 반영해야 하며, 급속한 기술 변화에 대응하는 활용 역량도 병행되어야 한다. 지역의 인구사회학적 특성은 노년층, 특히 여성 고령층이 많고, 아동·청소년의 비율이 적으며, 다문화 가정은 물론 인구 대비 장애인의 구성에 지역 편차가 존재한다는 것이다. 이를 고려하여 이 장에서는 수준별, 맞춤형 교육의 필요성을 제시하고, 이를 위해 장애인의 경우 특수교육에서 활용하는 지역사회 중심 교수법을 미디어 문해력과 접목하는 것을 제안했고, 아동·청소년 대상으로는 문화예술교육과 미디어 문해력의 연계 가능성을 살펴보았다. 노년층 대상으로는 마을기록단 사업의 아이디어를 지역 특화된 미디어 문해력 교육에 접목해볼 것을 제안했다. 마지막으로, 이를 효과적으로 구현하기 위한 물리적 토대로서 법령, 제도의 지속적인 정비와 지방자치단체, 공공기관, 대학, 민간단체의 4자 협력 체계를 제안하고, 향후 지역의 디지털 미디어 문해력 증진을 위해 숙려해야 할 요인들을 검토하였다.

1
지역의 디지털 미디어 문해력: 차이와 연계

디지털 미디어 환경의 여러 특징 중에서도 가장 핵심적인 특징은 주목 attention이라고 할 수 있다. 주목은 디지털 미디어 환경에서 잠재적으로 경제적·사회적 가치를 지니며, 이는 개인 혹은 집단의 고유 자본으로 환원될 수 있기 때문이다(주민재, 2022). 이러한 현상은 정보의 양이 폭발적으로 증가하고, 정보의 생성과 유통 경로가 다원화되는 현상과 맞물려 있으며, 주목이라는 잠재적 자원을 획득하기 위한 저품질의 자극적인 정보, 또는 오정보나 허위정보 역시 확산된다. 과거 유산매체legacy media 시대를 대표하는 텔레비전의 사회적 위세가 잦아들면서 동시에 이를 대체하는 새로운 플랫폼이 등장함에 따라, 기존의 텔레비전 중심의 문해력을 벗어나 플랫폼 기반의 문해력을 향상하는 것이 필요해졌다. 플랫폼은 원하는 정보를 자동으로 제공해 주는 추천 알고리즘을 핵심 원리로 하며, 유산매체가 현실의 구성에 매개적 힘을 보였다면, 최근의 디지털 플랫폼은 이에 선택적 여과 장치가 더해져 더욱 '강한 매개'적 힘을 갖는다(원용진, 2019). 따라서, 플랫폼 시대의 문해력은 전통적으로 강조되어 온 비판적 문해력 외에도 디지털(미디어) 플랫폼에 대한 기본적인 이해와 작동방식, 내용의 비판적 판별과 활용·제작 능력, 사회적 담론에 대한 인지, 그리고 다양한 개입과 실천 등을 포괄하는 폭넓은 문해력을 필요로 한다(원용진, 2019).

디지털 미디어 환경에서 우리는 디지털 기술의 특성이나 컴퓨터의 연산 과정을 이해하지 못하더라도 스마트폰이나 SNS를 이용하는 데 별다른 제약이 없다. 이 때문에 디지털 기술에 대한 의존도는 높아지는 데 반해, 디지털 기술이 정보와 콘텐츠를 생성·유통하는 배경과 구조에 대한 이해도는 낮아진다. 새로운 미디어 환경에서는 새로운 '언어'가 출현하는데, 이를 해독함으로써, 다양한 디지털 플랫폼을 활용하여 적절하고 정확한 정보를 습득하고, 비판적으로 평가하며, 창의적으로 생성하고 교류할 수 있다. 즉, 디지털 환경에서 새로운 언어에 대한 문해력은 단순히 소프트웨어를 사용하거나 디지털 기기를 조작하는 능력에 국한되는 것이 아니라, 디지털 환경에 필요한 다양하고 복잡한 인지적·기술적·사회적·정서적 역량을 포괄한다(Eshet, 2004). 특히, 디지털 미디어 환경은 물리적 거리의 소멸과 시공간의 압축을 강화하므로, 수용자들은 장소감과 장소성의 변화를 경험하게 되고, 이는 기존의 지역 정체성의 변화를 유인한다.

더욱이 최근에는 챗GPT로 대표되는 생성형 AI의 이용이 급속히 확산되면서, 새로운 차원의 디지털 문해력이 요구되고 있다. 'AI를 인지하고, AI에 대한 기술적 지식과 윤리적이고 비판적 이해를 바탕으로 AI 기기나 서비스를 생활과 업무에 적용할 수 있는 능력으로 더 나아가 AI를 설계하거나 창의적 결과물을 산출하고, AI를 바탕으로 사회와 상호작용할 수 있는 능력(황현정, 2023, 34쪽)'으로 정의할 수 있는 인공지능 문해력AI literacy은 특히 학습 데이터의 생성과 유통, 데이터의 활용 과정에서 발생하는 데이터 불균형 현상이 결과적으로 지역적 불균형을 강화할 잠재적 위험이 존재한다.

동시에 인프라와 역량의 개념을 동시에 포괄하는 디지털 미디어 문해력은 지역에 따라 편차를 보일 수밖에 없다. 가령, 안성훈 외(2017)의 연구에서는 ICT 리터러시에 대해 지역 규모에 따라 초등학교 및 중학교 학생들의 평균 점수에 차이를 보였고, 대체로 읍·면지역 학생들의 점수가 더 큰 규모의 지역 학생들에 비해 낮아 '도시-읍·면지역' 학생들 간 격차를 확인하였다. 안성훈(2017)은 이러한 격차의 원인에 대해 읍·면단위 지역 학생들의 상대적으로 낮은 디바이스 사용 기회와 관련 교육이 적다는 점을 꼽는다. 이는 디지털 인프라 및 서비스 접근성이 지역 규모에 따라 차별화된다는 것을 의미하므로, 지역에 따른 디지털 문해력 실천 역시 지역 고유의 특성이 반영되어야 한다는 점을 시사한다.

지역 디지털 문해력의 차이는 문해력의 하위 구성요소별로 세분화하여 살펴볼 때 그 차이가 뚜렷해진다. 최현경(2015)은 지역의 초등학생의 미디어 문해력을 미디어 사용 능력, 정보의 비판적 해석 능력, 의사소통 능력의 세 가지 하위요소로 세분화하여 학년과 성별, 거주지역 규모에 따라 차이가 있는지를 검토한 결과, 대도시 거주 학생이 중소도시 학생에 비해 미디어 문해력이 높았고, 지역에 따라 학년별로 미디어 사용 능력에서, 성별로는 의사소통 능력에서 차이를 보였다. 이는 미디어 문해력의 하위요소들이 지역의 특정 조건과 결합되어 차별화될 수 있음을 의미한다.

이처럼, 지역사회의 맥락화된 디지털 미디어 문해력의 증진을 위해서는 디지털 미디어 환경의 최근 동향이 지역의 맥락적 특성과 함께 반영된 디지털 지역 미디어 문해력에 관한 개념과 분석틀이 필요하다.

일반적으로 미디어 리터러시는 접근, 분석, 평가, 표현 및 생산, 참여 등의 요소(Jolls, 2008)와 허위정보의 판별(Rheingold, 2012), 비판적 소통(EAVI, 2011) 등이 주요 요소로 고려되어 왔다. 김경희 외(2019, 17-18쪽)는 이를 종합하여 '접근과 통제', '비판적 이해', '사회적 소통', '책임과 권리' 등의 네 가지 요소로 요약하고 있다. 지역 미디어 문해력과 관련하여 원숙경(2022, 2쪽)은 "지역사회와 지역 미디어의 기본적인 이해를 바탕으로 지역사회와 지역 미디어가 상호작용을 통해 풀뿌리 민주주의를 실현할 수 있도록 하는 미디어 실천 과정"으로 지역 미디어 리터러시를 정의하고, 이를 미디어 이해, 사용, 성찰, 실천 등의 네 개 분야로 세분화하였다. 이를 토대로,

부산광역시 사례를 분석한 연구에서는 지역 미디어 문해력 교육이 그동안 지역사회에 관한 편견, 허위조작정보를 판별하는 데 중점을 두어 왔으며, 지역의 역사, 생활, 일상문화를 수집하여 축적하는 데 유용한 데 반해, 지역의 시민과 미디어가 연계된 교육과 실천활동은 부족하다고 평가하고 있다(원숙경, 2022). 또한, 이 장에서는 지역의 특성과 맥락에 맞는 디지털 미디어 문해력 향상을 위해 기존의 디지털 문해력 요소와 지역적 맥락, 그리고 인공지능으로 대표되는 새로운 디지털 문해력 요소를 종합하여, 지역의 디지털 미디어 문해력에 관한 현황과 사례를 진단하고, 이를 토대로 지역의 디지털 미디어 문해력 증진에 필요한 사항을 논의하고자 한다.

2
지역적 특성과 대상의 차별화

1) 인구사회학적 변화

지역 소멸로 대표되는 지역의 위기는 단순히 인구의 감소와 공동체의 붕괴 외에도 많은 문제를 야기한다. 수십 년간 누적된 수도권 과밀화와 지속적인 인구 감소에 따라 지역사회의 인구 구성에도 많은 변화가 일어났다. 2023년 8월 기준으로 지난 1년간 출생등록 인구를 보면, 서울(45,725명)과 경기(80,294명)를 제외하면 대부분 10만 명 내외였으며, 광역시 중에서도 광주(7,499명), 울산(5,746명), 대전(8,472명) 등은 연간 만 명 이하였고, 강원도(6,151명), 전북(7,558명), 충북(8,418명), 전남(8,722명) 순으로 출생인구가 적게 나타나 지역별로도 편차를 보였다.

반면, 65세 이상 노년층 인구 비율은 전남(25.8%), 경북(24.3%), 전북(23.8%), 강원도(23.6%) 순으로 높았고, 부산(22.2%) 역시 다른 대도시에 비해 65세 인구 비율이 높았다. 65세 이상 인구 비율은 여성이 남성보다 높았으며, 지역별로 보면 전남(8.1%), 경북(6.9%), 전북(6.4%), 충남(6.0%) 순으로 나타났다. 그러나, 17세 이하 아동·청소년의 경우 성별 비율의 편차는 크지 않았다.

인구통계 결과를 종합해 보면, 수도권을 제외한 지역의 고령층 인구 비율이 상대적으로 높고, 고령 인구 중에서도 여성의 비율이 많게는 8% 이상 높았다. 반면, 출생인구의 급감으로 전반적인 아동·청소년 인구수는 감소하였고, 그중에서도 충청, 광주, 그리고 대전은 50만 명을 밑돌았다. 이는 지역에 따라 기본적인 디지털 미디어 문해력 대상에 차이가 있을 수밖에 없고, 고령층을 대상으로 한 문해력 교육이라 하더라도 성별에 따른 편차가 지역별로 존재하므로, 누구를 대상으로 하느냐에 따라 문해력 교육의 기조와 방향이 달라질 수 있다는 것을 의미한다.

표 4-1. 시·도별 아동·청소년 인구 및 노령인구 수

시·도	아동·청소년(17세 이하)						노령인구(65세 이상)					
	전체		남		여		전체		남		여	
전국	7,144,740	13.9%	3,668,154	14.3%	3,476,586	13.5%	9,569,180	18.6%	4,217,630	16.5%	5,351,550	20.8%
서울특별시	1,104,720	11.7%	567,172	12.5%	537,548	11.1%	1,708,567	18.2%	756,645	16.6%	951,922	19.6%
부산광역시	410,221	12.4%	210,506	13.1%	199,715	11.8%	733,496	22.2%	320,957	19.9%	412,539	24.4%
대구광역시	324,319	13.6%	166,657	14.3%	157,662	13.0%	458,385	19.3%	196,982	16.8%	261,403	21.6%
인천광역시	423,511	14.2%	217,178	14.5%	206,333	13.8%	485,634	16.3%	216,242	14.5%	269,392	18.1%
광주광역시	220,794	15.5%	113,491	16.1%	107,303	14.9%	230,162	16.2%	99,292	14.1%	130,870	18.2%
대전광역시	208,593	14.4%	107,479	14.9%	101,114	14.0%	240,705	16.7%	106,829	14.8%	133,876	18.5%
울산광역시	170,281	15.4%	87,913	15.5%	82,368	15.3%	171,432	15.5%	79,192	14.0%	92,240	17.2%
세종시	86,954	22.5%	44,010	22.9%	42,944	22.2%	41,671	10.8%	18,662	9.7%	23,009	11.9%
경기도	2,075,596	15.2%	1,062,228	15.5%	1,013,368	15.0%	2,077,684	15.2%	932,568	13.6%	1,145,116	16.9%
강원도	196,040	12.8%	100,958	13.1%	95,082	12.5%	361,166	23.6%	160,145	20.8%	201,021	26.4%
충청북도	221,628	13.9%	113,862	14.0%	107,766	13.8%	327,032	20.5%	145,280	17.9%	181,752	23.2%
충청남도	310,051	14.6%	159,650	14.7%	150,401	14.5%	448,333	21.1%	197,594	18.1%	250,739	24.2%
전라북도	236,841	13.5%	121,604	13.9%	115,237	13.0%	418,597	23.8%	180,203	20.6%	238,394	27.0%
전라남도	238,251	13.2%	121,971	13.4%	116,280	13.0%	465,960	25.8%	198,353	21.8%	267,607	29.8%
경상북도	331,632	12.9%	171,787	13.3%	159,845	12.6%	622,667	24.3%	270,411	20.9%	352,256	27.8%
경상남도	475,137	14.6%	245,034	14.9%	230,103	14.2%	658,537	20.2%	286,550	17.5%	371,987	23.0%
제주도	110,171	16.3%	56,654	16.7%	53,517	15.8%	119,152	17.6%	51,725	15.3%	67,427	20.0%

출처: 행정안전부 주민등록 인구통계 (2023년 8월 기준, https://jumin.mois.go.kr)

2) 지역 인구의 양극화와 맞춤형 디지털 미디어 문해력 교육 필요성

(1) 노년층 대상 수준별 문해력 교육

지역의 인구 구성 가운데 가장 두드러진 것은 노령인구의 높은 비율이라고 할 수 있다. 앞서 제시된 바와 같이, 지역의 노령인구는 수도권과 광역시에 비해 약 5~10% 높게 나타나고 있는데, 이러한 편차는 앞으로 더 확대될 것이다. 따라서 노령인구를 대상으로 한 지역 미디어 문해력 향상은 지역 공동체의 유지를 위해 매우 중요한 요건이라고 할 수 있다. 김경희와 유수정(2020)에 따르면 55세에서 75세 미만의 장·노년층에게 삶의 만족도와 자아효능감을 높이는 데 디지털 문해력이 큰 영향을 미치지만, 대체로 이들은 디지털 기기와 스마트폰의 접근, 통제 역량이 낮고, 자기표현과 네트워킹, 참여와 협업 등에서 매우 낮은 역량을 보인다고 지적한다. 실제로, 〈2022 디지털정보격차 실태조사〉에 따르면, 정보화 수준이 가장 낮은 취약계층은 노년층으로서, 노년층의 전체 디지털정보화 수준은 69.9%로, 접근, 역량, 활용능력 중에서는 역량 부분이 54.5%로 특히 낮았으며, 70대 이상 고령층의 디지털정보화 수준은 34.6%로 전체 인구의 약 3분의 1 수준으로 조사되었다(한국지능정보사회진흥원, 2022). 이러한 점을 고려할 때, 노년층의 디지털 미디어 문해력은 접근 수준은 높지만, 역량과 활용 수준은 낮으므로, 역량과 활용 수준을 높이면서, 동시에 비판적 이해와 사회적 교류 및 참여를 전반적으로 증진하는 포괄적인 디지털 문해력 교육이 필요하다고 할 수 있다.

노년층의 디지털 미디어 문해력 교육은 2010년 이후로 본격화되면서 전환기를 맞이했는데, 대표적인 사례로, 한국문화예술교육진흥원과 전국 16개의 지역 미디어센터에서 2011년부터 시행해 오고 있는 노인 영상미디어 문화예술 교육 지원사업을 들 수 있다. 기존의 노년층 대상 디지털 미디어 문해력 교육이 접근과 활용에 초점을 맞춰왔다면, 이 사업을 계기로 무엇을 제작하고, 어떻게 표현할 것인가에 대해 고민하기 시작했다. 구체적으로 지역의 노년층이 자기기록으로서 일상 속 이야기를 표현하고, 지역사회와 소통함으로써 지역공동체의 구성원이자 미디어 생산자로서 활용 역량을 높이는 데 주안점을 두게 된 것이다(정기환, 2021, 12, 21).

가령, 원주영상미디어센터에서는 자서전을 만듦으로써 노년층의 자기표현과 사회적 소통에 초점을 맞춘 프로그램 〈내 인생, 우리 역사〉를 기획하였고, 고양영상미디어센터에서는 〈인생, 나를 말하다_두번째 이야기〉라는 시나리오 제작과 단편극영화 제작 지원 프로그램을, 수원영상미디어센터에서는 〈예술은 60부터〉라는 음악과 영상을 결합한 융합 미디어 프로그램을 기획했다. '한국영상문화제전'은 실버 섹션을 통해 노인 미디어 교육 프로그램의 성과물 중에 선별된 작품을 상영함으로써 사회적 교류와 참여를 증진하는 효과를 거두고 있기도 하다(정혜지, 2018, 39-44쪽). 이 외에도 늦깎이 문해 학습자들의 〈미디어로 떠나는 행복마실〉, 전주시민미디어센터의 〈영상자서전만들기〉, 강릉시영상미디어센터의 〈실버마을기록단〉 프로그램도 일상적 자기기록과 미디어의 능동적 활용이 결합된 교육프로그램의 사례로 주목할 만하다(전국미디어센터협의회, 2021).

이처럼, 다양한 노인 미디어 교육에 대한 필요성은 꾸준히 제기되면서, 5개의 지역 미디어센터에서 시작된 노년층 미디어 교육은 전국 22개 미디어센터로 확대되었고, 이 중에 익산, 전주, 순천, 성남, 부천 미디어센터는 단발성 사업이 아닌 연속 사업으로 꾸준히 진행해오고 있다(정혜지, 2018). 또한, 고양, 수원, 원주, 익산, 전주 등 일부 지역 미디어센터는 여러 미디어를 연계한 융합 미디어 활용 교육 프로그램을 시도하면서 노년층의 디지털 문해력 증진을 위한 교육 프로그램의 다양성이 증가했다.

표 4-2. 지역 미디어센터의 노년층 미디어 교육 현황

센터명	2012년	2013년	2014년	2015년	2016년	2017년
강서구영상미디어센터	○	○	○	○	○	
고양영상미디어센터	○	○	○			
동구영상미디어센터	○					
목포MBC시청자미디어센터	○					
미디액트	○					
부천시민미디어센터	○	○	○	○	○	○
서천군미디어문화센터	○	○				
성남미디어센터	○	○	○	○	○	○
수원영상미디어센터	○ (개관)	○	○	○		
순천시영상미디어센터	○	○	○	○	○	○
성북마을미디어지원센터	○	○	○	○	○	
울산MBC시청자미디어센터	○	○	○			
원주영상미디어센터	○					
은평뉴타운미디어라이브러리센터	○					
익산공공영상미디어센터	○	○	○	○	○	○
전주시민미디어센터	○	○	○	○	○	○
제천영상미디어센터	○	○	○	○	○	
주안영상미디어센터	○	○	○	○		
춘천MBC시청자미디어센터	○					
화성시미디어센터	○ (개관)					
화천생태영상센터	○	○	○			
MBC경남시청자미디어센터	○	○	○			
합 계	5	12	12	14	16	16

출처: 정혜지 (2018). 〈노인 미디어교육 현황 및 활성화 방안: 지역미디어센터 교육사례를 중심으로〉. 동국대학교 대학원 석사학위논문. 36-37쪽.

그러나 이러한 성과에도 불구하고, 노년층의 디지털 미디어 문해력 교육 프로그램은 여전히 대부분 영상물 제작 중심의 활용 교육을 위주로 구성되어 있고, 기술 활용 교육에 치중해 있는 것이 사실이다. 실제 대부분의 지역에서는 지역적 특성을 고려한 수준별 교육이 진행되거나, 노년층 여성을 대상으로 한 성별 맞춤형 문해력 교육도 진행되고 있지 않다. 노년층의 경우, 지역에 따른 성별, 연령별 차이가 크므로, 문해력 수준에 따른 특화된 교육 프로그램을 운영할 필요가 있고, 지역적 특성에 따른 관심사를 반영하여 지역 맞춤형 교안을 제작·운영할 필요성도 제기된다. 이와 관련하여, 2000년대 이후 도시재생 사업과 더불어 활성화되기 시작한 마을기록단 활동과 지역의 디지털 미디어 문해력을 결합하는 방안을 고려해볼 수 있다. 마을기록단 사업은 주로 재개발, 신도시 등과 같은 도시개발에 따른 기존 도시의 다양한 정보를 기록, 보존하려는 목적으로 시작되었으나, 최근에는 역사, 지리, 사회문화 등 지역의 고유 정보를 포괄하는 형태로 발전되었다 (유해연·양지원, 2021). 이처럼, 마을의 기록과 지역 디지털 미디어 문해력을 접목하면 지역의 고유성을 살리면서 동시에 미디어 문해력도 증진시킬 수 있다. 이와 관련하여 참고해볼 수 있는 주요 사례로는 강릉 영상미디어센터의 〈실버마을기록단〉 사업이 있다. 여기에서는 2012년부터 '강릉생명의 숲'이라는 생태모니터링을 테마로 현장탐방(소통), 기록 아카이빙(활용), 공유와 확산(참여)이라는 단계별 프로그램으로, 스마트폰을 활용한 동영상 촬영, 편집 교육과 동네 예술가 및 활동가가 참여하는 지역문화예술교육을 접목함으로써, 지역의 특성과 미디어 문해력 교육의 효과적인 연계를 도모하였다.

한편, 디지털 테크놀로지에 대한 비판적 이해에 관한 노년층 문해력 교육 프로그램 또한 부재한 것이 현실이다. 특히 스마트폰 접근성이 크게 뒤처지지 않는 노년층이 알고리즘의 원리를 이해하는 것은 정보의 편향적 소비를 예방하는 데 매우 필요한 것이 사실이다. 이와 관련하여, 전북 고창 지역의 노년층 알고리즘 문해력 교육 사례를 참고해볼 수 있다. 전북대학교 데이터커뮤니케이션연구소는 2022년 〈미리보기, 알고보기〉라는 제목의 한국언론진흥재단 대학·지역사회 연계 미디어리터러시프로그램 지원사업을 통해 전북 지역 내 14개 시·군 순회교육을 진행하였다. 그중 고창군은 시니어타워 등 노년층 밀집 거주시설이 있어 노년층 미디어 문해력 교육이 필요한 지역이라고 할 수 있어 노년층을 대상으로 유튜브와 네이버 뉴스 읽기 사례를 활용해 추천 알고리즘의 원리를 비판적으로 이해하는 수준별 맞춤형 문해력 교육을 진행하였다.

(2) 지역 아동·청소년을 위한 맞춤형 프로그램

아동·청소년의 경우 디지털 디바이스의 접근과 활용 격차는 생각보다 크지 않지만, 문화예술 인프라 부족으로 인한 정서적·문화적 향유의 기회가 적고, 이를 통해 함양할 수 있는 비판적, 심미적 역량 향상의 기회도 부족하다. 또한, 청소년의 경우 기술 활용 수준의 격차가 지역별로 크진 않지만, 지역별 기술 인프라의 차이로 인해 접근 자체에 제약이 있으며, 특히 지방 소도시와 군단위 이하의 지역에서 인프라의 부족이 두드러진다. 따라서 지역 아동·청소년을 위한 교육은 지역의 인프라 부족을 보완할 수 있는 예술적 향유와 미디어 문해력, 기술 접근성이 결합된 교육 프로그램이 고안될 필요가 있다. 이러한 문화예술과 미디어 문해력 교육의 접목은 이미 해외에서는 오래전부터 시도되고 있다. 대표적으로 호주에서는 2012년부터 문화예술 교육에 미디어 아트 과정을 포함하고, 여기에 TV, 영화를 비롯한 게임, 모바일 등 다양한 미디어를 활용하여 관객과의 의사소통 역량을 증진하고 있다(임해원, 2021, 10, 28).

국내에서는 대표적인 사례로 완주의 농촌형 문화예술 교육을 꼽을 수 있다. 전북 완주군은 삼례문화예술촌이라는 독특한 지역의 문화적 환경에 기반한 마을 공동체 중심의 농촌형 문화예술교육을 목표로 〈랜선예술친구: ECO씨앗트〉라는 프로그램을 진행하고 있다. 이 프로그램은 지역의 예술가와 함께 대지미술에 대한 이해, 반려식물 재배와 같은 친환경 예술활동으로 내용을 구성하고, 이를 온·오프라인의 블렌딩 수업 과정에서 미디어를 접목하는 방식으로 진행함으로써 '문화-예술-미디어'를 연계한 것이 특징이다(김원용, 2023, 7, 9). 이 프로그램이 진행된 복합문화지구 누에는 과거 잠종장으로 사용되었던 폐건물이 문화예술공간으로 재탄생된 것으로서, 현재 완주군의 농촌형 문화예술 교육의 거점이 되었다.

주목할 만한 또 다른 사례로, 학교 예술강사 지원사업으로 진행된 〈프로젝션 맵핑-미디어 파사드〉의 한 프로그램으로 진행된 사업은 디지털 기술과 문화예술을 접목한 탈장르적 프로젝트이다. 이 사업은 디지털 융합 미디어를 활용하여 자신만의 메시지를 전달하는 융복합 프로젝트로서, 기술적 활용과 예술적 소양을 동시에 증진하고자 한다. 이 프로젝트는 광주에서 진행된 〈미디어 파사드〉 수업을 비롯하여, 여주 세종고, 동두천외고 등의 지역에서 2017년 한 해 동안 진행되었다(엄현석, 2017, 9, 18).

최신 기술 인프라의 부족을 보완하는 데 초점을 맞춘 지역별 특화 교육 프로그램도 있다. 예를 들어, 2022년과 2023년 명지대학교에서 진행한 지역청소년을 위한 디지털 리터러시 배움터 교육캠프에서는 용인 지역의 초등학생과 학부모를 대상으로 KT의 'AI 코디니' 프로그램을 활용하여 인공지능 코딩 실습과 이를 활용한 선풍기, 신호등 제작 실습 교육을 진행하여 인공지능에 초점을 맞춘 문해력 교육을 진행하였다.

전북대 데이터커뮤니케이션연구소의 〈미리보기, 알고보기〉는 고창과 완주, 순창의 초등학생, 중학생을 대상으로 네이버 엔트리를 활용한 블록코딩 교육과 유튜브를 활용한 추천 알고리즘 원리 이해 교육을 환경을 주제로 진행하여 환경 문해력과 디지털 문해력을 동시에 증진할 수 있는 복합 문해력 증진 교육 프로그램을 시도하였다. 이 교육 프로그램의 성과는 2022년 방송학회 학술대회에서 학술논문으로 발표되기도 하였다.

(3) 이중 취약계층: 지역 장애인의 디지털 문해력 증진 방안

2021년 기준 등록 장애인은 약 263만여 명으로 전체 인구의 약 5.1%에 해당한다. 그러나 시·도별로 지역별 등록 장애인 수는 편차가 있다. 서울시와 경기도는 인구 대비 장애인 수가 많지만, 지역별로 보면 충북과 강원도에 비해 경상북도와 경상남도의 등록 장애인 수가 많은 반면, 광역시 중에서도 울산과 인천의 등록 장애인 수는 약 두 배 가량 차이가 난다. 전라북도와 전라남도 역시 전체 인구 대비 장애인 수는 상대적으로 높은 편이라고 할 수 있다.

이처럼 지역에 따라 장애인 수에 편차가 있는 데다, 장애인 복지시설 및 인프라가 비교적 잘 갖추어져 있고, 병원의 시설 접근성이 좋은 수도권과 광역시를 제외하면 지역에 거주하는 장애인은 기본적인 인프라를 이용하는 것이 어려워 이중의 불편을 감수할 수밖에 없다. 특히, 디지털 미디어 플랫폼의 다변화로 인해 이용자의 접근권과 선택권이 확대된 것은 사실이지만, 장애인 관련 디지털 인프라가 지역에서 충분히 갖춰지지 못한 상황에서는 장애인의 디지털 문해력 향상은 고사하고, 접근권 자체가 보장되지 않고 있는 것이 현실이다. 이러한 현실에 대해 방송통신위원회와 시청자미디어재단은 공동으로 2022년 장애인 미디어 접근 컨퍼런스를 개최하고, 보

편적인 장애인 미디어 접근권에 대한 제도적 보장의 필요성을 촉구하였다(노지민, 2022, 12, 11). 시청자미디어재단은 최근 장애인개발원과 미디어 문해력 강화를 위한 교육과 연구, 조사 등의 상호협력을 위한 업무협약을 체결하기도 했다(노진우, 2023, 6, 30).

장애인은 일상생활에서의 미디어 의존도가 높은 데 비해, 정보 검색 및 활용 능력은 상대적으로 낮아, 오정보와 허위정보에 쉽게 노출되고, 알고리즘에 의한 선택적 소비가 강화될 우려가 더 크게 나타나므로, 장애인 대상 미디어 문해력 교육의 필요성이 지속해서 제기되어 왔다. 그렇지만 장애인의 디지털 미디어 이용이나 문해력 수준에 대한 기초적인 통계자료나 관련 지표조차 없어, 이들의 문해력을 증진하기 위한 체계적인 계획을 수립하는 데 어려움이 많다.

표 4-3. 전국 시·도별 등록 장애인 및 지적·자폐성·정신장애인 현황(2023년 기준)

지역	등록장애인 수	비율	지적·자폐성·정신장애 소계		지적·자폐성·정신장애 남자		지적·자폐성·정신장애 여자	
전국	2,632,000	100.0%	367,735	100.0%	220,204	100.0%	147,531	100.0%
서울특별시	394,000	15.0%	51,671	14.1%	31,575	14.3%	20,096	13.6%
부산광역시	176,000	6.7%	23,391	6.4%	13,935	6.3%	9,456	6.4%
대구광역시	126,000	4.8%	18,152	4.9%	10,802	4.9%	7,350	5.0%
인천광역시	146,000	5.5%	18,366	5.0%	10,953	5.0%	7,413	5.0%
광주광역시	70,000	2.7%	11,716	3.2%	6,778	3.1%	4,938	3.3%
대전광역시	73,000	2.8%	11,429	3.1%	6,734	3.1%	4,695	3.2%
울산광역시	51,000	1.9%	6,945	1.9%	4,190	1.9%	2,755	1.9%
세종시	12,000	0.5%	1,919	0.5%	1,217	0.6%	702	0.5%
경기도	570,000	21.7%	78,878	21.4%	48,070	21.8%	30,808	20.9%
강원도	102,000	3.9%	12,831	3.5%	7,512	3.4%	5,319	3.6%
충청북도	98,000	3.7%	15,717	4.3%	9,224	4.2%	6,493	4.4%
충청남도	134,000	5.1%	19,386	5.3%	11,398	5.2%	7,988	5.4%
전라북도	132,000	5.0%	19,352	5.3%	11,172	5.1%	8,180	5.5%
전라남도	141,000	5.4%	19,206	5.2%	11,499	5.2%	7,707	5.2%
경상북도	181,000	6.9%	26,004	7.1%	15,594	7.1%	10,410	7.1%
경상남도	189,000	7.2%	27,040	7.4%	16,142	7.3%	10,898	7.4%
제주도	37,000	1.4%	5,732	1.6%	3,409	1.5%	2,323	1.6%

출처: 국가통계포털. URL: https://kosis.kr

한편, 제도적인 장애인 디지털 미디어 문해력 교육이 부진했던 것과 달리, 시민단체와 지역 미디어센터의 장애인 미디어 교육은 비교적 체계적으로 진행되어 왔다. 원환섭(2018)은 2005년 이후 전국 미디어센터의 장애인 미디어 교육의 경과를 소개하고 있다. 시민단체 중심의 장애인 미디어 교육은 미디액트가 2006년 장애유형별 미디어 교육 가이드북 〈장애인, 미디어 힘〉을 통해 시각장애, 청각장애, 지체장애, 정신지체 및 발달장애 등 네 개 장애유형별 미디어 교육 커리큘럼과 교안을 제작한 것이 기점이라고 할 수 있다. 이 가이드북에서는 장애인 미디어 문해력 교육이 장애유형과 특성에 맞게 차별화되어야 한다는 점을 강조하였고, 2007년에는 미디액트와 서울청소년미디어센터(스스로넷), 전주시민미디어센터, 진주시민미디어센터 등 네 개 지역 미디어센터가 참여한 '장애인미디어교육네트워크(장미네)'가 출범하여, 장애인 미디어 접근권과 미디어 교육 정책 및 제도 마련, 교육 커리큘럼의 체계화 등을 목표로 활동을 시작하였다(원환섭, 2018).

2009년 광주시청자미디어센터, 익산공공영상미디어센터, 전주시민미디어센터, 목포MBC시청자미디어센터 등 호남지역 미디어센터가 〈장애인미디어교육 사례집〉을 발간하였고, 2010년 이후에는 대구MBC시청자미디어센터의 청각장애인 및 발달장애 청소년 대상 미디어 교육, 부천시민미디어센터의 특수학교 학생 대상 미디어 교육, 수원영상미디어센터의 장애청소년 미디어 교육 외에도 강릉, 순천, 울산, 원주, 익산, 제주, 천안 등 일곱 개의 지역 미디어센터에서 장애인 미디어 교육을 시행해 오고 있다. 그러나 등록 장애인 수가 많은 부산, 인천과 경남, 경북, 그리고 인구 대비 비율이 높은 전북과 전남은 상대적으로 저조한 반면, 강릉과 원주 등 강원지역 미디어센터의 교육 활동은 상대적으로 활발한 것은 다소 아이러니하다.

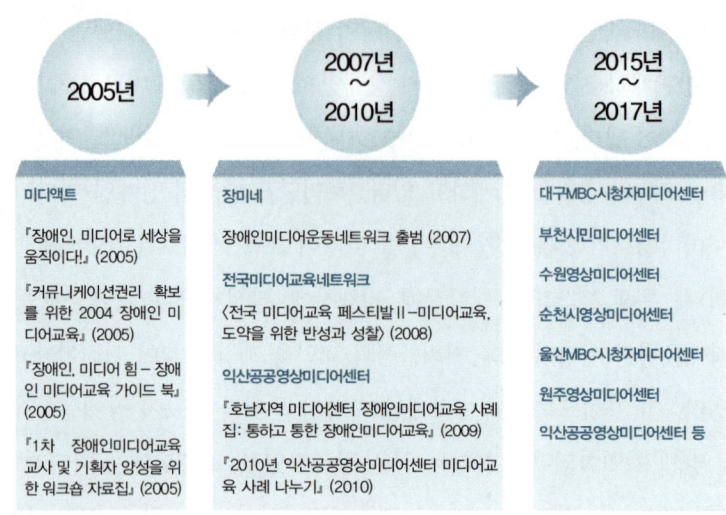

그림 4-1. 전국 미디어센터의 장애인 미디어 교육 현황(2005~2017년)

출처: 서울영상미디어센터 (2015), 〈미디어센터 미디어교육 이론: 미디어교육 교재〉, 219-224쪽.

    수집 가능한 사례집과 발간 자료를 취합하여 총 46건의 장애인 미디어 교육 내용을 구체적으로 살펴본 결과, 대부분의 미디어센터에서는 실무 중심의 영상 및 자막 제작 교육을 가장 많이 진행하였다. 반면, 비판적 이해나 사회적 소통 및 자기 표현에 관한 교육은 상대적으로 부족했음을 알 수 있다. 또한, 장애유형별 미디어 문해력 교육을 담당할 교·강사가 부족한 점을 반영하듯, 인력 양성을 위한 교육과정 역시 부족한 것으로 조사되었다.

표 4-4. 민간단체의 유형별 장애인 미디어 문해력 교육 현황(2005~2017년)*

분류	접근·활용 (제작)	이해	소통 및 참여	자기표현	인력양성
장애인 미디어 교육	43	7	7	3	2

* 전국미디어센터협의회 홈페이지(http://krmedia.org)에서 자체 수집.
   한 커리큘럼에 여러 차시의 교육이 포함된 경우 중복 반영.

최현주(2012)는 장애인에 대한 미디어 재현의 비판적 읽기 교육이 강화되어야 하며, 장애 유형별 교육 내용과 방법도 지속적이고 체계적으로 정립할 필요가 있다는 점을 강조한다. 특히 장애의 지역적 맥락을 반영한 커리큘럼의 개발과 적용이 무엇보다 필요하다고 지적한다.

장애의 지역적 맥락을 반영하기 위한 한 가지 방법으로 특수교육 분야에서 활용되고 있는 지역사회중심 교수법을 들 수 있다. 지역사회중심 교수법community-based intervention은 장애학생이 지역사회에 필요한 생활 기술을 습득하는 것을 돕는 데 효과적으로 활용되는 수업전략으로서, 미디어 리터러시 교육의 실제 효용성을 높이기 위해 자신의 실제 생활 환경인 지역사회에서 이를 적용하도록 한다(김영준·김진호, 2010; 이태수·이규혁, 2022). 실제로, 관련 연구들에 따르면, 지역사회중심 교수법은 장애학생들이 사회적응력을 향상시킴으로써 지역사회 구성원으로서 정착하고 생활하는 데 긍정적인 효과가 있다(김라경·강종구, 2012; 이성용, 2014; 정대영·오태윤, 2019 등). 지역사회중심 교수법에서 주로 활용하는 전략으로는 현금인출기 이용, 마트나 편의점, 패스트푸드점 이용, 버스 및 대중교통 이용, 가계부 기록, 지역사회시설 이용, 영화관이나 배달 주문 등이 있으며(김진호·권승희, 2008), 비디오 모델링이나 멀티미디어 자료, 스마트폰 애플리케이션 등을 중재 프로그램으로 활용하므로, 사실상 이들이 수행하는 교수법은 디지털 미디어 문해력을 향상하는 과정에 있다고 볼 수 있다. 다만, 지역사회중심 교수법은 지역사회를 중재요인으로 파악하고 있어, 지역의 특성이 반영된 역사, 이야기 자원을 활용하여 표현과 소통, 참여 중심의 디지털 문해력을 향상하는 커리큘럼의 보완이 필요해 보인다.

또한, 최근에는 인공지능 알고리즘 기반의 미디어 환경으로 급속히 재편됨에 따라 오정보나 허위정보에 노출되기 쉬운 장애인들에게 필요한 알고리즘의 원리와 데이터의 수집·활용 과정에 대한 전반적인 이해도를 향상시키는 것도 하나의 과제라고 할 수 있다. 이와 관련하여 2022년 전북대학교 데이터커뮤니케이션연구소의 〈미리보기, 알고보기〉에서는 전라북도 순창, 진안, 고창 등 세 개 지역의 발달장애인을 대상으로 알고리즘의 원리를 이해하고 주체적인 미디어 활용에 관한 이론과 실습 교육을 진행한 바 있다. 특히 순창 '이룸학교'에서는 발달장애학생들이 마을이야기를 단편영화로 제작하는 미디어 활동을, 진안군 발달장애지원 민간단체 '보듬'에서는 자신의 이야기를 담은 글과 유튜브 도전기 등이 포함된 미디어 활동을 진행함으로써 지역문화자원을 미디어 교육에 활용하는 지역사회중심 교수법의 접목 가능성을 보여주고 있다(이삼진, 2022, 12, 19).

3
디지털 미디어 문해력 거버넌스

2000년대 중반 이후, 지역 시민들을 대상으로 한 미디어 문해력 교육의 중요성이 부각되기 시작해서 현재까지 다양한 지역 기관과 단체들이 미디어 교육 사업을 수행해 오고 있다. 이러한 사업들로 인해 기존의 정보화 교육에서 강조해 온 접근과 활용 중심의 도구적 교육에서 소통과 참여 지향 미디어 교육으로의 전환이 모색된 것은 긍정적인 대목이라고 할 수 있다. 그러나 지역의 미디어 교육이 지능정보기술 환경으로의 급속한 변화를 반영하는 데 부족한 점이 발견되었고, 뉴스와 영상제작 교육에 과도하게 편중되어 있다는 문제점도 지적되었으며, 세대별, 소수자 미디어 교육의 커리큘럼 부족, 기관 중심의 예산 지원 및 인력 양성 체계의 미흡, 시혜적 교육 패러다임 등의 문제점은 여전히 남아 있다(정용복, 2020).

지역 내 취약계층을 대상으로 한 디지털 문해력 교육은 성별, 연령별, 계층별로 수준별, 맞춤형, 이동형, 소통형 교육을 고려할 필요가 있다(조재희 외, 2019). 이러한 차별화된 디지털 미디어 문해력 교육은 정부 차원에서 추진하기에는 목적과 지향에 부합하지 않고, 민간 분야에서 수행하기에는 인력과 예산에 한계가 있다. 따라서 지역사회의 디지털 미디어 문해력 교육을 체계적으로 활성화하려면, 지방자치단체와 공공기관, 지역 대학과 미디어센터로 대표되는 민간단체가 유기적인 협력 거버넌스를 구축하는 것이 필요하다. 또한, 법적, 제도적 정비를 통해 디지털 미디어 문해력을 제도적 틀 안에서 공식화하는 것도 필요하다.

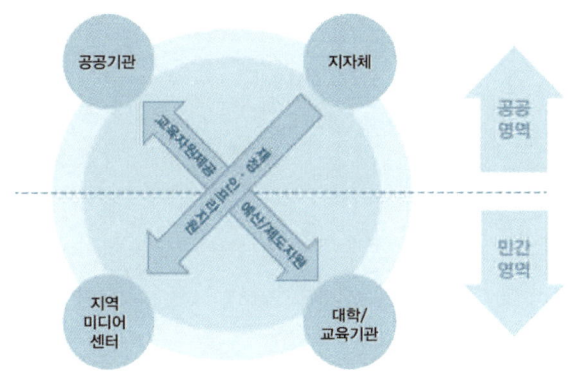

그림 4-2. 디지털 미디어 문해력 거버넌스

이와 관련하여, 2010년 「미디어센터 설치 및 운영에 관한 조례」가 강릉시에서 규칙으로 제정된 이후 2020년부터 본격적으로 법령으로 제도화되기 시작했다. 현재, 강원도 강릉, 삼척, 원주를 비롯하여 충북 제천과 충남

서천에 이르기까지 전국 30개의 지방자치단체에서「미디어센터 설치 및 운영에 관한 조례」(일부는 시행규칙을 포함)를 제정했다. 또한, 비슷한 시기에 공동체 미디어 혹은 마을 미디어 육성 및 지원에 관한 조례도 활발히 제정되어 전국 26개 지방자치단체에서 관련 조례를 제정, 공포했다.

문해력 교육과 관련한 제도화도 이와 유사한 시기에 집중적으로 제정, 공포되었다. 2020년 4월 경상남도 교육청에서「미디어 리터러시 교육 지원 조례」를 공포한 것을 시작으로 최근까지 전국 시·도교육청과 경상남도, 부산광역시 등에서 18개 조례가 제정 혹은 일부개정, 공포되었다. 그러나 이 중 16개 법령은 교육청의 학교 교육과 관련한 것으로, 일반 시민과 취약계층을 대상으로 한 미디어 문해력 교육에 관한 제도적 정비는 이제 시작 단계라고 볼 수 있다.

표 4-5. 지역별 미디어 문해력 교육 관련 조례 현황(2023년 기준)

연번	자치단체	법령	종류	공포번호	공포일자
1	경기도교육청	경기도교육청 미디어 리터러시 교육 지원 조례	조례	제6542호	2020. 7. 15.
2	경상남도	경상남도 미디어 리터러시 교육지원 조례	조례	제5181호	2022. 4. 14.
3	경상남도교육청	경상남도교육청 미디어 리터러시 교육 지원 조례	조례	제5177호	2022. 4. 7.
4	광주광역시교육청	광주광역시교육청 학생 미디어교육 활성화 및 지원에 관한 조례	조례	제5631호	2021. 2. 26.
5	대구광역시 달성군	대구광역시 달성군 미디어 문해교육 지원 조례	조례	제2905호	2023. 3. 30.
6	대전광역시교육청	대전광역시교육청 미디어교육 활성화 조례	조례	제674호	2021. 6. 30.
7	부산광역시	부산광역시 디지털 미디어 리터러시 교육 지원 조례	조례	제6377호	2021. 5. 26.
8	부산광역시교육청	부산광역시교육청 학교미디어 교육 활성화 조례	조례	제6299호	2021. 1. 6.
9	세종시교육청	세종특별자치시교육청 미디어교육 활성화 조례	조례	제1911호	2022. 2. 21.
10	울산광역시교육청	울산광역시교육청 디지털 미디어 리터러시 교육 지원 조례	조례	제2693호	2023. 3. 9.
11	인천광역시교육청	인천광역시교육청 학교 미디어교육 지원에 관한 조례	조례	제6660호	2021. 9. 27.
12	전라남도교육청	전라남도교육청 미디어 정보 교육 조례	조례	제5257호	2021. 2. 18.
13	전라북도교육청	전라북도교육청 미디어 리터러시 교육 지원에 관한 조례	조례	제4951호	2021. 7. 9.
14	충청남도교육청	충청남도교육청 미디어 리터러시 교육 지원에 관한 조례	조례	제5008호	2021. 7. 20.
15	충청북도교육청	충청북도교육청 미디어교육 지원 조례	조례	제4679호	2021. 12. 17.
16	서울특별시교육청	서울특별시교육청 디지털 리터러시교육 지원에 관한 조례	조례	제8307호	2022. 1. 6.
17	경기도교육청	경기도교육청 학교민주주의교육 진흥 조례	조례	제6522호	2020. 5. 19.
18	제주도교육청	제주특별자치도교육청 학교민주주의교육 진흥 조례	조례	제2837호	2021. 5. 20.

출처: 전국미디어센터 홈페이지. URL: http://krmedia.org

거버넌스의 또 다른 축은 지역 교육 자원을 보유하고 있는 대학으로서 대학과 지역사회가 효과적으로 연계될 때 디지털 미디어 문해력 교육은 더욱 효과적인 시스템을 갖추게 된다. 미디어 리터러시를 체계적으로 지원하는 기관인 한국언론진흥재단에서는 지역 내 협력 체계를 구축하기 위해 〈대학·지역사회 연계 미디어 리터러시 프로그램 지원 사업〉을 2020년부터 시행해오고 있다.

표 4-6. 대학·지역사회 연계 미디어 리터러시 프로그램 지원 사업 현황(2020~2023년)

구 분		프로그램 수	구 분		프로그램 수
연 도	2020년	7	지 역	강원	2
	2021년	11		경기	6
	2022년	19		경남	1
	2023년	25		경북	2
대 상	가족일반	4		광주	7
	장·노년층	5		대구	3
	다문화	9		부산	7
	세대·일반	21		서울	21
	아동·청소년	10		인천	1
	장애인	6		전남	1
	취약계층	4		전북	6
	소상공인	1		충남	1
	대학생	2		충북	5

출처: 한국언론진흥재단. URL: http://kpf.or.kr

2020년부터 올해까지 지원 사업을 지역별로 구분하여 살펴보면, 수도권(서울, 경기, 인천)이 28건(45.2%)으로 가장 많았고, 광주와 전북, 충북 지역에서 상대적으로 활발했다. 그에 비해, 경남, 경북, 전남, 충남의 지원 사업은 비교적 부진한 것으로 나타나, 지역별로 기관과 대학, 지역사회의 협력 거버넌스 구축에 편차가 있음을 알 수 있다. 한편, 한국언론진흥재단에서는 지역 맞춤형 교재 개발을 위해 2021년 미디어 리터러시 지역화 교재 개발 공모사업을 진행하여, '경기·인천권', '강원권', '충청권', '전라권', '경상권' 등 다섯 개 권역별로 지역화 교재 개발을 지원함으로써 지역 특성을 반영한 교육 프로그램 개발을 촉진하였다.

4
성과와 대안, 그리고 남은 과제들

지역의 디지털 미디어 문해력을 증진하기 위해서는 지역의 인구 구성의 편차, 고유한 지역적 특성과 맥락을 반영한 특성화된 교육이 필요하다. 여기에 인공지능과 알고리즘으로 대표되는 디지털 미디어 환경의 급속한 변화에 대응하는 기술-도구적 활용 역량도 강화되어야 한다. 지역의 디지털 미디어 문해력의 차이는 문해력의 구성요소별로 세분화할 때 뚜렷하게 나타난다는 점을 확인할 수 있었고, 지역 인구 구성의 특징을 고려하면 (여성) 노년층, 75세 이상 고령층의 수준별 교육, 인프라 제약을 보완할 수 있는 아동·청소년 및 장애인 대상 교육 커리큘럼 등 맞춤형, 대상 특화형 교육 프로그램의 필요성과 일부 주목할 사례들을 살펴보았다. 지역의 디지털 미디어 문해력 교육을 활성화하기 위해서는 제도적(법령, 거버넌스), 물리적(시설, 예산), 문화적 토대(인식, 교육내용)를 구축하는 것이 필요하다(조재희 외, 2019).

또한, 이 글에서는 주의 깊게 검토하지 못했지만, 다문화 교육은 지역의 디지털 미디어 문해력 교육에서 빠질 수 없는 대상이다. 현재 우리나라의 다문화 관련 미디어 문해력 교육은 공적 기관인 다문화가족지원센터와 민간단체인 시민미디어센터에서 시행하고 있는데, 전자는 적응 교육이라는 목표와 지향점의 문제를, 후자는 예산과 인력 부족으로 인한 다양성과 심층성 부족이라는 문제를 노출해왔다(김은규, 2015). 특히 지역의 다문화 미디어 교육이 지역적 맥락을 충분히 반영하지 못함으로써 공동체의 구성원으로서 필요한 사회적 소통과 표현, 참여 역량이 도구적 활용 역량과 효과적으로 연계되지 못하고 있다.

이러한 점을 고려하여, 이 장에서는 대상의 특성에 따른 수준별 맞춤형 교육을 위해서는 장애인의 경우 지역사회중심 교수법과의 접목을, 노년층의 경우 마을기록단 사업의 아이디어와의 접합을, 그리고 아동·청소년의 경우 문화예술교육과의 연계가 필요하다는 점을 제시했고, 이와 관련한 몇몇 사례를 참고하여 접목 가능성을 검토했다. 지금까지 지역의 미디어 문해력 교육은 지역 미디어센터가 주도해 왔고, 이들의 활동으로 인해 지역 미디어 문해력 교육의 심층성과 다양성이 확장되어 온 것이 사실이다. 그러나 이러한 긍정적 영향력에도 불구하고, 지역 미디어센터에서 다양한 유형의 디지털 문해력 교육을 수행하는 데에는 한계가 있다. 가령, 장애인 대상 교육의 경우, 장애 유형별, 대상별로 고유한 정체성과 지역적 특성을 반영하고 미디어 문해력의 하위 구성요소를 충분히 고려한 교수법과 커리큘럼을 제작, 운영하는 것은 현실적으로 매우 어렵다. 따라서, 효과적인 제도적 토대 구축과 관련하여 법령과 제도적 지원, 그리고 협력체계 구축을 위한 '지방자치단체-공공기관-대학/교육기관-민간단체'의 거버넌스를 제안하고, 이와 관련한 사례 및 현황을 검토하였다.

마지막으로, 지역의 미디어 문해력 교육에서 향후 고려해야 할 요소로 다음의 세 가지를 제시하고자 한다. 첫째는 지역의 지리적 속성이 교육의 기획과 구성에 반영될 필요가 있다는 점이다. 가령, 도서지역과 같이 물리적 제약이 있는 지역은 지리적, 물리적 특성을 반영한 이동형 교육이나 방문형 교육이 활성화될 필요가 있다. 둘째는 구성원 간의 상호협력적 교육 프로그램으로서, 일반적으로 정보취약계층이라고 표현되는 다문화, 노년층, 장애인 등의 소외계층은 이들만을 대상으로 한 교육보다는 일반 시민과 교류할 수 있는 상호참여형 프로그램의 기획과 운영이 더 필요하다. 예를 들어, 노년층의 경우 청년 세대가 멘토로 참여하는 멘토링 커리큘럼을 고안해볼 수 있을 것이다(황치성, 2020, 3, 20). 셋째, 지역의 문해력 교육은 '디지털'을 충분히 반영하지 못하고 있어, 이와 관련한 쉽고 재미있는 교수법과 교안이 필요하다. 인공지능, 알고리즘, 플랫폼 문해력 등 새로운 내용과 형식에 관한 문해력 증진에 대한 요구가 급증하고 있지만, 지역의 문해력 교육은 이를 충분히 반영하지 못하고 있다. 사용자 인터페이스(User Interface, UI)에서 사용자 권리와 가이드라인을 읽는 법, 디지털 복제나 하이퍼텍스트성을 활용한 지식의 구성, 알고리즘과 코딩의 원리를 독해하고 이를 문화실천과 연계하는 방법 등은 앞으로 풀어가야 할 과제들이다.

참고문헌

김경희·김광재·이숙정 (2019). 모바일 환경에서의 미디어 리터러시 구성 요소와 세대 간 미디어 리터러시 격차. 〈한국방송학보〉, 33권 4호, 5-36.

김경희·유수정 (2020). 노인들의 미디어 리터러시가 자기효능감과 삶의 만족도에 미치는 영향: 미디어에 대한 접근·통제능력과 사회적 소통능력을 중심으로 장년층과의 비교 연구. 〈사이버커뮤니케이션학보〉, 37권 3호, 95-138.

김라경·강종구 (2012). 지적장애학생을 위한 지역사회중심 직업교수 고찰. 〈특수교육재활과학연구〉, 51권 1호, 63-89.

김영준·김진호 (2010). 지역사회중심 교수프로그램이 지적장애 고등학생의 일상생활 기술 수행에 미치는 효과. 〈특수아동교육연구〉, 12권 4호, 491-516.

김원용 (2023, 7, 9). 온·오프라인 혼합 방식의 색다른 문화예술교육. 〈전북일보〉, URL: https://www.jjan.kr/article/20230707580071

김은규 (2015). 다문화미디어교육의 운영 현황 점검과 방향성 모색: 다문화가족지원센터와 시민미디어센터의 다문화미디어교육 사례를 중심으로. 〈언론과학연구〉, 15권 1호, 115-161.

김진호·권승희 (2008). 장애학생을 위한 지역사회중심 교수프로그램 적용사례 고찰: 국내 연구를 중심으로. 〈직업재활연구〉, 18권 2호, 45-68.

노지민 (2022, 12, 11). 장애인 미디어 접근권, OTT에서도 보장해야. 〈미디어오늘〉, URL: https://www.mediatoday.co.kr/news/articleView.html?idxno=307390

노진우 (2023, 6, 30). 시청자미디어재단, 한국장애인개발원과 업무협약. 〈포인트데일리〉, URL: https://www.thekpm.com/news/articleView.html?idxno=159849

안성훈 (2017). 초등학생의 지역규모별 ICT 리터러시 수준 차이에 대한 원인 분석. 〈정보교육학회논문지〉, 21권 5호, 595-605.

안성훈·김종민·임현정·김한성 (2017). 지역규모에 따른 초·중학생의 ICT 리터러시 수준 차이 분석. 〈컴퓨터교육학회 논문지〉, 20권 5호, 69-77.

엄현석 (2017, 9, 18). 미디어와 함께 나아가는 문화예술교육: 2017 학교 예술강사 지원사업 기획사업 〈프로젝션 맵핑 – 미디어파사드〉 수업현장. arte365, 2017, 9, 18. URL: https://arte365.kr/?p=61362

원숙경 (2022). 미디어 로컬리즘 변동에 따른 지역미디어리터러시 교육의 방향성 모색. 〈아시아태평양융합연구교류논문지〉, 8권 7호, 35-45.

원용진 (2019). 플랫폼 시대의 매체 문식성(미디어 리터러시). 〈새국어생활〉, 29집 2호, 29-45.

원환섭 (2018, 1). 지역미디어센터의 장애인 미디어교육 현황. MEDIASCOPE, URL: https://www.media-center.or.kr/daegu/mediaScope/webzineDetail.do?webzineId=WZN_0000000000000289&rownum=0&hosoo=2018.01&type=inside

유해연·양지원 (2021). 주민참여형 기록화사업을 위한 마을기록단 교육프로그램 연구. 〈대한건축학회논문집〉, 37권 7호, 97-106.

이삼진 (2022, 12, 19). 진안군 발달장애학생 "우리도 작가에요." 〈전주일보〉, URL: http://www.jjilbo.com/news/articleView.html?idxno=265554

이성용 (2014). 지역사회중심 교수 효과에 대한 메타 분석. 〈특수교육연구〉, 21권 1호, 80-102.

이태수·이규혁 (2022). 지역사회 기반 미디어 리터러시 교수가 지적장애학생의 애플리케이션 어휘 이해와 조작 능력에 미치는 효과. 〈한국콘텐츠학회논문지〉, 22권 11호, 158-166.

임해원 (2021, 10, 28). 호주의 독특한 '미디어교육' 한국과 다른 점은?. 뉴스로드, URL: https://www.newsroad.co.kr/news/articleView.html?idxno=16344

정기환 (2021, 12, 21). 2021 노인 영상미디어 문화예술교육 지원사업 성과공유회… 미디어로 세상을 바꾸는 시니어. 〈디스커버리뉴스〉,
URL: https://www.discoverynews.kr/news/articleView.html?idxno=709192

정대영·오태윤 (2019). 지적장애아동의 지역사회 적응기술 향상을 위한 지역사회 중심 체험학습 프로그램 개발 및 적용 가능성 탐색. 〈특수교육학연구〉, 54권 3호, 249-275.

정용복 (2020). 미디어 리터러시 교육 인식과 정책 방안 연구: 제주지역 학교와 사회 미디어교육 관계자 심층 인터뷰. 〈한국소통학보〉, 19권 3호, 51-86.

정혜지 (2018). 〈노인 미디어교육 현황 및 활성화 방안 : 지역미디어센터 교육사례를 중심으로〉. 동국대학교 대학원 석사학위 논문.

조재희·나은영·이혜선 (2019). 〈노년층 미디어교육 활성화 방안〉. 서울: 한국언론진흥재단.

주민재 (2022). 디지털 미디어 환경의 특성에 입각한 디지털 리터러시 교육 방향 고찰. 〈언어사실과 관점〉, 56권, 93-120.

최현경 (2015). 〈지역·학년·성별에 따른 초등학생의 미디어 리터러시 수준 차이〉. 이화여자대학교 대학원 석사학위 논문.

최현주 (2012). 장애인 미디어교육의 현황 및 발전방향 모색에 관한 연구: 미디어관련 기관의 교육을 중심으로. 〈한국사회과학논총〉, 31집 1호, 409-427.

황치성 (2020, 3, 20). 디지털 격차 좁히는 청소년-어르신 디지털 리터러시 멘토링. 미디어리터러시, URL: https://post.naver.com/viewer/postView.nhn?volumeNo=27775635&memberNo=3379134&vType=VERTICAL

황현정 (2023). 〈AI 리터러시 개념적 프레임워크 도출 연구: 체계적 문헌고찰을 통한 전문가 심층조사를 중심으로〉. 한국방송학회 학술대회 논문집, 32-35.

Eshet, Y (2004). Digital literacy: A conceptual framework for survival skills in the digital era. *Journal of educational multimedia and hypermedia, 13*(1), 93-106.

Jolls, T (2008). The impact of technology on character education. USA [United States of America]: Center for Media Literacy. Available online also at: http://www.medialit.org/sites/default/files [accessed in Serang City, Indonesia: April 15, 2017].

Rheingold, H (2012). Participative pedagogy for a literacy of literacies. In The participatory cultures handbook (pp. 215-219). Routledge.

국가통계포털. URL: https://kosis.kr

서울영상미디어센터 (2015). 〈미디어센터 미디어교육 이론: 미디어교육 교재〉. 서울: 영화진흥위원회.

전국미디어센터협의회 (2021, 12). 2021 노인 영상미디어 문화예술교육 지원사업 성과 공유회. 유튜브 채널 〈전국미디어센터협의회a.k.a전미협〉.
  URL: https://www.youtube.com/watch?v=IvvwMSkYUho

전국미디어센터. URL: http://krmedia.org

한국언론진흥재단. URL: http://kpf.or.kr

한국지능정보사회진흥원 (2022). 〈2022 디지털정보격차 실태조사〉. 세종: 과학기술정보통신부.

행정안전부 주민등록 인구통계 (2023년 8월 기준).

URL: https//jumin.mois.go.kr/"https://jumin.mois.go.kr

EAVI (2011). Testing and Refining Criteria to Assess Media Literacy Levels in Europe Final Report.

Part 02

주요 이론적 개념과 디지털 미디어 문해력 증진

Chapter 05　미디어 재현의 이해를 통한 문해력 증진_김지연
Chapter 06　뉴스 프레임 이해를 통한 문해력 증진_이창호
Chapter 07　알고리즘 이해를 통한 문해력 증진_홍남희

디지털 미디어 **문해력**
이해와 실천

Chapter 05

미디어 재현의 이해를 통한 문해력 증진

김지연 _ 중앙대 미디어커뮤니케이션학부·대구대 대학원 장애학과 강사

    이 장은 미디어 재현의 개념과 쟁점들을 살펴보는 데에서 시작된다. 미디어는 재현의 규범과 관습에 따라 현실에 존재하는 모든 목소리를 전달하지 않고 특정 사회 집단의 의견이 의도적으로 과소 재현되거나 편견과 고정관념이 작동하기도 한다. 이와 같이 미디어 재현은 '누가 재현(발화)할 권력을 갖고 있는가?'와 밀접하게 관련되며, 재현 대상자는 미디어 소수자들에 해당한다. 이 장에서는 미디어 소수자를 사회적 불평등에 처한 사회적 약자인 동시에, 미디어 권력으로부터 탈주하기 위해 미디어를 통해 자기 정체성을 표현하고 참여하는 능동적 주체로 개념 정의한다. 미디어 다양성 조사에서 살펴본 장애인 중심으로 미디어 재현의 이론적 논의와 사례를 탐색하고, 이용자들도 미디어가 구성한 방식 그대로 소수자의 존재를 수용하게 되므로 디지털 시대 미디어 재현에서 미디어 표현과 참여로의 이행을 미디어 제작자, 미디어 소수자, 미디어 이용자 관점에서 검토하였다. 마지막으로 편향된 미디어 재현 방식을 비판적으로 분석하고 디지털 시민성과 포용성을 기르기 위해 디지털 미디어 문해력 증진 방안들을 제언하였다.

1
미디어 재현의 개념과 쟁점

TV 드라마 〈작은 아씨들〉(2022.09.03.~2022.10.09., tvN)이 베트남 전쟁 왜곡으로 베트남 넷플릭스에서 퇴출되었고, 〈킹더랜드〉(2023.06.17.~2023.08.06., JTBC)가 아랍 문화 왜곡과 비하로 큰 논란이 된 데에 이어, 네이버웹툰 〈참교육Get Schooled〉이 최신 화(125화)에서 '깜둥이', '원숭이'와 같은 'N워드'(N-word, 흑인에 대한 인종 차별적 표현) 사용으로 북미 플랫폼에서 작품이 삭제되고, 국내에서도 해당 에피소드 삭제 및 장기 휴재에 들어갔다(성상민, 2023, 10, 30). 미디어가 재현한 특정 인종이나 민족에 대한 차별적 이미지로 문화 다양성이 훼손되고, 청소년의 자극적인 학교 폭력이 우리에게 더 큰 편견과 혐오를 불러온다.

다른 한편에서, 2022년 발달장애인을 다룬 TV 드라마 〈우리들의 블루스〉(2022.04.09.~2022.06.12., tvN)와 〈이상한 변호사 우영우〉(2022.06.29.~2022.08.18., ENA)(이하 '우영우')가 연이어 놀라운 시청률과 화제성을 기록하며 뜨거운 사회적 관심을 불러일으켰다. 마침 그해 11월, 필자는 중증의 자폐성 장애 아들을 둔 어머니와 인터뷰를 통해 미디어에서 장애인이 어떻게 재현되고 있는가를 질문했다. 어머니는 두 가지 에피소드를 들려주었다. "어느 날 길을 가다 저희 애가 갑자기 소리를 질러요. 앞에 있던 여자애들이 깜짝 놀라 쳐다보면 늘 바로 사과를 했죠. 그런데 이젠 괜찮다고 하는 거예요. 우영우 때문에 자폐 스펙트럼 장애를 알게 됐대요." 이어 "제 큰애는 비장애인 쌍둥이 누나예요. 보통 장애인 형제자매가 있는 경우 비장애인 형제는 주변에 잘 드러내지 못하거든요. 그런데 '우영우' 이후 친구들에게 말하기 쉬워졌대요. "내 동생은 자폐야." 이때 친구들이 "엥? 우영우가 아닌데?"라고 반문하면 "우영우 말고 거기 펭수 좋아하는 친구 있잖아, 걔가 내 동생이야."라고 말한대요." 이내 어머니는 작가가 자폐의 고유 특성과 행동들을 보여주려고 노력했지만, 우영우를 사회에 유익한 존재로 만들기 위해 부정적 요소를 제거하고 자폐를 아주 예쁘고 아름답게 그렸다는 점을 지적했다. 이제까지 TV 프로그램에서 거의 볼 수 없었던 발달장애인의 등장으로 관심과 지지를 얻은 듯 반갑고 기뻤지만, 사람들이 미디어에서 재현한 모습 그대로 장애를 인식하다 보니 천재 자폐인 '우영우'와 다른 현실 속 발달장애인들은 더욱더 구별되고 차별 받을 수 있음을 토로했다.

〈우리들의 블루스〉에서는 다운증후군을 가진 발달장애인과 청각장애인이 직접 연기자로 출연해 장애인 당사자성을 반영하였다. 그중 다운증후군과 조현병을 가진 '영희'는 장애인 시설에 살면서 직업 재활 중 동생을 잠시 만나고 다시 시설로 돌아가는 스토리를 가진다. 비장애인의 관점에서 장애를 가진 쌍둥이 언니가 가족의 일원이 된 것은 특별한 선물이자 착한 일이라 하면서도 언니의 존재를 숨기고 싶어 하고 '재앙'이라 부르기도 한다. 결국 장애를 개인적 담론으로 환원시키고 시설에서의 분리된 삶을 살아간다는 데 한계를 지닌다. 두 편 모두 장애를 가진 주인공 혹은 조연의 위치에서 주체적인 장애인의 모습을 그리고자 했다는 데 큰 의미가 있으나 여전히 슈퍼 장애인 혹은 부담되는 존재로 묘사됨에 따라 미디어에서 전형적으로 재현되었던 장애의 스테레오타입(Barnes, 1992)으로부터 완전히 자유롭지는 못하다.

미디어는 현실을 재현함으로써 자신이나 타인의 목소리를 전달하고, 수용자들은 미디어를 통해 현실을 재구성하며, 미디어가 전달하는 메시지를 인식하게 된다(Hall, 1997). 그러나 앞서 살펴본 TV 드라마를 통한 재현 사례들에서 왜곡된 재현, 과소 재현, 미화된 재현 방식을 확인할 수 있으며, 재현 대상자는 모두 미디어 소수자들에 해당한다. 본 장에서는 미디어 소수자를 사회적 불평등에 처한 사회적 약자인 동시에, 미디어 권력으로부터 탈주하기 위해 미디어를 통해 자기 정체성을 표현하고 참여하는 능동적 주체로 개념 정의한다(강진숙·조재희·김지연, 2018). 미디어 소수자에는 장애인, 청소년, 이주민·다문화가정, 탈북민, 장노년, 여성, 성소수자 등이 포함된다. 또한 미디어 재현은 크게 두 가지 측면을 고려해야 하는데, 첫째 미디어가 다양한 사회 구성원들의 생각과 가치관, 관점들을 반영하고 있는가, 둘째, 미디어가 편견과 고정관념 없이 현실 그대로 반영하고 있는가를 비판적으로 판단해야 한다.

우선 미디어는 재현의 규범과 관습에 따라 현실에 존재하는 모든 목소리를 전달하지 않고 특정 사회 집단의 의견을 의도적으로 취사선택한다. 거브너와 그로스(Gerbner & Gross, 1976)는 미디어에서 특정 집단의 사람이 재현되지 않거나 과소 재현되는 것을 '상징적 소멸symbolic annihilation'로 명명하면서 재현되지 않는 것은 상징적으로 존재하지 않음을 의미한다고 보았다. 미디어가 누구의 목소리를 발화하는가는 미디어 권력과 연결되며, 미디어를 통해 사회 구성원들의 의견과 입장들을 다양하게 반영하는 것은 민주주의 사회를 유지하는 데 중요한 조건이 된다. 이와 같은 '미디어의 다양성'을 통해 사회 공동체들이 자신의 정체성을 유지하고 커뮤니케이션할 수 있는 권리를 확보하게 된다. 루더, 레프르, 그리고 클라크(Luther, Lepre, & Clark, 2017)는 인종, 민족, 성별, 성적 지향, 연령, 장애, 계층, 종교, 신앙 관련 다양한 소수 집단이자 사회 집단들이 미국의 매스 미디어에서 어떻게 재현되고 고정관념stereotyping화 되는지를 통찰력 있게 피력하면서 미디어의 다양성을 강조하였다.

그러나 〈2019년 미디어다양성 조사〉(한국방송광고진흥공사, 2019)에 따르면, 2019년 1~9월 주요 채널에서 방영된 드라마, 뉴스, 예능, 탐사보도에 등장하는 인물들의 성(性), 연령, 직업, 장애를 분석한 결과 현실 재현 정도에서 차이가 많이 나타났다. 특히 '남성', '전문가·관리자'는 '드라마, 뉴스, 예능, 탐사보도' 모두 현실보다 높게 과다 재현된 반면, '장애인'은 드라마 재현 수준이 현실(4.9%)보다 낮았고(0.7%), 뉴스(0.2%)와 예능(0.4%)에서는 더욱더 낮았으며, 심지어 탐사보도(0%)에서는 아예 한 명도 등장하지 않았다. '시청자 인식 조사'에서도 장애인이 현실에 비해 드라마에 적게 등장한다는 응답(76%)이 가장 높게 나타나 미디어에서 장애인은 비주류로 소외되어 있고 과소 재현되고 있음을 다시 한 번 확인할 수 있었다. 이러한 미디어 재현의 현실은 공영방송인 KBS에서도 공통적으로 나타났는데, 지난 5년간(2017~2021년) 뉴스, 드라마, 라디오 등 주요 자사 콘텐츠의 다양성 정도를 분석한 결과(한국기자협회, 2022, 11, 25), KBS 보도의 등장인물은 '50~60대' '남성'에 편중되었고, KBS 뉴스에서도 2021년 장애인 비중이 0.6%에 불과할 정도로 장애인은 과소 재현에 머물렀다. 한편 〈2021년 문화콘텐츠 다양성 조사연구〉(한국방송광고진흥공사, 2022)에 의할 때, OTT 등장인물 중 2.1%만 장애를 가짐으로써(현실, 5.1%) 과소 재현으로 나타났다. 특이한 점은 국내·외 영화 콘텐츠(주인공)에서 장애인 비중이 13.5%에 달했는데, 그중 정신장애 비중이 압도적으로 높아 현실과 다른 분포를 나타냈다.

미디어는 '누구'를 재현하는가 외에도, 그들을 '어떻게' 묘사하느냐에 따라 수용자는 현실과 다르게 인식할 수 있다(김수아, 2022). 대중매체가 묘사한 현실은 실재하는 현실과 다르지만, 수용자는 대중매체를 통해 현실을 인식하기 때문에, 대중매체가 보여 주는 방식에 따라 그들을 인식하게 된다. 또한 미디어는 특정 사회 집단의 이미지를 재현할 때 주류적 관점을 주입시키고 이들을 타자화하기도 한다. 특히 사회적 소수 집단에 대해 편견과 고정관념을 형성하고 강화시킴으로써 이들은 미디어에 의해 은폐되거나 부정적으로 묘사되는 경향이 많다. 그러나 수용자(시청자)는 미디어를 통해 대상화된 그들을 재현된 방식 그대로 인식하게 된다.

이와 같이 미디어 재현은 '누가 미디어 권력을 가지는가?', '누가 재현(발화)할 권력을 갖고 있는가?'와 밀접하게 관련된다. 그리고 이러한 미디어 권력 구조와 차별에 포획되지 않기 위해서는 미디어 작동 방식과 재현 체계를 비판적으로 이해하고 성찰할 수 있는 역량, 즉 미디어 문해력media literacy이 요구된다. 특히 디지털 시대에서는 영상 미디어의 재현성이 미디어를 생산하고 소비하는 개인 영역에서도 발생하며, 편향된 미디어 메시지를 판별하고 디지털 시민성과 포용성을 기르기 위해서는 디지털 미디어 문해력 교육이 더욱 필요하다. 이는 미디어에서 재현되는 혐오와 차별에 대항하고, 장애, 인종, 젠더, 성적 지향 등 소수자의 미디어 재현 방식에 대한 비판적 시각을 키우는 데 유용하다(Kellner & Share, 2019; 김수아, 2022). 본 고에서는 미디어 다양성 조사에서 구체적으로 살펴본 장애인 중심으로 미디어 재현의 이론적 논의와 사례를 탐색하고, 디지털 시대 미디어 재현에서 미디어 표현과 참여로의 이행을 미디어 제작자, 미디어 소수자, 미디어 이용자 관점에서 검토한다. 마지막으로 디지털 미디어 문해력 증진을 위한 실천적 제언으로 글을 마무리한다.

2
미디어 재현의 이론적 논의

홀(Hall, 1997)은 흑인에 대한 스테레오타입화를 통해, 낙인 찍고 분류하고 배치하는 상징적인 권력 관계가 흑인을 타자화 하면서 권력과 지식의 불균형한 상징적 질서를 유지하게 한다고 비판했다. 미디어 재현은 주류적 관점에서 개인이나 특정 사회 집단의 과소 재현과 획일화된 고정관념으로 나타나며, 특히 소수자에 대한 잘못된 사회적 인식을 형성하거나 강화할 수 있다. 디지털 시대 미디어의 다양성과 스테레오타입을 비판적으로 이해하고 다양한 사회 구성원들이 올바르게 재현되기 위해서는 삭제되거나 가려진 '말해지는 존재'가 누구인지, 미디어 안에 내재되어 있는 담론은 무엇인지, 미디어가 어떤 방식으로 부정적인 고정관념과 프레임을 확대 재생산하는지에 대해 다양한 접근이 필요하다. 또한 특정 집단에 대한 미디어의 재현 방식은 담론의 생산 방식과 유기적으로 연결되기 때문에 장애인의 미디어 재현 방식과 장애 담론의 흐름을 연계하여 살펴본다.

미디어 재현은 사회 인식에 많은 영향을 미치기 때문에 매우 중요하지만, 미디어 다양성 조사에서 나타난 바와 같이 장애인은 과소 재현되며, 이는 서구 국가에서도 같은 동향을 나타낸다. 〈2022년도 시청각 미디어에서의 프랑스 사회 재현에 관한 보고서〉(시청각디지털미디어규제청, 2022, 7)에 따르면 프랑스의 텔레비전 속 세상은 여전히 '부유한' '대도시 거주' '백인 중심'으로 묘사되었다. 특히 장애인은 현실(20%) 대비 약 0.8%만이 텔레비전에 등장하여 거의 소멸 수준이라 할 수 있으며, 〈2022년 라디오-TV 유럽

방송연맹l'Union Europ enne de Radio-Tlvision 조사)에서도 프랑스가 장애인 재현 비율이 가장 낮은 국가 중 하나로 조사됐다(최지선, 2022, 9, 7).

호주 커틴 대학교Curtin University의 케이티 엘리스Katie Ellis와 호주 시드니 대학교University of Sydney의 제라드 고긴Gerard Goggin은 〈장애와 미디어 Disability and the media〉(2015/2020)를 통해 미국 TV 드라마에 등장한 장애인 캐릭터가 미국 인구의 장애인 비율(20%)보다 훨씬 낮은 1.8%에 불과하다고 지적하였다. 영화, 텔레비전, 잡지, 광고 캠페인, 뮤직 비디오, 스포츠, 온라인 공간에 이르기까지 현대의 대중문화는 장애를 이해하는 데 제한된 내러티브와 프레임을 제공하며, 오히려 장애의 고정관념을 강화하고 무기력하고 의존적인 존재로 표현한다고 비판하였다. 또한 미디어의 과소 재현을 미디어 소유권 및 생산 수단과 연결하며, 미디어에 등장하는 장애 당사자는 더욱더 극소수임을 강조하였다. 이에 디지털 기술의 발전에 따라 장애 당사자의 미디어 접근과 표현, 생산, 참여를 통해 주류 미디어에 도전할 것을 강조하였다.

'장애'를 어떻게 재현하는가도 장애 담론의 역사적 맥락에서 이해할 수 있다. 1980~90년대에는 장애를 개인의 신체적 결함이나 질병으로 파악하는 개인적·의료적 모델에 따라 주로 사회적 약자, 보호나 치료의 대상으로 간주되었다. 그러나 미국에서 1990년에 「장애인법(Americans with Disabilities Act of 1990)」이 제정되고 사회적 장애 담론이 대두되면서 장애를 불평등한 사회적 구조나 편견에서 이해하고 자립이나 인권 보장 차원으로 확산되었다. 이 시기에 장애인의 이미지가 미디어에서 어떻게 재현되고 있는가에 대한 연구도 활발하게 이루어지기 시작했다. 리즈 대학교University of Leeds의 콜린 반스Colin Barnes(1992)는 사회적 모델에 기반하여 영국의 미디어에서 재현되는 장애의 스테레오타입을 다음의 11가지 유형 '① 불쌍하고 애처로운 장애인, ② 폭력의 대상으로서의 장애인, ③ 사악하고 악랄한 장애인, ④ 분위기가 있거나 호기심을 불러일으키는 장애인, ⑤ 초능력적인 장애인, ⑥ 조롱의 대상으로서의 장애인, ⑦ 자신에 대한 혐오와 장애에 대한 분노로 가득한 장애인, ⑧ 부담되는 존재로서의 장애인, ⑨ 성적으로 비정상적인 장애인, ⑩ 공동체 생활에 충분하게 참여할 수 없는 장애인, ⑪ 평범한 장애인'으로 제시하며 미디어와 장애를 체계화했다. 그는 장애인 공동체에 관한 왜곡된 정보 때문에 스테레오타입이 유발되고 끊임없이 재생산된다고 하였다(Ellis, 2019/2022). 2006년 12월 유엔총회에서 채택된 후 우리나라에서 2009년 1월부터 발효된 「UN 장애인권리협약(Convention on the Rights of Persons with Disabilities, CRPD)」 제8조(인식 제고)는 '본 협약의 목적에 부합하는 방향으로 모든 미디어 기관들이 장애인을 묘사하도록 권장'한다는 내용을 명시함으로써 미디어는 장애인을 분리나 배제, 차별과 사회적 낙인 대상, 극복해야 할 대상이 아닌 장애 정체성을 가진 주체적 존재로 표현할 것을 규정한다.

가나 센트럴 대학교Central University 조셉 오크란Joseph Ocran은 〈미디어 속 장애Disability in the media〉(2019)를 통해 미디어의 왜곡된 재현 방식, 장애의 사회적 구성 방식, 소셜 미디어로 장애를 표현하는 방식에 대해 설명하였다. 우선, 시청자에게는 미디어에 대한 장애 포용성을 알려주었고, 둘째, 장애 당사자에게는 주류 미디어에서 잘못 재현된 장애 이미지를 비판적으로 분석하면서, 소셜 미디어를 활용해 장애 정체성을 표현할 것을 제안했다. 마지막으로, 미디어 제작자들에게는 장애를 진보적이고 현실적으로 표현할 것을 적극 제안했다.

이와 같이 미디어의 장애 재현은 디지털 미디어의 급속한 발전으로 기존의 텔레비전 중심에서 디지털 텔레비전, 블로그, 트위터, 소셜 미디어, 유튜브, 온라인 커뮤니티, 뉴미디어, OTT^{Over The Top}에 이르기까지 다양한 미디어와 장애가 서로 관계 맺기를 하고 있다. 문제는, 디지털 환경에서도 여전히 혐오와 편견으로 왜곡 재현되고 있으나 온라인 기반의 미디어 장애 재현 연구는 유튜브 사례를 제외하고 거의 진행되고 있지 않다는 점이다. 이에 정상성을 강요하고 혐오와 차별 기제를 가진 미디어의 미시적 권력 구조를 파악하고, 미디어가 재현하고 있는 사회의 표상과 장애 이미지를 비판적으로 해독해야 한다. 더 나아가 미디어의 과소 재현이나 주변인으로의 대상화에 저항해 미디어에 접근·표현·참여할 수 있는 디지털 문해력을 키워야 할 것이다. 이외에도 이질적인 타자 집단으로 동화 정책이 강요되는 다문화/이주노동자, 몸과 미의 담론에 갇혀 왜곡된 젠더 재현이 나타나는 여성, 틀딱충으로 호명되는 노인, 시혜적 존재로서의 탈북민, 이성애 규범성이 요구되는 성소수자에 이르기까지 다른 미디어 소수자들도 과소/왜곡된 미디어 재현 방식과 차별 문제를 가진다.

3
미디어 재현의 주요 사례

장애인의 미디어 재현 연구는 TV 드라마, 다큐멘터리, 방송뉴스, 영화, 잡지, 신문기사, 공익광고, 사진 등 주로 레거시 미디어의 포맷과 프로그램에 따라 진행되어 왔고 수적이나 다양성 측면에서 부족할 뿐만 아니라 기존의 미디어 재현 방식(Barnes, 1992)을 확인하는 데 그친 경우(Ellis, 2019/2022)가 많았다. 선행 연구들을 살펴보면, 장애인은 타고난 결함 때문에 무능력하고 의존적이거나 시혜적인 존재로 그려지는 경우가 많았고, 인과응보에 따른 처벌의 결과로 묘사되기도 했다. 때로는 불쌍하거나(양정혜·노수진, 2013) 극적 감동을 주는 감성적 소구 대상으로 비춰지기도 했다. 또한 장애를 극복한 인물, 초능력을 가진 '슈퍼 장애인Super Crip'으로 표현되는 등 비장애인의 관점에서 말해지거나 비장애인의 정형화된 인식을 그대로 묘사함으로써 더욱더 타자화되기도 했다.

이제까지 장애인의 미디어 재현 연구들이 주로 장애의 스테레오타입 유형 분석에 기반을 두는 것과 달리, 이설희(2022)는 '우영우'를 중심으로 장애와 관계성을 다각도로 분석하고 다양한 기사 담론들을 도출했다. '우영우'는 사회적 상호작용이 어려운 자폐 장애인이지만 회차별 다양한 소수자들을 만나면서 그들의 미디어 재현 방식도 함께 확인할 수 있었다. 본 드라마에는 '가정폭력 피해 대상이자 가해자로 등장하는 노인 여성(1회), 성소수자(2회), 중증 자폐 장애인(3회), 탈북여성(6회), 어린이(9회), 성폭행 의심 지적 장애 여성(10회), 부당 해고된 여성 노동자(12회)' 등의 소수자 혹은 사회적 약자들이 다수 등장하고, 장애를 바라보는 비장애인들의 시선들이 교차되면서 '가정폭력과 치매 환자의 돌봄, 학교 왕따, 어린이 조기 교육, 여성 노동자의 성평등, 공정성, 장애 여성의 섹슈얼리티와 성적 자기결정권, 미혼부, 장애인과 비장애인의 사랑(결혼)'과 같은 사회적 이슈들도 풍부히 다루었다. '우영우'를 소수자 및 장애 담론에 따라 분석해 본다면, 첫째, 검사가 자폐 '환자'라는 용어를 사용하며 '의사'에게 진단을 요구하고, 이의 감별사로 '의사'가 자주 소환된 점, '피고=자폐 있음=심신 미약자=변호사'의 논리를 펴나간 점에서 의료적 장애 담론을 확인할 수 있다. 둘째 '"의대생' 친형 때려 숨지게 한 '자폐 장애인' 기소"라는 극 중 뉴스보도에 자폐인이 격리되어야 한다는 댓글들(3화), 탈북민(6회)과 불법체류 조선족(11회)에 대한 혐오 발언 등에서도 분리·배제되는 소수자들을 만날 수 있다. 셋째, '천재, 능력자'라는 자폐 장애 서사가 여기서도 고정 반복되는 한계를 가지고 있다. 이러한 한계에도 다양한 수준과 유형의 장애인과 소수자를 보여주려고 한 점, '흰고래 무리에 섞여 사는 외뿔고래'처럼 다름을 가지면서 공동체적 삶을 살아간다는 결론에서 기존의 장애 재현 방식과는 구별됨을 발견할 수 있다. 무엇보다 디지털 시대에 맞게 넷플릭스에서도 스트리밍됨에 따라 음성 해설과 자막 해설이 제공된다는 점에서 장애인의 접근성도 제고했다는 것은 긍정적으로 평가된다.

차미경(2023)은 영화, 드라마, 무용, 도서, 연극, 스포츠 등 다양한 장르의 대중문화를 장애 당사자이자 미디어 비평가의 시선에서 분석하였다. 미디어 장애 재현이 비장애인의 시각에서 미디어 속에 배치되고 해석됨에 따라 장애인을 대상화하면서 자기 위안을 삼거나 감동을 주고자 하는 작품들, 심지어 〈사랑의 가족〉 같이 장애인 전문 프로그램도 비장애인의 관점에서 장애를 극적으로 묘사했다고 비판하면서, 장애 당사자도 공감하고 비장애인의 잘못된 인식을 변화시킬 수 있는 장애인 방송으로 변화해야 함을 지적했다. 양정혜와 노수진(2013)도 〈사랑의 가족〉이 장애인을 주변 인물을 통해 '말해지는' 존재로 객체화, 주변화하였음을 지적한 바 있다. 또한 장애인 역할을 비장애인이 하는 '크리핑 업cripping up(장애 있는 것처럼 행동하기)'을 비판하면서, 장애 당사자가 등장하는 국내외 작품들을 소개하였다.

4
미디어 재현에서 미디어 표현과 참여로

이제까지 사회적 소수자들은 제한된 재현 방식으로 미디어에서 소외되고 배제되며 차별 받아 왔다. 이에 오크란(2019)은 미디어의 왜곡된 재현 방식을 비판적으로 분석하며, 미디어를 통해 자신의 정체성을 표현하고 디지털 환경에서 소셜 미디어를 적극 활용할 것을 강조하며 제작자의 책무도 제안했다. 본 장에서는 미디어 재현을 이해하고 미디어 표현과 참여를 통해 문해력을 키워나가는 활동들을 몇 가지 제시하고자 한다. 이때 대상자별 윤리적 관점과 실천적 측면에서 사례 중심으로 살펴본다.

1) 미디어 제작자: 방송제작 가이드라인 구축과 소수자 참여

우선 미디어 제작자는 소수자의 특성과 재현 방식을 고려한 방송제작 가이드 라인이 필요하며 이의 실제적 준수가 필요하다. 현재는 지상파 방송사 기준, 소수자 차별 금지 및 장애인 방송 출연자를 위한 「방송제작 가이드라인」이 마련되어 있으나 소수자별로 세분화해야 하며 각각의 평가 시스템도 구축해야 한다. 한국장애인인권포럼에서는 방송이나 언론이 장애인의 이미지를 재현할 때 고려해야 할 일반 원칙으로 「장애인권 언론제작 가이드라인」(2012)을 제시하면서, 주로 장애인의 스테레오타입과 관련된 표현이나 연출 금지를 담고 있다. 미국의 공영방송 PBS도 '장애'에 지나치게 초점을 맞추지 말고 한계가 아닌 '능력'을 강조할 것 등을 포함해 장애인 보도 방송 가이드를 마련했다(박천기, 2012). 이외에도 국제개발협력민간협의회(2014)는 「아동 권리 보호를 위한 미디어 가이드라인」을 만들어 아동의 언론 보도 및 홍보물 제작 시 준수사항을 규정했다. 유네스코 외(2019)는 고정관념에 따른 미디어 재현 시 젠더 차별, 불평등, 여성·여아에 대한 폭력을 조장하는 사회적 규범들을 강화하게 된다고 강조하면서, 미디어 종사자들을 대상으로 미디어와 젠더 관련 이슈들에 대응하기 위한 이행 지침을 제시하고, 자율규제 메커니즘의 수립을 제안했다.

둘째, 미디어 제작자는 특정 사회 집단의 목소리가 차별적으로 배제되지 않도록 미디어 다양성과 포용성을 제고하기 위한 노력을 해나가야 할 것이다. 영국 공영방송 BBC는 다양성을 높이기 위해 진행자 선정부터 콘텐츠 제작까지 다양한 실천을 하고 있다. 어린이채널 〈씨비비즈CBeebies〉는 한쪽 팔이 없는 신체장애 싱글맘 '케리 버넬Cerrie Burnell'(2009년)과, 다운증후군을 가진 '조지 웹스터George Webster'(2021년)를 진행자로 발탁해 어린이들에게 장애를 편견 없이 자연스럽게 받아들이도록 하였다(미디어스, 2020, 11, 25). 또한 지역방송 〈BBC 노스웨스트North West〉 투나이트Tonight에서는 '루시 마틴Lucy Martin'(2015년)이 오른쪽 팔꿈치 아랫부분이 없는 모습으로 날씨 예보를 능숙하게 진행했고, 프랑스 공영방송 〈프랑스 2〉 채널에서는 다운증후군을 가진 멜라니 세가르Melanie peut le faire(2017년)가 기상캐스터로 나섰다. 이외에도 남녀 구분이 엄격한 이슬람국가 파키스탄에서는 트랜스젠더인 '마르비아 말리크'(2018년)가 〈코이노어Kohenoor〉의 뉴스 앵커로 활동했고, 미국 CNN 방송의 대표 앵커인 앤더슨 쿠퍼Anderson Hays Cooper는 커밍아웃을 한 동성애자다(김자현, 2018, 4, 23).

1969년에 시작한 미국 공영방송이자 어린이 프로그램인 PBS의 〈세서미 스트리트Sesame Street〉에서는 2017년 처음으로 자폐 스펙트럼 장애 아동 줄리아Julia가 등장했다. 그동안 흑인과 히스패닉, 아시아계 캐릭터들이 계속 등장했고 청각 장애와 시각 장애 친구들도 함께 어울렸다. 다운증후군을 가진 제이슨(1975년), 시각장애가 있는 아리스토텔레스(1981년), 휠체어를 탄 타라(1993년), 노숙 아동 릴리(2018년), 위탁 가정에서 지내는 칼리(2019년), 한국계 이민 아동 지영(2021년)에 이르기까지 어린이들이 미디어를 통해 문화적 다양성과 장애 감수성, 포용성을 자연스럽게 배울 수 있도록 다양한 인종과 배경을 지닌 캐릭터들을 출연시켰다(김신애, 2023, 10, 30).

드디어 국내에서도 어린이 교육 프로그램 최초로 자폐 스펙트럼 아동 별이가 EBS 〈딩동댕 유치원〉에 등장했다(2023, 8, 18). 휠체어를 탄 장애 아동 하늘이, 피부색이 어두운 다문화가정의 마리, 태권도를 좋아하는 여자아이 하리, 할아버지와 단둘이 함께 사는 조아, 유기견 댕구까지 우리 주변에서 볼 수 있는 아이들과 캐릭터를 텔레비전에서도 만날 수 있다. 그럼에도 별이에게 많은 관심을 보내준 것은 여전히 사회가 자폐 아동에 익숙하지 않다는 걸 의미하는 것 같다고 이지현 PD는 인터뷰에서 답변했다(김신애, 23, 10, 30). 이는 미디어의 과소 재현을 의미하며, 고정관념을 깨고 사회 구성원으로 함께 살아가기 위해서는 미디어에서의 표현과 참여가 중요함을 확인할 수 있다.

2) 미디어 소수자: 비판적 해독 능력, 자기표현과 참여

미디어는 현실을 반영하기보다 구성하기 때문에 우리는 미디어가 재현한 이미지를 그대로 수용하기 쉽다. 특히 미디어 소수자들은 주변인으로 대상화되거나 타자화되기 쉽기 때문에 주류 미디어에 의해 의도적으로 은폐되거나 미시적으로 차별 받고 있지 않은지, 왜곡 재현되거나 부정적으로 인식되고 있지 않은지 면밀히 파악하고 이를 해독할 수 있어야 한다. 이에 정보 판별 능력과 비평 능력, 즉 비판적 사고 능력이 더욱더 중요하다. 김병련과 강경숙(2008)은 발달장애 학생의 경우 미디어의 본질적 의도를 다르게 해석할 수 있기 때문에 의사소통과 비판적 사고력을 키우는 데 미디어 교육이 필요하다고 강조하였다. 이에 미디어 문해력 교육은 미디어가 재현한 정보나 콘텐츠를 비판적으로 분석하고 이해하는 데 초점을 두어야 한다.

프리젬(Friesem, 2017)은 장애 학생들이 '비판적 사고 능력', '제작 역량', '수업참여', '자아정체성 탐색', '시민참여활동'을 키우는 데 미디어 리터러시 교육이 필요하다고 강조하면서 NAMLE(National Association for Media Literacy Education)의 '미디어 리터러시 교육을 위한 주요 요강'을 장애인에 맞게 수정 제시하였다(강진숙·조재희·김지연, 2018, 32-33쪽). 요컨대, 미디어 문해력 교육은 미디어 재현에 대한 비판적 분석에서 출발하며 소수자들은 문해력 교육을 통해 미디어를 바르게 읽고 왜곡된 미디어 재현과 그 속성을 비판적으로 이해하며, 허위정보나 뉴스, 유해한 콘텐츠를 파악할 수 있도록 미디어 역량을 개발해 나가야 할 것이다.

- 미디어의 장애에 대한 재현과, 장애와 관련된 권력관계, 그리고 장애 유형에 대한 비판적 질문을 추가할 것
- 서로 다른 미디어 플랫폼이 서로 다른 장애인과 비장애인들에 대한 접근권을 제공할 수 있는 방법에 대해 탐색할 것
- 미디어 리터러시의 실천에 있어서 교습자들의 보편적 학습 설계(Universal Design for Learning, UDL) 활용 능력을 강화할 수 있도록 유도할 것
- 다양한 목소리를 담아내는 일환으로서, 다양한 유형의 장애에 대한 텍스트를 사용하고 장애의 다양성을 반영할 것
- 장애에 대한 다양한 관점을 이해하는 동안, 장애에 대한 편견도 조사할 것

또한 미디어 소수자는 미디어로부터 재현의 대상에 머무르지 말고 미디어를 통해 자신의 정체성을 드러내어 참여해야 한다. 대중매체에는 미디어

소수자들이 잘 등장하지 않을 뿐더러 그들의 목소리를 담아낼 수 있는 공간도 마련되어 있지 않다. 또한 미디어가 이들을 사회적 약자로만 비춘다면 보호받아야 할 존재로서 시혜와 동정의 대상이 되고, 극복의 대상이나 극적인 인물로 묘사한다면 타자화되어 사회적 거리감은 더욱더 멀게 느껴질 것이다. 그러나 최근 디지털 미디어의 발전으로 누구나 온라인 공간에서 자신의 생각이나 지식, 정보를 나타내고 공유할 수 있게 되었다. 소수자 당사자가 재현의 대상에 머무르지 말고 미디어를 통해 표현하고 참여한다면 그간 주류 미디어에 의해 왜곡된 이미지를 개선하고, 편견과 선입견에서 벗어나 자신의 정체성을 확립해 나갈 수 있다. 또한 미디어를 통해 일상 속에서 느끼는 고충이나 관심사를 말하고 생활밀착형 콘텐츠를 제작하여 상호 이해의 폭을 넓혀 나간다면, 공동체의 구성원으로 인식하게 되고 법·제도적 개선이나 정책 지원에 이르기까지 사회적 변화도 도모할 수 있다.

미디어를 통한 소수자의 자기표현과 참여는 두 가지 형태로 살펴볼 수 있다. 하나는 대중문화에 소수자 당사자가 참여해 자기표현을 하는 것이고, 또 다른 하나는 유튜브와 같이 1인 미디어를 직접 제작해서 참여하는 방식이다. 전자는 2021년 8월 31일 개봉한 영화 〈코다〉를 예로 들어 설명할 수 있다. 코다CODA란 청각 장애인 부모 밑에서 태어난 비장애인 자녀를 뜻하며, 농인 배우가 농인 역할을 맡아 더욱더 화제가 되기도 했다. 코다는 부모와는 수어(手語)로 의사소통하고 비장애인과 음성 언어를 사용하기 때문에 농문화와 청문화에 모두 익숙하다. 농문화는 청각 장애인 특유의 문화로, 수어 권력이라 불릴 만큼 강한 장애 정체성을 나타낸다. 비장애 중심의 미디어 재현이 아닌 당사자에 의한 자기재현, 즉 자기 경험의 재현이자 미디어를 통한 자기표현 방식이라 할 수 있다. 보통 다큐멘터리 영화나 글로벌 OTT인 넷플릭스에서 스트리밍되는 경우가 많다.

한편, 디지털 기술을 기반으로 한 1인 미디어의 발전으로 소수자 본인이 직접 기획 제작하는 미디어 활동을 할 수 있다. 주류 미디어가 제공하는 제한된 정보와 그것이 재현하는 차별 및 왜곡된 시선에 저항하며, 온라인 플랫폼을 표현의 공론장으로 활용한다. 예컨대 미디어 제작 역량을 발휘해 유튜브 크리에이터로 활동할 수 있는데, 디지털 기술과 작동 원리를 이해하고 미학적·윤리적 접근과 성찰적 태도가 요구된다. 기존에 주류 미디어 혹은 다수자에 의해 '말해지는 존재'에서 이제는 자신의 관심사나 취향을 자발적으로 드러내고 경험을 공유한다. 또한 다수자 중심의 잘못 주입된 편견이나 선입견, 차별들을 바로잡고 다양한 온오프라인 참여나 사회적 실천 활동도 할 수 있다. 사회문화적 환경과 기술적 특성 등이 결합하여, 이제까지 대중매체, 주류 미디어에서는 드러나지 않았던 사람들이 자기의 이야기를 하기 시작하고, 이들이 스스로 미디어를 적극적, 능동적으로 활용해 일상생활을 공유하기도 한다. 소수자들이 유튜브나 소셜 미디어를 활용하면서 소통권과 커뮤니케이션 권리를 확보하고, 소수자 당사자도 역량 강화에 힘을 쓰게 되었다. 소수자들의 유튜버 활동은 배제되고 소외된 미디어 약자의 개념이 아닌 자신의 목소리를 내면서 긍정적이고 창조적인 욕망을 실현하는 미디어 소수자로서 의미가 있다. 미디어에서 재현되는 왜곡된 장애인, 이주민, 노인의 이미지에서 벗어나 자신의 욕망과 목소리를 드러내는 적극적인 이용자이자 프로슈머의 모습을 보이고 있기 때문이다. 이를 통해 능동적 주체로서의 자신을 재발견하기도 한다. 위라클, 함박TV, 굴러라구르님 등의 장애인 유튜버들이 활발한 활동을 하고 있고, 노인 소외 문제를 포함한 일상 이야기를 들려주는 박막례 할머니, 북한 일상 이야기를 나누며 규범적 접근의 탈피와 인정 욕구를 구하는 〈놀새나라TV〉에 이르기까지 기성 미디어가 외면한 목소리를 자기표현 공론장에서 펼치고 있다.

이와 같이 유튜브는 내가 주체가 되어 나의 욕망을 드러내고 나의 인권을 말할 수 있는 장치이며, 미디어 재현에 맞서는 기술적 도구가 되었다.

그러나 조회수를 올리기 위해 가짜 장애인 행세를 하는 등 영상을 허위 조작하거나 제작의 어려움으로 당사자성을 나타내지 못하거나 혐오 댓글로 인해 활동을 중지하는 등의 문제점이 나타나기도 한다. 소수자가 자신의 목소리와 정체성을 표현하고, 다양한 가치와 믿음을 서로 소통할 수 있도록 미디어 문해력과 함께 성찰적 태도를 가져야 할 것이다.

3) 미디어 이용자: 디지털 시민성과 포용적 태도

미디어를 통해 소수자의 이미지가 왜곡되어질 때 이용자들도 무의식적으로 미디어가 구성한 방식 그대로 소수자의 존재를 수용하게 된다. 이에 바르게 읽고 비판적으로 해독하는 능력이 필요하며, 무엇보다 소수자들에 대한 인식 개선 교육이 소수자와 이용자 모두 함께 실시되어야 한다. 여기서 이용자는 소수자의 다름을 있는 그대로 인정하는 포용적 태도가 중요하다. 미디어를 활용해 다양한 사람들과 소통하고 그들의 감수성을 이해하며 미디어 문해력을 통해 미디어에서 재현하는 소수자 이미지를 비판적으로 해독하며 디지털 시민성을 키울 수 있다. 이때 미디어 참여는 시민성을 실천할 수 있는 능력이며 디지털 시민성은 윤리적인 공동체 참여 태도의 기반이 된다. 호주는 '디지털 시민 가이드Digital Citizen Guide'를 통해 디지털 시민권과 온라인 참여에 대한 정책적 내용을 제시한다(채우정·한용재, 2022). 미디어 권력 구조에 대한 이해와 혐오 및 차별에 대한 성찰적 태도를 기반으로 윤리 의식을 가지고 디지털 시민성을 키워 나갈 때 민주시민으로서의 역량을 키우는 것이라 하겠다.

5
디지털 미디어 문해력 증진을 위한 실천적 제언

　주류 미디어의 재현 방식은 소수자들을 중심으로 과소 재현과 왜곡 재현의 형태로 나타난다. 본 장에서는 '미디어 소수자'로 개념 정의하며, 사회적 약자이면서, 동시에 미디어 권력으로부터 탈주해 자신의 정체성을 나타내는 능동적 참여 주체로 설정하였다. 미디어를 통해 재현되는 소수자들은 당사자는 물론 이용자에게도 잘못된 편견과 고정관념을 심어 주기 때문에 다수자가 만든 작동 기제를 파악하고 차별에 반대할 수 있는 미디어 문해력 교육이 필요하다. 특히 디지털 미디어의 발전으로 미디어 생산 및 공유 방식이 디지털 환경에서도 구축되기 때문에 디지털 미디어 문해력의 증진은 필수적이다.

　우선, 미디어 재현의 이해를 위한 디지털 미디어 문해력 교육의 범위와 내용을 어떻게 설정할 것인가에 대해 학교, 가정, 사회에서, 역량 중심으로 설계되고 지도될 것을 제안한다. 잘못된 미디어 재현을 바로잡기 위해서는 소수자의 특성과 재현 방식에 맞게 당사자 대상의 문해력 교육이 이루어지되, 미디어 제작자에게는 소수자의 방송제작 가이드 및 편성 의무, 미디어 이용자에게는 소수자 포용성과 디지털 시민성 교육이 함께 진행되어야 한다. 이때 미디어 소수자로서 장애인뿐만 아니라 노인, 어린이, 여성, 다문화가정이 모두 학습 대상이 되며, 부모 미디어 교육이 추가되어도 효과적일 것으로 보인다.

　또한 교육부 정책연구보고서(강진숙 · 배현순 · 김지연 · 박유신, 2019)에 따라 '지식, 비평, 의사소통, 접근 · 활용, 구성 · 제작, 참여'를 미디어 리터러시 역량의 구성요소로 정하고, 미디어 재현에 따른 고정관념이나 차별에 대처할 수 있도록 역량과 실천 중심의 미디어 문해력 교육을 실시해야 한다. 즉 미디어 자체보다는 행동지향적인 미디어 교수법을, 기술보다는 혐오나 차별의 인식 방법을 교육 내용에 포함시켜야 한다. 온라인상에서 정보 편향이 존재하며, 고정관념을 반영하고 있는 정보가 미시적으로 유통될 수 있음을 이해하고, 미디어 재현의 문제를 비판적으로 인식해야 한다. 켈너와 셰어(Kellner & Share, 2019)는 미디어에서 재현되는 혐오, 차별 문제에 대응하기 위해 비판적 미디어 리터러시(Critical Media Literacy, CML)를 강조하면서 미디어 재현의 개념적 이해(BBC에서 제시한 미디어 재현의 핵심 요소 반영)를 바탕으로 다음 〈표 5-1〉의 여섯 가지 질문 항목을 제시한다. 특히 미디어를 분석할 때, 미디어 메시지에 무엇이 있는지, 권력과 특권의 지배적 위계들 사이에서 누구의 목소리가 사라졌는지 분석해야 한다. 이때 그러한 메시지들을 자연스럽거나 정상적인 것처럼 보이게 하는 시스템을 탐색해야 한다. 즉, '비판적 사고'란 미디어 텍스트의 재현은 물론, 미디어 언어, 미디어 산업과 구조, 메시지와 수용자, 사회·문화적 맥락 등을 읽어내는 일련의 과정 전부를 포함한다.

영국은 6~11세 초등학생 대상의 '미디어 스마트Media Smart' 프로그램을 운영하는데, 다양한 광고 사례를 통해 광고의 제작 의도와 의미, 광고와 실제 현실과의 차이 등을 비판적으로 바라볼 수 있도록 지도한다(채우정·한용재, 2022). 이와 같이 비판적 미디어 문해력은 차이와 다양성을 인정하고 타 문화에 대한 존중의 태도를 견지하며 미디어 재현을 통한 고정관념이나 편견에 대처하는 데 유용하다.

표 5-1. 비판적 미디어 리터러시 프레임워크

미디어 재현의 개념적 이해	질문 항목들
1. 사회 구성주의 모든 정보는 사회적 맥락 내에서 선택하는 개인/집단에 의해 공동 구성된다.	이 미디어를 만드는 데 도움을 준 사람들은 누구인가?
2. 언어/기호학 각 미디어에는 특정 문법과 의미를 지닌 고유의 언어가 있다.	이 미디어는 어떻게 구성되고 전달/접근되었는가?
3. 수용자 / 위치성 개인/집단은 상황적 요인에 따라 메시지를 유사하게/다르게 이해한다.	이 미디어는 어떻게 다르게 이해할 수 있는가?
4. 재현의 정치학 메시지에는 편견이 있어 지배 계층을 지지/도전한다. 메시지를 중재·선택하는 과정에서 낙인 찍거나 과소 재현을 통해 스테레오타입화한다.	이 미디어에는 어떤 가치, 관점, 이데올로기가 표현/누락되어 있거나 미디어의 영향을 받는가?
5. 생산/기관 미디어에는 생산자 또는 시스템에 따라 상업적·정치적·이데올로기적 목적이 있다.	이 미디어가 만들어지거나 공유된 이유는 무엇인가?
6. 사회적·환경적 정의 미디어 문화는 사람, 집단, 문제에 대해 긍정적/부정적인 생각을 지속/도전하는 투쟁의 지형이며, 결코 중립적이지 않다.	이 미디어는 누구에게 유리/불리한가?

출처: Kellner, D., & Share, J. (2019). *The critical media literacy guide: Engaging media and transforming education*. The Netherlands: Brill/Sense Publishers. DOI: 10.13140/RG.2.2.32448.79360

영국의 ITV는 장애인, 소수인종, 성소수자 등을 위해 별도의 네트워크를 구성한다. 장애인을 위한 〈ITV Able〉, 흑인·아시아인·소수인종을 위한 〈ITV Embrace〉, 성소수자를 위한 〈ITV Pride〉, 여성을 위한 〈ITV Women's Network〉가 바로 그것이다. 또한 프랑스는 '방송 중 장애 표현 및 장애인을 위한 텔레비전 프로그램의 접근성'을 주제로 매년 보고서를 발간하고 있다(한국콘텐츠진흥원, 2023). 무엇보다 장애인 방송이 장애되지 않도록(김미경, 2013) '제2의 〈딩동댕 유치원〉'을 계속 만날 수 있도록, 방송 접근권까지 고려함으로써 방송 소외 계층을 위한 공영방송으로서의 역할과 책무를 다해주기를 기대한다.

참고문헌

강진숙·조재희·김지연 (2018). 〈미디어 소수자(미디어 약자)를 위한 미디어교육 프로그램 개발 방향 연구〉. 과천: 방송통신위원회.

강진숙·배현순·김지연·박유신 (2019). 〈미디어 리터러시 교육과정 운영을 통한 시민역량 제고 방안 연구〉. 세종: 교육부.

강진숙·김지연·류숙 (2023). 〈취약계층 청소년을 위한 미디어 리터러시 교육 콘텐츠 개발방안 연구〉 (연구보고 23-수탁02). 세종: 교육부·전국시도교육청·한국청소년정책연구원.

국제개발협력민간협의회 (2014). 〈아동 권리 보호를 위한 미디어 가이드라인〉.

김병련·강경숙 (2008). 특수교육에서의 미디어접근과 활용 교육: 고등학교 특수학급을 중심으로. 〈특수교육〉, 7권 1호, 73-98.

김수아 (2022). 사이버 공간에서 차별·혐오 대응과 미디어 리터러시 교육. 〈유네스코 이슈 브리프〉, 1호.

박천기 (2012). 장애인 관련 아이템의 딜레마와 시청자들의 이중적 잣대. 한국장애인인권포럼 (편). 〈장애인 관련 방송 언어 가이드라인에 대한 토론회〉 (63-60쪽).

시청각디지털미디어규제청 (2022, 7). 〈2022년도 시청각 미디어에서의 프랑스 사회 재현에 관한 보고서〉.

양정혜·노수진 (2012). 장애인 전문 다큐멘터리가 재현하는 장애인: KBS 〈사랑의 가족〉 프로그램 서사 분석. 〈사회과학논총〉, 32집 1호, 437-466.

이설희 (2022). 〈텔레비전 드라마의 장애 재현에 대한 연구: 이상한 변호사 우영우〉. CONTENTS PLUS, 20권 5호, 49-63.

차미경 (2022). 〈기울어진 스크린: 장애 필터를 통해 대중문화 읽기〉. 서울: 한뼘책방.

채우정·한용재 (2022). 장애인의 디지털 미디어 이용 양상 및 디지털 미디어 리터러시 연구: 성인 지체장애인을 중심으로. 〈장애의 재해석〉, 189-215.

최지선 (2022, 9, 7). 미디어 월드 와이드: 프랑스_사회의 다양성 반영하려 노력하는 프랑스 미디어. 〈신문과 방송〉 2022년 9월호.

한국방송광고진흥공사 (2019). 〈2019년 미디어다양성 조사〉.

한국방송광고진흥공사 (2022). 〈2021년 문화콘텐츠 다양성 조사연구〉.

한국콘텐츠진흥원 (2023). 〈장애인의 방송영상콘텐츠 출연 확대 방안 연구〉.

Barnes, C. (1992). *Disabling imagery and the media*. Halifax, UK: Ryburn/BCODP.

Ellis, K., & Goggin, G. (2015). *Disability and the media*. NY: Red Globe Press. 우형진·우충완 (2020) (공역). 〈장애와 미디어〉. 부천: 우리나비.

Ellis, K. (2019). *Disability and digital television cultures: Representation, access, and reception*. London: Routledge. 하종원·박기성 (2022) (공역). 〈장애와 텔레비전 문화: 디지털 시대의 재현, 접근, 수용〉. 서울: 컬처룩.

Friesem, Y. (2017). Beyond accessibility: How media literacy education addresses issues of disabilities. *Journal of Media Literacy Education, 9*(2), 1-16.

Gerbner, G., & Gross, L. (1976). Living with television: The violence profile, *Journal of Communication, 26*(2), 173-199.

Hall, S. (1997). *Representation: Cultural representations and signifying practices*. London: Sage.

Kellner, D., & Share, J. (2019). *The critical media literacy guide: Engaging media and transforming education*. Brill.

Luther, C. A., Lepre, C. R., & Clark, N. (2018). *Diversity in US mass media* (2nd ed.). NJ: Wiley-Blackwell.

Ocran, J. (2019). Disability in the media: Examining stigma and identity. *Disability & Society. 34*(3), 505-508.

UNESCO & UN Women (2019). 〈여성폭력 담론을 위한 미디어 활용 핸드북〉.

김신애 (2023, 10, 30). '자폐아동' 별이 만든 〈딩동댕 유치원〉 PD 울컥하게 한 사연. URL: https://www.ohmynews.com/NWS_Web/View/at_pg.aspx?CNTN_CD=A0002972115&CMPT_CD=P0010&utm_source=naver&utm_medium=newsearch&utm_campaign=naver_news#dvOpinion

김자현 (2018, 4, 23). [청춘먹칠] 안경 쓴 '여자' 앵커와 트랜스젠더 앵커. 〈뉴스민〉, URL: https://www.newsmin.co.kr/news/29495

미디어스 (2020, 11, 25). EBS와 BBC 교육채널 비교해보면
URL: http://www.mediaus.co.kr/news/articleView.html?idxno=199069

성상민 (2023, 10, 30). 흑인 비하 버젓이… 인종차별 '참교육' 받은 웹툰. 〈한국일보〉, 20면 URL: https://www.hankookilbo.com/News/Read/A2023102614370000598?did=NA

한국기자협회 (2022, 11, 25). KBS 콘텐츠 첫 다양성 조사 "5060남성 중심 뉴스 개선해" URL: http://www.journalist.or.kr/news/article.html?no=52589

Chapter 06

뉴스 프레임 이해를 통한 문해력 증진

이창호 _ 한국청소년정책연구원 선임연구위원

　이 장은 미디어 문해력 증진을 위해 꼭 알아야 할 뉴스 프레임에 대해 자세하게 설명하고 있다. 뉴스 프레임은 뉴스 보도의 중심적 내용과 구조를 일컫는 것으로 선택, 강조, 배제와 정교화를 통해 이슈가 무엇인지를 암시하고 그 이슈의 사회적 맥락을 제공하는 역할을 한다. 뉴스 프레임을 파악하기 위해서는 기사의 제목, 기사의 리드, 기사에 자주 등장하는 정보원, 특정 집단이나 개인을 묘사하기 위해 사용된 용어 등을 종합적으로 살펴봐야 한다. 우리가 뉴스 프레임에 주목해야 하는 가장 큰 이유는 언론이 구성한 뉴스 프레임이 대중에게 큰 영향을 미치기 때문이다. 뉴스 프레임에 영향을 미치는 요인은 개인의 가치나 신념, 이데올로기, 조직, 보도관행, 광고주 등 다양하다. 동일한 사안이나 이슈라도 매체별로 보도하는 방식이 다를 수 있기 때문에 뉴스를 바라보는 비판적 사고가 매우 중요하다. 즉 특정 사안에 대해 왜 프레임이 다르게 나타나는지를 비판적으로 이해할 수 있도록 해야 하고 이러한 뉴스 프레임에 어떤 요인들이 영향을 미칠 수 있는지도 비판적으로 분석할 수 있어야 뉴스 문해력이 증진될 수 있다.

1
뉴스 프레임이란 무엇인가

근래 들어 디지털 미디어 문해 교육이 강조되고 있다. 이미 2022년 3월 25일 「디지털 기반의 원격교육 활성화 기본법」이 시행되면서 디지털 미디어 문해 교육이 법제화된 바 있다. 이 법에 따르면, 학교장이 실시해야 하는 디지털 미디어 문해 교육은 '첫째, 디지털 미디어에 대한 접근 및 활용 능력 향상, 둘째, 디지털 미디어에 대한 이해 및 비판 능력 향상, 셋째, 디지털 미디어를 통한 사회참여 능력 향상, 넷째, 디지털 미디어를 통한 민주적 소통 능력 향상' 등 네 가지이다(법 제10조 제1항). 즉 디지털 미디어 문해력은 디지털 미디어에 대한 이해뿐 아니라 디지털 미디어를 통한 소통 능력, 창조 능력, 비판 능력 등을 포괄하는 개념인 셈이다. 〈2022 개정 교육과정〉에서도 지속 가능한 사회를 위한 생태전환 교육, 민주시민 교육을 전 교과에 반영하는 것, 미래세대 핵심역량으로 디지털 기초소양을 강화하고 정보 교육을 확대하는 것이 강조되었다(교육부 보도자료, 2021, 11, 24). 디지털 소양은 디지털 지식과 기술에 대한 이해와 윤리의식을 바탕으로 정보를 수집, 분석하고 비판적으로 이해, 평가하여 새로운 정보와 지식을 생산, 활용하는 능력을 의미한다. 디지털 소양은 모든 교과목에 반영하도록 돼 있어 개별 교과목에서 디지털 미디어 문해력을 높이기 위한 활동이 활발히 전개될 것으로 예상된다.

이처럼 최근 중요해지고 있는 디지털 미디어 문해력을 증진시키기 위해 꼭 이해해야 할 개념이 뉴스 프레임이다. 프레임은 틀이나 액자를 의미하는 개념이지만 세상을 바라보는 인식의 틀로도 규정될 수 있다. 프레임은 일종의 렌즈이며 세상을 이해하기 위해 선택한 관점이다(Prensky, 2022/2003). 대표적인 예가 반쯤 물이 채워진 유리컵이다. 보는 이에 따라 반이나 채워진 유리컵이 될 수 있고 반이나 빈 유리컵이 될 수도 있다. 전자를 강조하면 물이 유리컵에 많이 채워져 있다고 인식할 수 있고 후자를 강조하면 물이 유리컵에 별로 채워져 있지 않다는 느낌을 받을 수 있다.

우리는 뉴스를 통해 세상 소식을 접한다. 매일 일어나는 수많은 사건들을 뉴스를 통해 아는 것이다. 하지만 뉴스는 현실의 모든 측면을 보도하지 않고 특정 측면을 부각시켜 보도하는 경향이 있다. 즉 동일한 사안을 보도하더라도 어떤 부분에 초점을 맞추느냐에 따라 뉴스 논조나 내용이 달라질 수 있는 것이다. 이처럼 어떤 사안의 특정 측면을 강조하고 다른 측면은 배제하는 보도경향을 '뉴스 프레임'이라 규정할 수 있다. 요즘 인기를 끌고 있는 챗GPT는 뉴스 프레임을 뉴스보도의 구조와 방식을 의미하는 것으로 정의하고 있다.

챗GPT가 제공하는 뉴스 프레임 정의

챗GPT에게 뉴스 프레임에 대해 질문(2023년 6월 1일)한 결과 다음과 같은 답을 얻었다.

 뉴스 프레임이란 뉴스 보도의 구조와 방식을 가리키는 용어입니다. 뉴스 프레임은 어떤 이슈나 사건을 다룰 때, 그 이슈를 어떤 관점에서 보도할지, 어떤 정보를 강조할지, 어떤 인용문을 사용할지 등을 결정하는 뉴스의 틀을 의미합니다. 뉴스 프레임은 보도의 편향성이나 주장을 감추거나 강조하는 데 사용될 수도 있으며, 독자나 시청자에게 특정 인상을 심어주는 역할을 합니다.

예를 들어, 같은 사건이라도 "경찰의 허위 진술에 의해 무고한 시민이 구금당했다."라는 프레임과 "범인을 체포하기 위한 경찰의 공정한 조사로 시민들의 안전이 확보되었다."라는 프레임은 사건을 다르게 이해시킬 수 있습니다. 이처럼 뉴스 프레임은 사건이나 이슈에 대한 이해와 인식을 조작하는 역할을 합니다.

뉴스 프레임은 보도 매체, 기자, 편집자 등의 개인적인 성향, 정치적 입장, 사회적 영향 등에 따라 형성될 수 있습니다. 따라서 독립적이고 다양한 뉴스 매체를 참고하여 여러 프레임을 비교하고 분석하는 것이 중요합니다. 이를 통해 다양한 시각을 확보하고 주관적인 편향을 최소화할 수 있습니다.

그동안 여러 미디어 학자들이 뉴스 프레임을 정의한 바 있다. 엔트만(Entman, 1991)에 따르면, 프레임의 본질은 현실세계의 단면을 한층 두드러지게 하거나 덜 두드러지게 함으로써 그 단면을 확대하거나 축소하는 것이다. 프레임에 따라 현실의 어떤 측면은 부각되고 어떤 측면은 부각되지 않게 되는 것이다. 탱커드(Tankard, 2001)는 프레임을 뉴스 내용의 중심적 사고로 보는데 이는 선택, 강조, 배제와 정교화를 통해 이슈가 무엇인지를 암시하고 그 이슈의 사회적 맥락을 제공하는 역할을 한다. 예를 들어, 장애인의 이동권 요구 시위의 경우 언론이 지하철 시위로 인한 시민들의 고통과 불편함을 강조할 수도 있고 장애인이 처한 현실과 그들의 요구사항이 무엇인지 집중적으로 보도할 수도 있다. 어떤 뉴스 프레임에 초점을 맞추든 특정 측면은 강조하고 다른 측면은 배제하는 보도를 하게 된다. 리스(Reese, 2001)는 프레임을 "사회적으로 공유되고 오래 지속되며 사회세계를 의미론적으로 구조화하기 위해 상징적으로 작동하는 조직적 원리"로 규정한다(p. 11).

아이엔가(Iyengar, 1991)는 프레임을 일화적 프레임episodic frame과 주제적 프레임thematic frame으로 구분하고 있다. 일화적 프레임은 구체적인 사례나 사건을 기술하는 데 초점을 두고 이슈를 보도하는 것을 의미한다. 반면 주제적 프레임은 이슈의 역사적 배경과 해석적 분석을 강조한다. 러시아-우크라이나 전쟁보도의 경우 언론이 전쟁이 전개되고 있는 상황(폭격상황, 병력이동, 시민피해 등)에 초점을 두면 일화적 프레임을 사용한 것이고, 전쟁이 일어나게 된 배경이나 맥락을 집중적으로 보도하면 주제적 프레임을 사용한다고 볼 수 있다. 일반적으로 언론은 사건의 전개과정에 초점을 둔 나머지 어떤 사건이 발생한 배경이나 맥락을 잘 보도하지 않는 경우가 많다. 여러 사건이나 이슈의 맥락을 대중이 잘 이해하도록 하기 위해서 언론은 사건의 전개과정뿐 아니라 사건이 발생하게 된 배경이나 맥락에 대한 보도도 성실히 수행할 필요가 있다.

2
왜 뉴스 프레임에 주목해야 하는가

우리가 뉴스 프레임에 주목해야 하는 가장 중요한 이유는 언론이 구성한 뉴스 프레임이 대중에게 큰 영향을 미치기 때문이다. 이를 설명하는 대표적인 이론이 잘 알려진 의제설정이론Agenda-setting theory이다. 이 이론의 핵심은 언론이 특정 의제를 부각시키면 일반 대중도 그 의제가 사회가 직면한 중요한 이슈라고 생각하는 경향이 있다는 것이다. 가령, 언론이 북한의 핵미사일 발사문제를 지속적으로 보도하게 되면 대중은 북한의 핵위협이 우리 사회가 직면한 중요한 문제로 받아들이게 된다. 이 이론에서는 뉴스 '프레임'이란 표현 대신 '의제'란 용어를 사용했지만 거의 동일한 의미라고 볼 수 있다. 이 이론은 언론이 구성한 뉴스 프레임이 대중에게도 지대한 영향을 미칠 수 있다는 것을 잘 보여주고 있다. 즉 뉴스 프레임의 영향을 받아 대중의 인식도 특정 프레임에 갇힐 수 있다는 것이다.

가령, 최근 확산되고 있는 인공지능 챗GPT의 예를 들어보자. 챗GPT가

빠른 속도로 퍼지면서 이에 대한 다양한 담론이 쏟아지고 있다. 언론이 챗GPT가 갖고 있는 긍정적인 측면, 예컨대 이용자가 원하는 질문에 대한 대답을 빠르게 잘 정리하여 보여준다든지 교육분야에 활용하면 이점이 많다는 것과 같은 긍정적인 측면을 부각시키면 이러한 보도를 많이 접한 대중들은 챗GPT에 대해 긍정적으로 인식할 가능성이 크다. 반면 챗GPT가 갖는 여러 한계들, 예컨대 생성된 정보를 신뢰하기 어렵다든가 인간의 창의력을 저하시킬 수 있다와 같은 부정적인 측면을 강조한 보도를 자주 접하면 대중들은 챗GPT에 대한 부정적인 인식의 틀에 갇힐 가능성이 크다.

원전의 경우에도 언론이 어떤 프레임을 사용하는지가 대중에게 큰 영향을 미칠 수 있다. 원전에 대한 지식이 거의 없는 일반 대중들은 뉴스가 보도한 프레임에 영향을 받아 원전에 대한 인식과 태도를 가질 가능성이 크다. 언론이 2011년 동일본 대지진 때 발생한 후쿠시마 원전사고를 강조하면서 원전의 위험성을 강조하는 보도를 한다면 대중은 원전이 매우 위험한 발전장비라는 인식을 갖게 되고 원전건설에 반대할 가능성이 크다. 반대로 언론이 원전이 안전하다는 점과 열효율이 뛰어나다는 점을 강조하면 대중은 원전을 사회의 중요한 에너지원으로 인식해 원자력발전 건설에 적극적인 지지를 보낼 가능성이 크다. 이처럼 뉴스 프레임은 대중의 인식과 행동에 큰 영향을 미치고 있다.

뉴스 프레임
(선택, 강조, 배제)
⇒
대중의 인식
대중의 행동

그림 6-1. 뉴스 프레임의 효과

특히 뉴스 프레임은 지진이나 화재, 집중호우와 같은 재난상황에서도 중요한 역할을 할 수 있다. 우리 사회도 몇 년 전부터 강력한 지진이 발생해 언론의 역할이 어느 때보다도 중요해지고 있다. 언론이 지진이 일어난 상황을 전달하는 것에 그친다면 사실 전달의 역할만 수행할 뿐이다. 오히려 지진이 발생한 경우 어떻게 대처해야 하는지 행동요령을 지속적으로 보도한다면 대중들에게 유익한 도움을 줄 수 있다. 특히 한반도에 지진이 최근 빈발하게 된 원인이나 배경을 강조하여 우리 사회도 지진의 안전지대가 아니라는 보도를 한다면 이는 주제적 프레임이 강조하는 분석적, 맥락적 보도의 경우에 속한다고 볼 수 있다. 이러한 보도를 접한 시청자라면 지진 발생의 맥락을 보다 잘 이해할 수 있게 된다.

2023년 새만금에서 개최된 세계잼버리대회에서도 뉴스 프레임이 중요했다. 대회 초기 폭염에 대한 대비가 잘 이뤄지지 않은 점이나 화장실 등 위생 문제점 등을 언론이 집중적으로 보도하자 기업이나 공공기관, 시민들의 적극적인 참여가 이뤄져 현장상황이 개선되는 일이 발생했다. 물론 언론이 대회 개최에 앞서 현장을 취재해 폭염으로 예상될 여러 문제점들을 자세히 분석해서 보도했더라면 훨씬 안정적으로 대회를 치렀을 것이다.

앞서 언급한 아이엔가(Iyengar, 1991)는 일화적·주제적 프레임이 개인이 정치적 이슈에 대한 책임을 누구에게 전가할 것인가에도 영향을 미쳤다고 주장한다. 일화적 프레임은 개인주의적 책임전가를 초래하는 반면 주제적 프레임은 사회적 책임귀속을 야기하는 경향이 있다는 것이다. 따라서 일화적 프레임에 많이 노출된 시청자들은 사회적 이슈가 발생하게 된 원인을 개인의 책임으로 돌리는 경향이 있고 주제적 프레임을 많이 접한 시청자들은 사회구조나 권력집단이 사회적 문제를 일으켰다고 생각한다. 아이엔가는 미국 텔레비전의 걸프전쟁 보도를 예로 들면서 미국 언론의 전쟁보도가 지나치게 일화적이었다고 주장한다. 즉, 언론은 전쟁 전개과정이나 상황을 단순히 묘사하는 데 그친 나머지 전쟁이 일어난 사회적·역사적인 배경을 제대로 전달하지 못하고 있다는 것이다. 이러한 일화적 프레이밍은 테러, 선거 캠페인, 그리고 대중시위 보도에서 두드러진다고 그는 주장한다. 실제로 그는 미국 텔레비전이 1981년부터 1986년까지 일어난 테러리즘을 어떻게 보도했는지 분석한 뒤, 74%의 뉴스보도가 테러리스트 행위, 집단, 희생자, 혹은 사건을 생생하게 전달한(일화적 프레임) 반면, 26%의 뉴스보도는 테러리즘을 일반적인 정치적 문제로 논의한 보도(주제적 프레임)로 채워졌다는 것을 밝혔다. 또한 그는 미국 텔레비전은 선거 캠페인을 누가 앞서거니 뒤서거니 하는 경마 레이스horse race처럼 보도했고, 그 결과 후보자의 이데올로기적 성향이나 그들의 정치적 견해에 많은 주의를 기울이지 않았다고 지적했다. 노동운동과 반전시위를 보도할 때도 미디어는 시위현상과 시위대와 경찰의 충돌에만 주목했지 시위가 일어나게 된 원인과 배경은 소홀히 다뤘다.

   우리 사회에도 주제적 프레임이 필요한 뉴스 보도가 많다. 가령, 꾸준히 사회적 문제가 되고 있는 아동학대사건의 경우 언론이 특정 개인의 일탈이나 범죄행위로 이 사안을 다룰 것이 아니라 우리 사회에서 아동학대가 발생하게 된 근본적인 원인이나 아동학대예방을 위해 무엇이 필요한지를 점검해보는 틀로 이 사안을 다룰 필요가 있다. 노동자들의 파업보도도 사건의 전개양상에 치중한 나머지 왜 노동자들이 파업을 하고 그들이 무엇을 요구하는지를 심층적으로 분석한 보도는 많지 않은 실정이다. 선거보도 때도 여론조사를 인용하면서 어떤 후보가 얼마나 앞서 있는지, 후보들이 어느 지역에서 선거활동을 하고 있는지 등 선거과정에 초점을 두는 경우가 많다. 향후 언론은 후보자의 공약이나 실현 가능성을 꼼꼼히 분석하여 보도하는 주제적 뉴스 프레임을 빈번히 사용해야 할 것이다.

3
뉴스 프레임을 어떻게 인식할 수 있을까

　뉴스 프레임은 뉴스 내용을 이루는 중심적 사고이다. 따라서 뉴스 프레임을 파악하기 위해서는 먼저 뉴스가 무엇에 관한 내용을 전달하는지를 파악할 필요가 있다. 이를 위해 뉴스의 제목을 먼저 잘 살펴야 한다. 뉴스 제목은 그 뉴스의 가장 핵심적인 내용을 요약해 주는 역할을 한다. 뉴스 내용을 다 읽지 않고도 제목만 보면 어떤 뉴스 내용인지를 알 수 있기 때문에 많은 뉴스 이용자들이 기사를 꼼꼼히 읽지 않고 제목을 보는 경우도 많다. 또한 기사의 첫머리에 나오는 문장을 리드lead라 부르는데 이것 또한 뉴스의 핵심적 내용을 짧게 요약한 것이어서 뉴스 프레임을 파악하는 데 많은 도움이 된다. 뉴스 제목과 리드만 파악하더라도 뉴스가 어떤 내용을 전달하는지 개략적으로 이해할 수 있는 셈이다.

　뉴스에 등장하는 정보원 또한 뉴스 프레임을 파악하는 데 중요한 요소이다. 기자들은 정보를 제공하기 위해 다양한 정보원에 의존한다. 그러므로 어떤 정보원이 많이 등장하느냐에 따라 뉴스 프레임이 달라질 수 있다. 가령, 러시아-우크라이나 전쟁보도의 경우 러시아 관리들과 고위 군사장교들의 목소리가 많이 전달된다면 이는 전쟁을 지지하는 보도가 될 가능성이 높다. 반면, 우크라이나 정부관료나 시민들의 목소리가 자주 인용된다면 이 기사는 전쟁을 반대하는 뉴스 프레임을 가지고 있을 개연성이 많은 것이다. 낙태 문제의 경우도 낙태에 찬성하는 집단이 자주 언급된다면 이 뉴스기사는 낙태에 호의적인 보도 프레임을 갖고 있다고 볼 수 있다. 반면, 생명의 존중과 보호를 강조하는 집단이나 사람들의 이야기가 자주 인용된다면 이 뉴스기사는 낙태에 반대하는 뉴스 프레임을 갖고 있을 가능성이 높다.

최근 논란거리가 되고 있는 후쿠시마 원전의 오염수 방류문제도 어떤 정보원을 많이 인용하느냐에 따라 뉴스 프레임이 달라진다. 오염수의 안전을 강조하는 국내 관료와 일본 정부관료, 국제원자력기구 관계자의 말을 인용하여 보도한다면 이는 오염수 방류를 지지하는 뉴스 프레임을 사용한다고 볼 수 있다. 반면, 오염수가 방류돼도 여전히 방사성물질이 남아 인체에 안 좋은 영향을 미칠 수 있다는 주장을 펼치는 시민단체나 전문가의 말을 인용하거나 오염수 방류를 반대하는 시위를 중점적으로 보도한다면 이는 오염수 방류에 반대하는 뉴스 프레임을 사용하는 것이다.

뉴스에 사용되는 용어도 뉴스 프레임을 파악하기 위해 꼭 분석해야 할 요소이다. 가령, 앞서 소개한 낙태보도의 경우 '태아 살해', '생명 존엄성' 등의 용어가 자주 사용되면 이는 낙태에 반대하는 뉴스 프레임을 갖는다고 볼 수 있다.

테러가 빈번히 발생할 경우 이슬람 근본주의 단체를 부정적으로 보도하는 경우가 많다. 흔히 '과격한 테러집단', '폭력적 테러집단'이란 말을 자주 사용하는데 이러한 보도는 그 단체에 대한 잔혹함과 폭력성을 부각시키는 뉴스 프레임을 사용하고 있는 셈이다. 한 연구에 따르면, 이스라엘 텔레비전이 이스라엘과 팔레스타인의 갈등 문제를 보도하는 경우 팔레스타인 저항세력을 '범법자lawbreakers', '얼굴 복면을 한 사람들face-covered', 그리고 '화염병 투척자Molotov-cocktail throwers'로 부정적으로 묘사했다(Liebes, 1992). 특히 이스라엘 언론은 팔레스타인 희생자 수를 거의 언급하지 않았고 이스라엘군과의 인터뷰만을 실은 결과 팔레스타인 대변인과 봉기참가자의 목소리를 배제했다. 또한 갈등의 원인을 상세히 전달하기보다 때때로 벌어지는 팔레스타인 저항이 우연한 사고나 뜻밖의 일인 것처럼 기술(記述)적으로 이를 전달한 것으로 나타났다. 결국 이스라엘 언론은 자국의 이해관계와 입장을 반영해 팔레스타인 세력을 부정적으로 보도한 것이다. 누군가에게 테러리스트는 다른 이들에게 영웅이 될 수 있듯이 언론이 특정 집단을 묘사할 때 신중을 기할 필요가 있다.

이처럼 뉴스 프레임을 파악하기 위해서는 기사의 제목, 기사의 리드, 기사에 자주 등장하는 정보원, 특정 집단이나 개인을 묘사하기 위해 사용된 용어 등을 종합적으로 살펴봐야 한다. 물론 뉴스의 전반적 내용을 꼼꼼히 살펴 뉴스가 무엇을 어떻게 전달하려고 하는지도 유심히 들여다봐야 한다.

4
뉴스 프레임 분석 사례를 살펴보자

뉴스 프레임에 대한 연구는 상당히 많다. 여러 연구들을 통해 우리는 언론이 동일한 사안에 대해 왜 다르게 보도하는지 그 원인을 찾을 필요가 있다.

앞서 언급한 엔트만(Entman, 1991)은 미국 미디어가 러시아의 대한항공 007기 격추사건(1983년)과 미 해군의 이란 항공기 655기 격추사건(1988년)을 어떻게 보도했는지 비교 분석했다. ≪타임≫, ≪뉴스위크≫, 그리고 CBS 뉴스는 전자의 사건을 무고한 민간인에 대한 공격으로 규정하고 러시아의 무책임한 폭력행위를 비난했다. 반면 후자의 사건은 기술적인 비극을 대처하지 못한 인간의 실수로 보도되었다. 대한항공 희생자의 추모 열기가 화면을 통해 생생하게 전달돼 시청자의 눈시울을 적신 반면 이란 항공기 희생자들은 거의 화면에 나타나지 않았다. 이러한 상이한 뉴스 프레임은 결국 미국 여론에도 영향을 미쳤다. 이란 항공기 격추사건은 레이건 행정부의 지지를 떨어뜨리기는커녕 정부의 걸프 정책에 대한 높은 지지로 이어졌고, 러시아는 1956년 이래 미국 여론조사에서 가장 최악의 국가로 미국 국민에게 인식됐던 것이다. 미국 저널리스트의 자문화중심적인 편견이 이러한 대조적인 국민 반응을 불러왔다는 것이 엔트만의 주요 설명이다.

김활빈(2022)은 대구지역에서 코로나19 환자가 처음 발생한 2020년 2월 18일부터 3월 31일까지 〈조선일보〉, 〈한겨레〉, 〈매일신문〉에 실린 사설을 중심으로 언론의 코로나19 뉴스 프레임을 분석했다. 〈조선일보〉는 정부비판 프레임과 위기 프레임을 주로 사용했다. 이 프레임들을 통해 코로나19 상황에 잘 대처하지 못하는 정부를 비판하고 현 상황이 위기라는 것을 강조한 것이다. 반면 〈한겨레〉는 책임공방과 정쟁에 힘쓰지 말고 국가적 재난을 해결하는 데 힘을 모아야 할 것을 강조(책임 · 정쟁경계 프레임)했다. 또한 협력 · 연대 프레임을 통해 피해를 최소화하고 진료체계를 개편할 것을 주장했다. 대구경북지역언론인 〈매일신문〉은 정부 및 지자체 비판 프레임과 지원 프레임, 극복 · 희망 프레임 등을 사용하였다. 지역언론답게 지역에 대한 지원을 강조하고 다 함께 이 위기를 극복해 나가자는 메시지를 부각시킨 것이다. 이처럼 세 언론은 대구 · 경북지역에서 초기에 발생한 코로나 위기와 관련하여 다른 보도양태를 나타냈다.

김찬중(2022)은 미투운동 등 남녀갈등이 이슈가 된 시기를 택해 한국언론진흥재단 빅카인즈 서비스에 수록된 46개 언론사 3,431건의 남녀갈등에 대한 국내언론의 보도 프레임을 분석했다. 여기서는 보수언론인 〈조선일보〉, 〈동아일보〉, 진보언론인 〈한겨레신문〉, 〈경향신문〉의 뉴스 프레임을 비교 연구하였다. 분석결과 국내언론 모두 남녀갈등의 대립이나 갈등상황에 초점을 맞추는 정황 프레임을 가장 많이 사용한 것으로 나타났다. 남녀갈등의 원인이나 책임소재에 초점을 둔 귀인 프레임은 두 번째로 가장 많았다. 하지만 보수언론은 남녀갈등의 책임을 페미니스트나 페미니즘 운동, 정부에 두는 경우가 많았고 진보언론은 정치인이나 여성차별구조에서 책임의 소재를 찾아 대조를 이뤘다. 특히 〈한겨레신문〉의 경우 남녀갈등에 따른 문제점을 해결하기 위한 규범이나 정책에 초점을 둔 가치 프레임을 가장 많이 사용하였다. 네 개의 신문사 모두 남녀갈등의 배경을 사회문화적 맥락에서 강조한 배경 프레임을 적게 사용하였다. 이 연구는 한국언론이 남녀갈등의 원인을 심층적으로 진단하기보다 갈등상황을 전달하는 데 초점을 두고 있다는 것을 잘 보여주는 사례다. 다른 이슈보도와 마찬가지로 남녀갈등의 경우에도 주제적 프레임보다는 일화적 프레임을 많이 사용하고 있는 것이다.

한일 간의 갈등보도도 언론에 따라 뉴스 프레임이 달랐다. 박영흠과 정제혁(2020)은 2018년 대법원의 강제징용배상판결, 2019년 7월 일본정부의 수출규제 등 한일 간의 갈등을 국내 언론이 어떻게 보도했는지 분석했다. 〈조선일보〉는 판결문제를 보도할 때 한일 간의 갈등에 초점을 둔 갈등 프레임을 가장 많이 사용했고 〈한겨레신문〉은 일본의 책임을 부각시키는 책임(일본) 프레임을 가장 빈번하게 사용하였다. 반면 KBS는 경제적 결과나 인간적 흥미 프레임에 초점을 맞췄다. 수출규제에 관한 보도의 경우 세 언론 모두 경제적 결과와 갈등 프레임을 가장 빈번히 사용한 것으로 나타났다.

필자는 2016년 일어난 한 아동학대사건을 방송뉴스가 어떻게 보도했는지를 분석해 다음과 같은 다섯 가지 프레임을 발견하였다(이창호·정의철, 2016).

- **선정적 묘사 프레임**: 학대·살해·유기·시신수습·장례식의 세부적인 묘사 및 관련 사진·삽화·사진 제시, 사건과 무관한 사생활의 공개
- **개인책임·처벌강화 프레임**: 형량(공권력 개입) 강화=문제해결이라는 주장, 개인의 일탈에 대한 처벌 강조
- **고정관념화 프레임**: 이혼·재혼가정=아동학대 강조, 계모=아동학대로 낙인 부여
- **감정적 단죄 프레임**: 뻔뻔함, 인면수심, 악마 등의 용어를 사용해 피의자의 반사회성, 비윤리성을 부각하고, 단죄하는 태도의 보도
- **대안적 프레임**: 아동보호체계의 보완, 공권력의 역할, 남은 자녀 등의 보호, 해외사례와 정책 제안 등을 통해 대안 제시

먼저 선정적 묘사 프레임은 아동학대 전 과정을 선정적이고 흥미롭게 전달함으로써 시청자의 욕구를 자극하는 보도경향을 의미한다. 개인책임·처벌강화 프레임은 가해자에 대한 처벌을 강조하면서 처벌만이 문제해결의 능사라는 것을 보여주고 있다. 고정관념화 프레임은 이혼·재혼가정과 계모의 아동학대를 강조하는 보도로 이 프레임을 강조하면 시청자들에게 아동학대가 일반 가정보다 그렇지 않은 가정에서 많이 일어날 수 있다는 인식을 심어줄 우려가 있다. 실제로 아동학대는 재혼가정보다는 친부모 가정에서 훨씬 많이 일어나고 있다. 보건복지부(2021)에 따르면, 피해아동의 가족 유형은 친부모가정이 63.4%로 가장 많았고 모자가정(12.3%), 부자가정(9.9%), 재혼가정(5.3%) 순이었다. 감정적 단죄 프레임은 피의자의 반사회성이나 비윤리성을 부각시키는 보도경향을 의미한다. 대안적 프레임은 일부 보도에 나타난 것으로 아동학대의 현주소를 살펴보고 정책적인 대책 등을 제시하는 뉴스 프레임이다. 언론은 아동학대가 발생한 원인을 구조적으로 분석해 대안을 제시하기보다는 사건의 진행과정을 전달하는 데 급급

했고 피해아동의 어렸을 때의 모습을 계속 내보내면서 인권을 침해하였으며 학대과정을 상세하게 묘사함으로써 자극적이고 선정적인 보도를 일삼았다.

2023년 5월 1일 노동절에 발생한 민주노총 한 간부의 분신자살사건에 대해서도 언론사의 뉴스 프레임이 달랐다. 한 언론사는 당시 근처에 있던 민주노총 간부가 가만히 선 채로 분신 장면을 지켜봤다며 그 어떤 제지행동도 하지 않았다고 보도했다. 더구나 한 기자는 분신해 숨진 민주노총 간부의 유서가 위조 및 대필의혹이 있다고 보도하기까지 했다. 하지만 보도 며칠이 지난 후 이 언론사는 필적 감정을 통해 유서대필이 사실이 아니었음을 확인하고 사과하기도 했다. 한 방송사는 이 언론사의 기사와 다르게 경찰서 관계자의 말을 인용하며 민주노총 간부가 계속 말리고 설득했다고 보도했다. 또한 필적 감정을 통해 유서를 작성한 사람이 동일인이라는 것도 보도했다. 현장에서 민주노총 간부가 동료의 분신자살행위를 방조했다는 부분을 강조한 보도를 많이 접한 독자들은 민주노총의 도덕성을 의심하면서 그 단체에 대해 부정적인 인식을 가질 가능성이 크다. 이처럼 동일한 사안에 대한 뉴스 프레임이 다를 수 있기 때문에 여러 언론사의 뉴스를 비교해가면서 보는 습관이 필요하다.

5
어떤 요인들이 뉴스 프레임에 영향을 미치는가

뉴스 프레임에 영향을 미치는 요인은 개인적 요인, 조직적 요인, 구조적 요인, 이데올로기적 요인 등 다양하다.

먼저 개인적 요인을 살펴보면, 개인이 갖고 있는 신념이나 가치관 등이 뉴스 프레임에 영향을 미칠 수 있다. 가령, 기자가 기후위기가 심각하다고 생각해 이를 해결하는 것이 중요하다고 인식한다면 그 기자는 기후위기와 관련된 정보를 많이 찾게 되고 기후위기의 원인을 밝히고 문제를 해결하는 기사를 작성할 가능성이 높다. 만일 기자가 우리 사회의 저소득층 청소년이 겪고 있는 문제에 관심이 많다면 그 기자는 청소년들이 겪는 경제적, 정서적, 심리적 문제를 심층적으로 취재해 보도할 것이다. 이처럼 기자 개인이 갖고 있는 가치관이나 신념, 사고 등이 뉴스 프레임에 영향을 미칠 수 있다.

조직적 요인을 살펴보면, 언론사 내부의 조직문화나 위계질서가 뉴스 프레임에 영향을 줄 수 있다. 언론사는 일반 기업과 달리 매우 위계적인 문화를 갖고 있다. 편집국이나 보도국 간부가 뉴스의 내용을 좌지우지하고 있다고 해도 과언이 아닐 정도로 데스크의 힘이 강하다. 가령, 일선 기자가 보낸 기사가 데스크의 손을 거쳐 다시 수정될 수도 있고 데스크가 지시하거나 요구한 대로 기사를 작성할 가능성도 있다. 조직의 문화도 뉴스 프레임에 영향을 줄 수 있다. 가령, KBS는 공영방송이기 때문에 공익성과 공정성을 주요 가치로 삼고 있다. 이 때문에 장애인이나 노인 등 사회적 약자의 목소리와 인권에 관심을 가질 수밖에 없고 이러한 조직의 목표는 뉴스 보도에도 반영돼 나타난다. 가령, 노동자들의 시위나 장애인들의 시위를 보도할 경우 이들의 목소리를 충분히 전달하고 왜 노동자나 장애인들이 시위에 참여할 수밖에 없는 사회구조적 문제를 전달할 가능성이 크다.

구조적 요인을 살펴보면, 언론사의 이윤추구나 소유구조 등이 뉴스 프레임에 영향을 미칠 수 있다. 가령, 어떤 언론사가 특정기업으로부터 광고를 많이 받고 있다면 그 기업에 대한 비판적인 기사를 작성하기가 어렵다. 또한 특정기업이 언론사를 소유하고 있다면 해당 언론사는 그 기업에 대한 부정적이거나 비판적인 기사를 작성하기 어렵다. 대표적인 예가 기사인지 광고인지 구분이 안 되는 뉴스이다. 언론은 기본적으로 권력을 견제하고 감시하는 기능을 갖고 있기 때문에 특정 기업이나 제품에 대한 홍보성 기사는 언론으로서의 역할과 책임을 방기하는 것으로 볼 수 있다. 언론사의 소유주가 종교단체라면 종교에 관한 기사를 다른 언론사보다 많이 실을 수 있다. 하지만 해당 종교를 비판하는 기사를 싣기는 어려울 것이다. 이러한 언론사의 소유구조와 지배구조를 잘 살펴야 뉴스 프레임을 보다 잘 이해할 수 있는 것이다. 권력과 언론의 유착도 뉴스 프레임에 영향을 주는 구조적 요인이다. 어떤 언론사가 특정 정치권력과 밀접히 유착돼 있다면 그 언론사는 권력의 정치적 의사결정이나 행동을 옹호하는 보도를 할 가능성이 크다.

뉴스의 보도관행도 구조적 요인에 속하는 것으로 뉴스 프레임에 영향을 미칠 수 있다. 언론사의 뉴스를 비교해 보면 상당 부분 뉴스를 전달하는 방식이 비슷하다는 것을 알아차릴 수 있다. 이는 역사적으로 형성된 뉴스의 보도관행 때문이다. 대표적인 예가 선거에 관한 보도이다. 언론은 선거 때가 되면 어느 지역에 어떤 후보가 출마하고 이들이 어떤 공약을 가지고 있는지를 보도한다. 하지만 공약의 실현 가능성이나 적합성을 꼼꼼히 점검해 보도하는 경우는 거의 없고 후보자의 자질이나 능력을 검증하는 보도도 잘 드러나지 않는다. 이는 늘 선배 기자들이 하던 식으로 보도를 하는 관행이 계속 이어져 왔기 때문이다. 사회적 갈등을 보도하는 경우도 갈등에 대한 해결책을 부각시키기보다는 갈등양상을 강조하는 보도를 관행적으로 하는 경우가 많다. 노동자 파업의 경우도 사용자와 노동자의 대립이나 경찰과 시위대의 대립, 정부와 노동단체의 대립 등 이해관계에 따른 갈등을 부각시킨다. 이처럼 갈등상황을 단순히 전달하는 보도를 한다면 갈등에 대한 문제해결을 어렵게 만들 가능성이 크다. 사회적 갈등이 발생할 때 언론은 갈등의 원인이나 해결책을 집중적으로 보도할 필요가 있다.

마지막으로 이데올로기적 요인을 살펴보면, 언론사가 추구하는 이데올로기적 성향이 뉴스 프레임에 영향을 미칠 수 있다. 특히 우리 사회의 경우 진보와 보수가 명확하게 구분되고 이념 갈등이 심하기 때문에 언론사가 어떤 이념적, 이데올로기적 성향을 갖고 있느냐에 따라 뉴스 프레임이 확연하게 달라질 수 있다. 특히 북한보도의 경우 이러한 차이가 극명하게 드러난다. 보수언론은 북한의 핵위협과 인권문제를 부각시키는 경향이 있는 반면 진보언론은 남북대화와 교류, 북한에 대한 지원을 강조하는 경향이 있다. 동일한 사안이나 이슈에 관한 보도라도 언론이 어떤 이데올로기적 성향을 갖고 있느냐에 따라 뉴스 내용이 달라질 수 있다는 것이다.

뉴스에 대한 비판적인 이해를 의미하는 뉴스 문해력을 높이기 위해서 독자나 시청자들은 여러 요인들이 뉴스 프레임에 영향을 미칠 수 있다는 것을 늘 염두에 두고 뉴스를 접해야 한다. 특히 이데올로기적 대립이 심한 이슈의 경우 언론사가 어떤 정치적 견해나 이데올로기를 갖고 있느냐를 유심히 살펴야 관련 보도의 맥락을 이해할 수 있다.

6
비판적 사고는 왜 중요한가

앞서 살폈듯이, 언론이 특정한 뉴스 프레임으로 어떤 이슈나 사안을 보도하면 대중도 이러한 방향으로 이슈나 사안을 인식할 가능성이 크다. 이 때문에 뉴스 프레임을 분석하고 이 프레임이 대중에게 어떤 영향을 미칠지를 비판적으로 고찰하는 것은 미디어 문해력 증진을 위해 매우 중요하다. 비판적 사고는 미디어가 구성한 현실을 제대로 읽어냄으로써 자기주도적인 판단능력을 키워 시민성을 함양시킨다(황치성, 2018). 하지만, 여전히 많은 미디어 문해력 교육 콘텐츠들이 미디어를 활용한 교육에 초점을 맞추고 있다. 가령, 학교에서 뉴스에 소개된 내용을 토대로 특정 사안이나 이슈에 대해 토론하는 경우가 대표적 예라고 볼 수 있다. 엄밀한 의미에서의 미디어 문해력 교육이라면 뉴스가 전달하는 메시지에 대해 학생들이 비판적으로 이해할 수 있는 능력을 함양하는 데 초점을 맞춰야 할 것이다. 즉 동일한 이슈가 왜 매체마다 다르게 보도되는지를 이해할 수 있도록 해야 하고 관련 보도가 어떤 점을 강조하고 어떤 점을 배제하는지를 비판적으로 분석할 수 있도록 해야 할 것이다. 아울러 뉴스 프레임에 영향을 미치는 요인들이 무엇이 있는지 논의하도록 해야 한다.

우리는 동일한 내용의 뉴스들이 언론사마다 다르게 보도되는 경우를 자주 경험한다. 이 경우 같은 사안의 뉴스가 무엇 때문에 다르게 보도되는지 이용자들이 충분히 숙고할 수 있도록 해야 한다. 또한 특정 기업이나 정치인에 대한 미화나 띄워주기식 보도도 비판적으로 바라보도록 해야 한다. 가령, 언론이 특정 기업에 대해 매우 우호적으로 보도하는 경우, 기업과 언론사 간의 관계를 한 번쯤은 의심해 볼 수 있도록 해야 할 것이다. 즉 기업이 언론사에게 많은 광고를 줘 이같은 보도가 나올 수 있고 언론사의 간부가 해당기업의 임원과 친해 이런 보도가 나올 수 있다. 또 다른 예로 부동산 관련 기사가 무비판적으로 보도되고 있다면 언론사와 광고주 간의 관계도 비판적인 안목으로 바라보도록 해야 할 것이다. 중요한 뉴스인데 어떤 언론에는 보도되고 다른 언론에는 보도되지 않았다면 왜 일부 언론사가 이를 빠뜨렸는지 충분히 숙고해야 한다. 이런 경우 언론사의 이데올로기적 성향이 영향을 미쳤을 수도 있고 정치권력 등 외부로부터의 압력이 작용했을 수 있다.

뉴스 프레임을 이해하는 것은 뉴스 문해력을 키우는 가장 기본적이면서도 중요한 작업이다. 뉴스 내용에 영향을 미치는 여러 요인들, 가령 광고주의 영향력, 언론기업의 이익, 정치적 이해관계 등을 이용자들이 충분히 이해할 수 있도록 미디어 문해 교육이 강화돼야 할 것이다. 평소 여러 언론사의 뉴스를 비교, 분석하는 훈련을 하는 것도 미디어 문해력 향상에 도움이 된다. 요즈음은 유튜브를 통해서도 뉴스 정보를 많이 얻기 때문에 여러 매체의 뉴스 정보를 듣거나 보는 것도 필요하다. 이처럼 평소 여러 매체의 뉴스를 비교해 읽고 이해하는 습관을 길러야 뉴스 문해력이 향상될 수 있다.

최근의 연구결과들은 미디어 문해력이 이용자의 사회참여를 촉진시키고 시민성을 증진시키는 데 기여하고 있다는 것을 보여주고 있다. 한 연구에서는 미디어 리터러시 교육이 청소년의 공동체 역량 등 시민성을 함양시키는 것으로 나타났다(이숙정·양정애, 2017). 또 다른 연구에서는 뉴스 리터러시 시범수업 후 청소년들은 뉴스에 대한 관심이 많이 생겼고 뉴스가 얼마나 중요한지 알게 됐으며 뉴스를 좀 더 비판적으로 바라볼 수 있게 되었다고 언급하였다(양정애·김경보, 2018).

이러한 연구결과들이 보여주듯이, 뉴스 문해력은 사회의 주요 이슈에 관한 대중들의 관심을 높이고 그들의 시민성을 증진시킬 수 있는 중요한 역량이다. 무엇보다도 청소년 시기부터 뉴스 문해력 역량을 키우는 교육이 활발히 이뤄져야 할 것이다.

참고문헌

김찬중 (2022). 국내 언론의 남녀 갈등 보도 프레임 연구: 언론사의 정치적 이념성향과 보도 시기를 중심으로. 〈한국콘텐츠학회논문지〉, 22권 12호, 303-315.

김활빈 (2022). 지역 이슈로서 코로나19 뉴스 프레임에 관한 연구: 〈조선일보〉, 〈한겨레〉, 〈매일신문〉의 사설을 중심으로. 〈강원대 사회과학연구원〉, 61권 3호, 563-592.

박영흠·정제혁 (2020). 언론은 한일 갈등을 어떻게 보도했는가: 프레임 유형과 의미화 방식을 중심으로. 〈한국콘텐츠학회논문지〉, 20권 7호, 352-367.

양정애·김경보 (2018). 뉴스리터러시 교육의 단기효과 연구: 중·고생 대상 시범수업 및 교육평가 사례를 중심으로. 〈한국언론정보학보〉, 87권 1호, 172-212.

이숙정·양정애 (2017). 뉴스 리터러시가 의사소통 역량과 공동체 역량에 미치는 영향. 〈한국방송학보〉, 31권 6호, 152-183.

이창호 (2023). 〈챗GPT 시대, 청소년을 위한 미디어 탐구〉 서울: 도서출판 지금

이창호·정의철 (2016). 〈아동학대에 대한 언론보도의 문제점 및 개선방안〉. (연구보고 16-R22). 세종: 한국청소년정책연구원.

황치성 (2018). 〈미디어리터러시와 비판적 사고〉. 파주: 교육과학사.

Entman, R. M. (1991). Framing U.S. Coverage of International News: Contrasts in Narratives of the KAL and Iran Air Incidents. *Journal of Communication, 41*(4), 6-27.

Iyengar, S. (1991). *Is anyone responsible? How television frames political issues*. Chicago: University of Chicago Press.

Liebes, T. (1992). Our war/their war: Comparing the intifadeh and the gulf war on U.S. and Israeli television. *Critical Studies in Mass Communication, 9*, 44-55.

Reese, S. D. (2001). Prologue—Framing public life: A bridging model for media research. In S. D. Reese, O. H. Gandy, & A. E. Grant (Eds.), *Framing public life: Perspectives on media and our understanding of the social world* (pp. 7-31). Mahwah, NJ: Lawrence Erlbaum Associates.

Prensky, M. (2022). *Empowered!: Rre-framing 'growing up' for a new age*. EAI Press. 허성심 (역) (2023). 〈세상에 없던 아이들이 온다: 세계적 교육혁신가의 알파세대를 위한 21세기형 미래교육〉. 서울: 한문화.

Tankard, J. W. (2001). The empirical approach to the study of media framing. In S. D. Reese, O. H. Gandy, & A. E. Grant (Eds.), *Framing public life: Perspectives on media and our understanding of the social world* (pp. 95-106). Mahwah, NJ: Lawrence Erlbaum Associates.

교육부 보도자료 (2021, 11, 24). '2022 개정교육과정' 총론 주요사항 발표.
보건복지부 (2021). 〈2021 아동학대 주요 통계〉. 세종: 보건복지부.

Chapter 07

알고리즘 이해를 통한 문해력 증진

홍남희 _ 서울시립대학교 도시인문학연구소 연구교수

    이 장에서는 오늘날 디지털 미디어 기술의 핵심적인 작동 원리로 자리 잡은 알고리즘에 대해 알아보고, 알고리즘을 문해력(리터러시)과 관련하여 논의한다. 유튜브, 페이스북 등 소셜 미디어를 포함해 넷플릭스 등의 OTT 서비스, 챗GPT와 같은 생성형 AI(Generative AI) 서비스의 작동 원리로서 알고리즘은 무엇이고, 어떠한 특징을 나타내며, 어떠한 사회문화적 이슈를 제기하고 있는지 살펴본다. 또한 이러한 알고리즘의 이해를 통해 알고리즘 시대 문해력이란 무엇인지 정리한다.

1
알고리즘이란 무엇인가

　기본적으로 문해력이란 동시대 지배적인 언어에 대한 읽고 쓰는 능력, 나아가 이해하는 역량을 의미한다. 알고리즘은 우리 일상을 둘러싸고 있는 디지털 서비스들을 작동시키고 있는 기계 언어로 알고리즘 문해력(리터러시)이란 이러한 알고리즘에 대한 이해를 바탕으로 한다.

　알고리즘은 보통 "입력 데이터를 원하는 출력으로 변환하기 위해 지정된 계산을 기반으로 인코딩된 절차들"(Gillespie, 2014, p. 167)을 말한다. 알고리즘은 "특정한 일이 일어나게 하는 명령 구조를 구현"하며(Goffey, 2008, p.17), 디지털 기기의 과업 수행을 위한 규칙 혹은 명령의 집합을 의미한다(오세욱, 2020, 6쪽). 기본적으로 컴퓨터는 정보의 입력input에 따라 출력output을 제공하는 알고리즘 기계의 전형을 보여준다. 그러나 최근 논의되고 있는 알고리즘은 기술 기업이 운영하고 있는 디지털 서비스, 예를 들어 검색 엔진, 소셜 미디어, OTT, 생성 AI 서비스 등의 작동 원리를 의미한다.

　이재현(2019)은 알고리즘을 1세대 알고리즘과 2세대 알고리즘으로 구분한다. 전자가 "사전에 엄밀하게 규정된 논리적 규칙에 따라 주어진 입력을 일정한 결과로 기계적으로 산출하는 체계"라면, 후자는 "두뇌 발달을 거듭하는 인간처럼 데이터를 처리 및 학습하면서 지속적으로 내적 규칙 체계, 즉 논리가 성장·변화하는 자기조직화self-organization 능력을 가진 체계"라고 설명한다. 단적으로 말해, 1세대 알고리즘이 컴퓨터의 작동 방식을 뜻한다면 2세대 알고리즘은 최근 기술 기업들이 도입하고 있는 다양한 인공지능(Artificial Intelligence, AI) 서비스와 관련된다.

AI를 도입한 알고리즘은 컴퓨터처럼 닫힌 시스템이 아니라 열린 네트워크를 기반으로 활동하는 다양한 행위자들의 데이터를 기반으로 이를 처리, 학습하는 과정을 필수로 한다. 구글, 페이스북, 넷플릭스, 챗GPT 등이 구현하고 있는 이용자 데이터 기반의 처리 및 학습 체계로서 알고리즘은 각 서비스마다 구현 방식에 차이는 있지만 점차 우리 일상과 문화, 오락, 소비, 금융 등 생활 전반을 관장하는 시스템으로 자리 잡아 오고 있다. 이와 같이 알고리즘은 일상 생활을 매개하는 기술 구조를 작동시키는 원리이자 이용자들의 활동을 포함한 이용자 데이터를 통해 작동하는 것으로서 기술-인간의 관계를 가시화하는 기술적, 사회문화적 시스템으로 볼 수 있다.

그러나 알고리즘 작동 방식은 점점 자동화되어 가고 있으며, 일반인들에게 보이지 않을 뿐 아니라 개발자들조차도 설명할 수 없는 방식으로 복잡해지고 있다. 이러한 이유 때문에 알고리즘 문해력이란 단순히 기술에 대한 지식이나 기술의 작동 방식 자체를 넘어서서 오늘날 소셜 플랫폼 중심의 기술 사회를 이해하는 논리적 체계라고 이해할 수 있다.

그렇다면 알고리즘은 구체적으로 우리 일상에서 어떻게 작동하고 있으며, 어떤 사회문화적 문제들과 연관되어 논의되고 있는가. 다음으로는 넷플릭스, 유튜브, 챗GPT 등의 주요 디지털 기술 서비스들 중심으로 배치되고 있는 알고리즘의 특징을 살펴보고, 그러한 알고리즘의 특징이 어떠한 사회문화적 문제들을 야기하는지 알아보고자 한다.

2
넷플릭스와 유튜브의 사례

1) 추천 알고리즘: 자동화와 필터 버블의 심화

글로벌 OTT 열풍을 이끌고 있는 넷플릭스, 검색 엔진을 대체하고 있는 유튜브의 기본적인 작동 방식은 이용자 행동과 선호에 기반한 추천 알고리즘을 바탕으로 한다. 추천 알고리즘은 이용자들이 관심 있어 할 만한 콘텐츠나 상품, 서비스를 식별, 추천하기 위해 이용하는 알고리즘 도구들로 구독 기반 서비스를 제공하는 넷플릭스의 경우 이용자 경험의 거의 모든 측면을 개인화하고 이용자에게 콘텐츠를 추천하며 다음 제작 및 유통의 방향을 결정하는 조건이 된다. 예를 들어, 넷플릭스 스트리밍 전체 시간의 80퍼센트 가량이 알고리즘에 의한 넷플릭스 추천 시스템(Netflix Recommender System, NRS)에 의해 이루어지고, 나머지는 검색에 의해 이루어지는 것으로 알려져 있다(Pajkovic, 2022, p.3). 유튜브의 경우에도 추천 알고리즘을 통해 이용자들이 유튜브 서비스 안에서 계속 머물게 한다.

추천 알고리즘 체계는 크게 두 가지로 정리할 수 있다. 하나는 콘텐츠 기반 필터링 알고리즘으로 이는 이용자의 시청 이력, 스크롤 행위, 시청 시간 등의 개인화된 과거의 행동 데이터를 기반으로 한다. 또한, 협업적 필터링collaborative filtering은 전체 이용자들에게서 얻은 데이터를 기반으로 선호를 예측하는 기법으로, 유사 취향을 가진 다른 이용자들의 관심과 선호라는 큰 흐름에 바탕을 둔다. 전자가 개인의 취향과 과거 이력에 기반한 정확한 추천을 목표로 한다면, 후자는 글로벌 이용자 기반의 '취향 공동체'를 그

롭화하는 방식으로 볼 수 있다(Pajkovic, 2022, p.4).

넷플릭스와 유튜브는 콘텐츠의 전문성과 영상의 길이, 소비의 방식 등에서 차이를 갖지만 이들의 사업 전략에 있어 알고리즘은 핵심적인 역할을 한다. 또, 글로벌 이용자를 대상으로 수집한 다양한 데이터에 기반한 예측, 추천 등으로 작동한다는 점에서는 닮아 있다. 또한 이용자들이 자신들의 서비스에 계속 머물도록 하고, 구독을 유지하게 하거나 광고를 보게 하는 목적으로 알고리즘을 구성한다. 여기서 개별 콘텐츠 하나하나의 내용과 품질이 중요하지는 않게 된다. 중요한 것은 전체로서 해당 서비스가 돈을 내고 구독을 유지할 만하다고 느끼게 하는지, 지속적으로 관심을 끄는 콘텐츠를 추천하는지 등에 있기 때문이다.

넷플릭스와 유튜브 모두 알고리즘의 실험을 통해 최적화된 방식을 찾아가고 있는데, 넷플릭스의 경우 A/B 테스트를 통해 알고리즘을 검증한다. 이는 넷플릭스 이용자 그룹을 실험 집단과 통제 집단으로 구분하여 추천 변수의 효율성을 측정하는 방식이다(Gomez-Uribe & Hunt, 2015). 이 모델은 어떤 이미지가 가장 많은 클릭을 유도하는지를 추적하면서 추천 작품 개인화와 관련한 학습 프레임워크를 구성한다. 넷플릭스의 '시청 기록'은 매우 중요한 데이터로 여겨지는데, 이용자의 브라우징, 클릭은 물론 이것이 작품 시청의 '완료'로까지 이어지는지, 즉 시청자 참여의 품질까지도 수집과 분석 대상이 된다(Pajkovic, 2022).

추천 알고리즘은 초창기 페이스북, 트위터 등에서 친구 추천, 광고 추천 등으로 주로 활용되었다. 소셜 미디어 등장 이후 부상한 필터 버블filter bubble이라는 용어는 개인화된 검색 결과를 바탕으로 선별된 정보를 추천하는 알고리즘의 작동 방식이 이용자를 문화적이고 이념적인 편향성과 유사성에 기반한 거품에 둘러싸이게 한다는 의미를 갖는다(Pariser, 2011/2011).

필터 버블 현상은 점차 이용자 데이터를 기반으로 한 다양한 서비스들이 본격화되면서 여러 가지 방식으로 진화해 오고 있다. 예를 들어, 넷플릭스의 알고리즘은 심층적 개인화deep personalization를 유도하는 방식으로 우리가 새롭고 낯선 문화적 산물에 우연히 노출되는 기회를 막는 필터 버블의 역할을 하고 있다. 또, 이용자들의 개별적 소비는 협업적 필터링 알고리즘에 영향을 미쳐 글로벌 차원에서의 문화적 경험을 동질화할 우려도 제기한다(Pajkovic, 2022).

또한 유튜브 추천 시스템은 확증 편향을 유도하고 음모론적 정보에 노출시킬 가능성을 높이는 것으로 나타났다. 유튜브가 중시하는 것은 영상 내용이나 품질이 아니라 이용자가 유튜브에 머물게 하는 것이다. 알고리즘이 제일 중시하는 것은 이용자의 '시청 시간'이다. 따라서 내용과 관계없이 이용자 성향에 따라 관련 영상을 추천하여 시청 시간을 증가시키고 있다는 의혹이 제기되었다. ≪가디언≫에서 전직 구글 내부자는 알고리즘이 유튜브 사업의 핵심 장치이며 "추천 알고리즘이 진실, 균형, 민주주의에 건강한 것을 최적화하지 않고 있다."고 답했다(Lewis, 2018, 2, 2). 유튜브 알고리즘은 다른 이용자들이 자주 보는 음모 이론적 영상들을 추천하고, 정치적 양극화를 더욱 심화하는 허위정보에 이용자들을 노출시키고 있다(Lewis, 2018, 2, 2).

예를 들어, 사회학자 제이넵 투페크치Zeynep Tufekci는 2016년 미국의 대선 캠페인 기간 동안 기고를 하기 위해 유튜브에서 도널드 트럼프 집회 동영상을 많이 시청한 후 유튜브가 자신에게 백인 우월주의 폭언, 홀로코스트Holocaust 부정, 기타 충격적인 콘텐츠가 포함된 동영상을 추천하고 자동 재생시키고 있다는 사실을 확인했다. 이러한 영상이 평소 자신이 보던 영상이 아니었기에 다른 계정을 만들어 힐러리 클린턴과 버니 샌더스 관련

영상을 시청하는 실험을 해 보았는데, 그 후 비밀 정부 기관의 존재에 대한 주장, 9.11 테러 배후에 미국 정부가 있다는 주장을 포함한 좌파 음모자들의 동영상 또한 추천되었다. 투페크치는 유튜브가 점점 극단화된 정보를 추천하고 자동 재생하고 있다고 보고, 이것이 AI와 구글 비즈니스 모델의 결합과 연관된다고 보았다. 구글은 이용자들을 모아 광고주에게 파는 광고 중개인으로서 사람들이 유튜브에 더 오래 머물수록 더 많은 돈을 벌 수 있다. 유튜브 알고리즘은 사람들이 원래 시작했던 정보보다 더 극단적인 콘텐츠나 선동적인 콘텐츠에 끌린다고 결론을 내린 것 같다고 투페크치는 지적한다(Tufekci, 2018, 3, 10).

이와 같이 추천 알고리즘은 단지 기술적인 장치거나 문화 바깥에 있는 것이 아니라, 이용자의 활동을 끊임없이 추적하고 수집하면서 이용자에게 맞춤 정보를 추천하는 방식으로 우리의 문화적 경험을 재정의하고 있다. 또한 사업 모델의 변화에 따라 추천 알고리즘의 작동 방식에도 변화가 있어 왔다. 추천 알고리즘은 취향을 개인화하고 맞춤화한다는 이름 하에 사회적으로 의미 있는 공통의 정보를 배제하고 개인의 기존 선호를 기반으로 미래를 예측하거나 유도하는 방식으로 정보의 편식과 필터 버블을 형성한다. 또 자동 추천과 자동 재생으로 생각, 판단, 행동 사이의 시간 간극을 거의 실시간으로 줄이면서 즉흥적이고 자동화된 행위를 유발한다. 이러한 추천 알고리즘의 특징을 이해하면서 알고리즘이 문화와 취향을 어떻게 규정하고 구성하는지, 우리에게 어떠한 정보를 어떻게 추천하는지 면밀히 살펴볼 필요가 있다.

2) 유튜브 창작자의 추정적 알고리즘 지식

추천 알고리즘이 정보를 수용하고 서비스를 이용하는 이용자 관점의 알고리즘 논의라면 유튜브와 같은 1인 미디어 환경에서 정보를 생산하는 창작자의 관점에서 알고리즘은 어떻게 이해될 수 있을까.

유튜브 콘텐츠 유형 중에서 창작자가 자신이 구독자를 많이 모으게 된 계기가 된 영상은 무엇인지, 구독자가 급증한 시기는 언제인지 등에 대해 공개하는 유튜브 브이로그 형식이 하나의 콘텐츠 유형으로 자리 잡았다. 이러한 영상들은 자신의 영상 중 어떤 영상이 왜 인기를 끌었고 수익은 얼마이며 어떤 이유로 조회 수나 구독자 수가 늘었는지를 알고리즘 작동 방식에 대한 잠정적이고 추정적인 이해를 바탕으로 설명한다. 알고리즘에 대한 추정적 이해는 창작자들의 특정한 실천을 유도하는데, 창작자들은 자신이 어떤 유형의 창작자가 될지를 선택하고 자신의 콘텐츠가 알고리즘이 자신의 콘텐츠를 인식할 수 있도록 썸네일, 제목, 해시태그 등 다양한 방법을 활용한다.

그러나 플랫폼은 수익화의 조건과 정책, 알고리즘을 지속적으로 변화시키면서 창작자들이 끊임없이 추정적인 노력을 수행하게끔 한다. 알고리즘에 대한 창작자 개인의 개별적인 경험, 시청자와 정서적·경제적 관계를 독려하는 여러 가지 장치들, 알고리즘의 작동 방식 등은 창작자가 '인플루언서'가 되기 위해 거쳐야 할 과정으로도 여겨지지만, 결국에는 유튜브 중심의 플랫폼 경제에 도움이 되는 시장 장치로 기능한다.

하나의 장르로 자리 잡은 알고리즘 지식에 대한 이러한 유형의 영상은 유튜브에서 창작자와 대중, 알고리즘과의 상호구성적 관계를 잘 드러내며, 창작자를 대중이 함께 '키웠다'는 공동체적 느낌, 누구나 유튜버가 될 수 있다는 친밀감의 형성, 유튜브 알고리즘에 대한 추정적 지식을 공유하게 한다. 이는 창작의 과정과 특정한 방향성을 가진 콘텐츠 생산 등으로 이어지면서 창작자로 하여금 시청자와 알고리즘 의존적인 콘텐츠를 생산하게 할 우려를 낳는다. 다시 말해 알고리즘은 이용자를 지속적인 시청의 루프 속에 빠지게도 하는 한편, 창작자 또한 플랫폼의 정책과 알고리즘에 종속적인 노동을 하게 함으로써 특정 유형과 썸네일의 콘텐츠를 생산하게끔 유도하는 셈이다.

3
생성형 AI의 알고리즘과 가짜 정보의 판별

오픈AI 사의 챗GPT나 달리DALL-E를 대표로 하는 생성형 AIGenerative AI 알고리즘의 특징은 방대한 양의 데이터 학습을 통해 새로운 '출력'까지를 제시한다는 특징을 갖는다. 앞선 추천 알고리즘의 작동 방식이 특정 플랫폼에서 이용자들의 (의식적, 무의식적) 행위들이 데이터화 되어 이후의 행위를 예측하고 유발하고자 했다면, 생성형 AI는 수많은 데이터들을 학습한 결과를 '새롭게' 도출한다는 점에서 '생성적'이다. 생성형 AI에 대한 높은 관심은 그 어떤 이전의 기술보다 훨씬 더 인간의 일을 대체할 수 있을 것이라는 점을 보여주고 있기 때문이다. 글쓰기, 그림, 사진 작업 등을 포함한 문화, 예술 영역에서 인간이 특정한 정보를 입력하면 그럴듯한 글과 그림을 뚝딱 만들어 내는 듯한 마술 같은 역량을 보여주는 특징 때문에 우리는 생성형 AI의 능력이 어디까지인지, 앞으로 어떻게 어디까지 진화할지, 문화예술 분야를 포함한 창작의 영역에서 생성형 AI와 인간의 경계를 어떻게 구분할 수 있을지, 인간의 역할은 무엇일지 등등의 질문을 던지게 된다.

생성형 AI의 등장은 문화 예술 분야에서 창작자의 창작을 도울 수 있는 도구로 쓰일 수 있다는 가능성으로 여겨지기도 한다. 영감을 촉발한다거나 번거로운 작업들을 대체할 수 있다는 점에서 유용한 도구가 될 수도 있다는 것이다. 하지만 생성형 AI의 등장은 다양한 문제를 제기하기도 한다.

먼저 저작권 관련한 지점이다. 거대 언어 모델(LLM, Large Language Model)에 기반한 챗GPT는 프롬프트(prompt, 입력)를 통해 답변(출력)을 유도하는 방식인데, 많은 데이터 학습을 통해 정보를 조직화하여 그럴 듯한 방식으로 제시한다. 여기서 생성형 AI가 출력을 위해 학습하고 제시하는 데이터가 신문 기사나 논문 등의 글들이다. 이에 최근 많은 국내, 외 언론사들이 챗GPT에 정보를 제공하지 않겠다고 밝혔다. 《뉴욕타임스》, 《CNN》, 《시카고트리뷴》, 《호주 ABC》, 《캔버라 타임스》 등은 오픈AI 사의 웹 크롤러 GPT봇을 차단했다. 《뉴욕타임스》 대변인은 AI를 훈련시키고 개발하는 데 있어 동의 없이 뉴스 콘텐츠를 이용하지 못하도록 약관을 개정했다고 밝혔다. 또 뉴스의 지식재산권 보호를 위해 오픈AI를 고소하는 방안도 검토하고 있다고 밝혔다. 《뉴욕타임스》는 오픈AI의 학습에 뉴스가 이용되는 데 따른 비용 지불 협상을 이어왔지만 합의에 이르지 못해 법적 조치를 고려하고 있다고 한다. 한국신문협회 또한 '생성형 AI의 뉴스 저작권 침해 방지를 위한 입장'을 내고 AI 기업이 언론사의 허락과 정당한 사용료를 지불하고 뉴스를 학습 데이터로 이용해야 한다고 밝혔다(조민아, 2023, 8, 28). 이와 같이 기자나 학자 등 누군가가 공을 들여 쓰거나 그린 저작물을 AI가 학습 데이터로 삼아 새로운 정보를 내놓는 방식이 결국 특정 기업의 이윤으로 이어지고 보안과 저작권 문제로 나타나는 등 여러 가지 갈등의 소지를 보이고 있다.

또한 생성형 AI는 새로운 정보를 매우 그럴듯하게 제시함으로써 보는 사람으로 하여금 정보의 진위 파악을 어렵게 한다. 실제로 ≪가디언≫을 표방한 가짜 기사가 메일로 전송된 사례, AI로 만들어진 가짜 프로필을 가진 사람이 생성형 AI를 통해 쓴 기고문이 ≪아이리시 타임스≫에 실린 사례 등이 대표적이다(한지수, 2023, 5, 15). 이른바 '가짜뉴스'의 문제가 생성형 AI의 부상 이후 나타난 새로운 문제는 아니지만, 이전의 '가짜뉴스'는 누군가가 공을 들여 뉴스의 형식을 따라 만든 것이었다면 이제는 AI를 통해 '자동 생성'되는 특징을 보인다. 이에 정보 작성자가 누구인지, 의도는 무엇인지 등등 다양한 측면에서 새로운 문제를 야기한다. 또 생성형 AI가 실제와 흡사한 이미지 등을 만들어내고 유통하기에 더욱 문제가 될 수 있다. 딥페이크 포르노와 같이 유명 연예인 얼굴을 합성하거나 지인의 얼굴을 조합하는 방식으로 새로운 정보를 생성하는 악의적인 사례가 늘고 있다.

이와 같이 생성형 AI는 매우 새롭고 '마술 같은' 기술로 여겨지지만 이용자의 의도에 따라 다르게 사용될 수 있는 기술이기도 하다. 생성형 AI 자체가 대규모 데이터 학습을 기반으로 정보를 만들어내는 기술이므로 학습을 위한 데이터의 저작권 문제도 제기된다. 또 정보의 진위 여부를 파악하기 어려울 정도로 감쪽같이 새 정보를 생성해 내기 때문에 이러한 방식을 어떻게 구분할 수 있을지 고민을 던진다.

4
알고리즘 이해를 통한 문해력의 증진

1) 문화로서 알고리즘을 이해하기

알고리즘이 우리의 문화를 지배함에 따라 알고리즘 문해력(리터러시)에 대한 논의가 부상해 오고 있다. 이는 플랫폼 환경에서 인간이 소통 체계의 중심이거나 알고리즘 결정의 단순한 수신자가 아니라 과정 자체에 상호적으로 연관되어 있는 존재임을 상정한다(편지윤, 2022; Dogruel, 2021). 앞서 확인했듯이, 알고리즘의 작동 방식은 개방적인 네트워크에서 다양한 행위자들이 활동하면서 생산한 데이터를 기반으로 이를 처리, 학습하는 과정을 필수로 한다. 이용자의 활동과 정보에 기반한 데이터에서 알고리즘이 학습하고 이 알고리즘이 다시 이용자들에게 선택지들을 제시하는 방식으로 알고리즘은 이용자와 떼어 놓을 수 없는 관계다. 이러한 이해를 바탕으로 한다면 알고리즘을 기술 기업의 개발자들이 개발한, 사회와 무관한 기술로 볼 수만은 없게 된다. 물론 기술 자체가 사회문화적 영향을 받아 등장하는 것이지만, 특히 알고리즘은 개발과 실행, 적용 등 전 과정에서 기술과 문화, 인간의 상호작용을 바탕으로 하는 것이며, 서로 간의 되먹임을 토대로 끊임없는 '피드백 루프'(Seaver, 2017)를 형성한다.

알고리즘 문해력의 논의는 이러한 알고리즘의 작동 방식에 대한 이해를 기반으로 한다. 알고리즘은 자동화를 실현시키는 기제로서 기술일 뿐만 아니라 내부에 가치를 가진 지시들(Gillespie, 2016)이자 문화로서 작동한다. 문화로서 알고리즘을 이해하는 것은 기술이 문화를 구성하고 있으며, 기술과 문화가 상호연관되어 있음을 상기해야 한다는 의미다. 또한 알고리즘의 작동 방식이 불투명하고 비가시적이므로 기술 기업에 대한 투명성과 가시성에 대한 시민 사회의 요구가 지속적으로 필요하다는 의미기도 하다. 왜냐하면 알고리즘은 '단지 기술'이 아니라 우리의 문화와 일상을 구성하는 통치 기제로 작동하기 때문이다.

이러한 관점에서 알고리즘의 이해를 통한 문해력의 증진은 동시대 기술 환경의 핵심 작동 원리로서 알고리즘을 인식하는 데서 출발한다. 실제로 알고리즘 작동 원리를 역공학적으로 재구성해 교육 프로그램화하는 사례들이나 유튜브나 넷플릭스의 작동 방식을 여러 계정을 통해 실험해 보는 사례연구들도 늘고 있다. 이러한 사례들을 통해 알 수 있는 것은 알고리즘이 권력 관계를 내포한 편향적인 것이며 상업적 목적에 의해 이용자들을 포획하는 장치로 작동하고 있다는 것이다. 알고리즘 작동 방식을 파악하게 하는 다양한 시도들은 미디어 이용에 있어서 자동화된 주체성을 거부하고 비판적인 사고에 기반한 의식화된 미디어 이용을 독려한다.

물론 '알고리즘이 나를 이끌었다'는 발언이나 나도 모르게 어떤 정보에 노출된 경험, 생성형 AI가 만들어내는 새로운 정보는 알고리즘의 존재를 이용자가 인식하게끔 한다. 실제로 유튜버들의 경우 경험을 통해 축적된 알고리즘에 대한 잠정적, 주관적, 추정적인 '알고리즘적 지식algorithmic lore'(Bishop, 2020)을 통해 자신과 알고리즘의 관계를 재정립한다. 즉 비가시적이지만 경험을 통해 축적한 알고리즘에 대한 지식 또한 유튜브를 통해 유통됨으로써 1인 미디어의 창작자로서 개인이 특정 방향의 선택과 행동을 하게끔 유도하는 것이다. 이는 플랫폼에 내재한 가치를 내면화해 실천하도록 하는 훈육과 통치의 장치로도 작동한다. 이러한 알고리즘 지식을 담은 영상들은 알고리즘이 얼마나 논리적, 합리적으로 작동하는지에 대한 내러

티브를 통해 플랫폼을 정당화하고, 창작자들이 경제적인 관점에서 콘텐츠를 만들고 그에 대한 가치를 계산하도록 한다. 또 창작자들이 플랫폼을 위해 지속적으로 활동하게 하는 '시장 장치'로 기능한다(MacDonald, 2023). 특히 창작 노동에 있어 유튜브는 2016년에서 2017년 무렵 사회적으로 물의를 일으키는 동영상들에 대한 퇴출 일환으로 유튜브 파트너 프로그램과 애드센스 알고리즘에서의 변화를 시도했고, 광고주 친화적 콘텐츠의 기준 또한 변화시켰다. 이러한 변화로 기존의 많은 영상들의 수익 창출이 제한되었다. 문제가 있는 콘텐츠가 발생한 후 구글의 대처는 이러한 방식으로 수많은 창작자들의 수익화 조건을 더욱 불확실하고 불안정하게 만들었다.

알고리즘에 대한 이해는 결국 알고리즘이 플랫폼 기업의 상품이라는 점을 인식하는 데서 출발한다. 추천 알고리즘을 통해 이용자를 플랫폼에 포획하면서 시청 시간을 확장시키고 광고 수익을 극대화하거나 구독을 지속시키기 위해 볼만한 콘텐츠를 배치하는 방식 등은 알고리즘이 플랫폼 기업 수익 극대화를 위한 기술 장치이자 우리 일상을 플랫폼 종속적으로 구성하는 일상적 통치 기제임을 인식하게 한다. 이러한 조건의 변화는 창작자들의 다양한 성찰, 조정, 협상과 당황, 좌절, 무력감을 야기하고 불확실성과 불안정성 자체를 창작자 작업의 필수적인 부분으로 자연화한다(MacDonald, 2023). 또 시청자가 구독을 취소하는 '취소 문화cancel culture'와 같은 보이콧에도 창작자를 취약하게 만든다(Lewis & Christin, 2022).

이와 같이 알고리즘은 이용자, 창작자들의 과거, 현재, 미래를 통치하고 우리가 플랫폼 종속적인 노동 과정에 포함되어 있음을 드러낸다. 알고리즘을 문화로 이해하는 것은 알고리즘이 주체를 구성하는 문화이자 통치의 기제로 인식하는 것을 뜻하며, 알고리즘의 편향과 권력 관계를 인식하도록 한다.

2) 연결성과 새로운 사회성의 이해

알고리즘 문해력은 알고리즘 환경이 사회적 연결을 통해 현실을 재구성하고 있다는 점에서 새로운 사회적 관계의 관점을 이해해야 할 필요성으로 이어진다. 또, 많은 대중들이 플랫폼 알고리즘의 영향을 받으면서 유튜버가 되거나 생성형 AI를 통해 창작을 수행하는 등의 작업을 하고 있기 때문에 기술 환경의 주요한 행위자로서 대중을 이해하게 한다. 이러한 이해는 미디어 환경에 대한 종합적 이해와 기술을 매개로 한 다양한 행위자간의 연결성에 대한 이해로 나아간다. 김상민(2022) 또한 디지털 시대 문해력에 대해 논하면서 연결성을 강조한다. 디지털 시대 리터러시는 단순히 특정 기술의 사용 방법을 익히는 것을 넘어 여러 디지털 미디어 기술이 비가시적인 방식으로 매우 다양한 과정과 층위에 걸쳐 서로 연결되어 있다는 점을 인식하는 데 있다.

또한 자동화와 필터 버블 형성, 가짜 정보의 생산을 가능하게 하는 기술적 가능성은 새로운 형태의 사회성 또한 형성한다. 한 개인은 넷플릭스의 이용자일수도 있지만 유튜브에서는 창작자일 수도 있으며, 생성형 AI를 통해 다양한 작품을 생산하는 사람일 수도 있다. 또 자기의 콘텐츠로 영향력을 갖게 되고 경제적 이익을 얻을 수도 있게 되었는데, 이는 미디어 생산-수용의 이분화된 권력 관계가 갖는 역사에서 매우 전복적인 일이기도 하다. 김상민(2022)은 이용자들이 기술로 인해 획득하게 되는 새로운 종류의 네트워크화된 '사회성'을 언급한다. 이는 생산-수용의 이분법을 넘어선 다양한 관계, 광고주와 창작자, 이용자와의 관계, 알고리즘과 창작자의 관계 등으로 다양해지는 한편, 전례 없는 불신, 맹목적인 상업화를 낳을 수도 있다(김상민, 2022).

예를 들어, 창작자는 경제적 관계에 있어 광고주, 시청자와 연결된 관계에 있으며 알고리즘 미디어 환경에서 구독자 수, 조회 수 등 규모의 측면에서 인플루언서의 지위를 획득할 수 있으며, 그렇게 되면 구독자-창작자 사이의 관계가 전면화된다. 그러나 상업적 활동은 인플루언서의 영향력이 커지면서 구독자들의 후원뿐 아니라 상업 광고의 유치, 협찬 콘텐츠 제작, 캠페인 참여 등으로 다원화되고 점차 무대 뒤의 활동으로 비가시화된다. 실제로 초기 유튜버의 '내돈내산' 리뷰, 자발적 상품 후기가 사실상은 '뒷광고'였다는 점이 드러나면서 상업 마케터로서 유튜버의 역할과 법적 책임에 대한 논의가 부상하였다(홍남희, 2023). 알고리즘 환경에서 인플루언서는 그 자체로 플랫폼의 유인 상품이며, 이들이 만든 콘텐츠는 광고주와 대중을 매개하는 상품화 과정의 일부가 된다. 또 후원과 구독, 조회 수 등 시청자 의존적인 수익 구조는 콘텐츠 내용이나 창작자 활동의 자율성을 둘러싼 갈등이 발생할 수 있게 한다.

5
알고리즘 이해와 비판적 문해력의 필요성

알고리즘은 기술 전문가가 개발해 배치하는 전문적인 영역으로 인식되고 있으나 사실상 기술 전문가조차도 완전히 파악할 수 없는 복잡한 작동 방식으로 확장되고 있다. 그러면서도 알고리즘은 우리의 일상과 문화 전반을 관장하는 사회 시스템으로 자리 잡고 있다. 더구나 알고리즘은 우리 각자가 디지털 활동을 통해 남긴 수많은 정보들을 연료 삼아 우리의 선호를 예측해 추천하고 미래의 행동과 판단에 영향을 미치는 역할을 수행하고 있다. 이러한 알고리즘은 각 기술 기업의 사업적 이익을 극대화하기 위해 개발되어 왔으며, 끊임없이 수정되고 있다. 각 기업의 영업 기밀로서 알고리즘은 대중에게 공개되고 있지 않으며, 이용자들이 플랫폼을 이용하면서 경험한 다양한 사례들을 통해 작동 방식이 추정될 뿐이다. 이마저도 어떠한 계기로 플랫폼이 이용 약관이나 정책을 바꾸거나 알고리즘의 작동 방식을 바꾸면 이용자들은 또 다른 알고리즘 작동 방식에 적응하는 수밖에 없다. 이와 같이 알고리즘은 기술의 발전에 따라 필연적으로 도래해야 할 기술이 아니라 기술 중심의 자본주의가 확장하면서 배치되는 이윤 추구적 행위의 일환으로도 이해될 수 있다.

문제는 그 과정에서 다양한 공적 가치가 희생되고 있으며, 여러 가지 부정적인 사회문화 현상들이 발생하고 있다는 데 있다. 알고리즘은 이윤을 최대화하기 위해 배치되는 만큼 이용자들이 어떤 것을 보는지, 그것이 이용자에게 이로운지 해로운지를 판단하지 않는다. 그저 플랫폼에 더 오래 머물도록 관심을 끌고 계속 새로운 영상을 추천하며, 이용자가 구독을 유지하도록 볼만한 콘텐츠의 카탈로그를 늘릴 뿐이다. 이 과정에서 이용자가 보는 영상의 수위가 더 극단화되고 허위정보를 진짜처럼 제시하는 콘텐츠를 보게 되더라도 그것은 알고리즘의 관심사가 아니다. 결국 상업적 이해관계를 중시하는 기업의 목적에 의해 배치되는 알고리즘은 공적인 가치나 특정한 로컬의 문화적 가치보다는 상업적이고 전지구적인 수준의 이윤을 추구하는 데 더 관심을 둘 수밖에 없다.

앞서 살펴보았듯이, 유튜브나 넷플릭스가 작동시키는 추천 알고리즘 체제는 이용자를 지속적으로 플랫폼에 머물도록 하면서 특정한 콘텐츠 선호를 취향으로 규정하고 그 취향의 공동체를 중심으로 필터 버블이 형성되도록 하는 결과를 낳고 있다. 또한 자동 재생과 같은 이용자 선택의 여지마저 없애는 자동화 과정은 생각과 판단이라는 인간의 사고 과정 자체를 생략시키고 있다. 이용자이자 창작자로서 개인은 알고리즘의 작동 방식을 이해하고 그에 기반한 활동을 하게 되지만 그러한 이해는 매우 잠정적이고 추정적이다. 알고리즘과 플랫폼 종속적인 활동으로 창작 활동이 협소해 지면서 자극적인 콘텐츠의 생산과 유통, 소비에 이용자 - 알고리즘 - 플랫폼이 연루된다.

더구나 챗GPT로 대표되는 생성형 AI 서비스의 등장은 우리가 남긴 데이터뿐 아니라 누군가의 창작물까지 정보 자원화하여 새로운 그럴듯한 (가짜의) 정보를 출력해 내는데, 이러한 서비스의 등장은 정보를 생산한 주인은 누구인가, 정보의 진위를 어떻게 누가 판단할 수 있는가 등의 다양한 문제를 제기한다.

이와 같이 알고리즘은 중립적인 기술이 아니라 상업적 목적에 부합하는 특정한 편향성을 가진다. 또 우리 사회를 기술 전문가와 인공지능에 의한 기술관료적 거버넌스와 기술에 대한 맹목적인 의존으로 이끌고 있다

(Coeckelbergh, 2022/2023, 135쪽). 우리 시대 새로운 언어로서 알고리즘을 이해한다는 것은 알고리즘이 이용자의 활동을 상업적 이윤으로 전환하려는 목적성을 가진 기술이며, 우리의 일상과 문화를 구성하는 것으로서 그 작동의 방식을 면밀하게 살펴보아야 한다는 의미를 갖는다. 알고리즘은 기술과 인간의 관계를 매개하는 동시에 인간의 특정한 행위를 지속적으로 유도함으로써 기업의 상업적 이익 획득의 과정에 이용자를 연루시키고 특정한 정보의 생산을 우대하는 방식으로 문화를 구성한다. 우리는 이 과정에서 우리가 기술과 다른 이용자와 연결되어 있음을 인식하고, 창작자로서 구독자와, 다른 이용자와, 그리고 기술과 새로운 형태의 사회적 관계를 갖게 된다는 점을 이해할 필요가 있다. 이러한 이해를 바탕으로 기술이 상업적 이익을 위해 배치되는 것임을 인식할 때 알고리즘의 잘못된 작동 과정에 대한 적절한 사회적 개입 또한 이루어질 수 있다.

참고문헌

김상민 (2022). 디지털 리터러시의 위기와 교양교육의 새로운 과제. 〈교양학연구〉, 20집, 7-33.

오세욱 (2020). 자동화 결과물이 드러내는 편향에 대한 대응 방안으로서 저널리즘의 역할에 대한 탐색적 연구. 〈커뮤니케이션이론〉, 16권 3호, 5-50.

이재현 (2019). 〈인공 지능 기술 비평〉. 서울: 커뮤니케이션북스.

조민아 (2023, 8, 28). "공짜로 뉴스 못 가져가" 해외 언론 잇단 'GPT봇' 차단. 〈국민일보〉. URL: https://news.kmib.co.kr/article/view.asp?arcid=0018609213&code=61151111&cp=nv

편지윤 (2022). AI 알고리즘 기반 텍스트 환경에서 비판적 리터러시에 대한 단상. 〈국어교육연구〉, 79집, 37-76.

한지수 (2023, 5, 15). 독자 기고문 알고 보니 AI가 작성... 신문사도 속았다. 〈아시아경제〉. URL: https://view.asiae.co.kr/article/2023051512000298440

홍남희 (2023). 기술 유토피아의 도구적 상상과 국가 프로젝트로서 1인 미디어: 알고리즘 리터러시 논의를 중심으로. 〈한국언론학보〉, 67권 3호, 127-159.

Bishop, S. (2020). Algorithmic experts: Selling algorithmic lore on YouTube. *Social Media + Society*, 6(1), 1-11.

Coeckelbergh, M. (2022). *The political philosophy of AI: An introduction.* Cambridge, UK: Polity. 배현석 (역) (2023). 〈인공지능은 왜 정치적일 수밖에 없는가: AI의 정치학과 자유, 평등, 정의, 민주주의, 권력, 동물과 환경〉. 서울: 생각이음.

Dogruel, L. (2021). What is algorithm literacy? A conceptualization and challenges regarding its empirical measurement. In Algorithms and Communication, (pp. 67-93). (Eds.), M. Taddicken & C. Schumann.

Gillespie, T. (2014). The relevance of algorithms. Media technologies: Essays on communication, materiality, and society, In Media Technologies, (pp. 167-194). (Eds.), T. Gillespie, P. Boczkowski, & K. Foot. Cambridge, MA: MIT Press.

Gillespie, T. (2016). #trendingistrending: When algorithms become culture. In *Algorithmic cultures* (pp. 64-87). Routledge.

Goffey, A. (2008). Algorithm. In *Software studies* (pp. 15-20). (Eds.), Fuller, M. Cambridge, MA: MIT Press.

Gomez-Uribe, C. A., & Hunt, N. (2015). The netflix recommender system: Algorithms, business value, and innovation. *ACM Transactions on Management Information Systems (TMIS), 6*(4), 1-19.

Lewis, P. (2018, 2, 2). How Youtubes Algorithm distorts truth. *The Guardian*. URL: https://www.theguardian.com/technology/2018/feb/02/how-youtubes-algorithm-distorts-truth

Lewis, R., & Christin, A. (2022). Platform drama: "Cancel culture," celebrity, and the struggle for accountability on YouTube. *New Media & Society, 24*(7), 1632-1656.

MacDonald, T. W. (2023). "How it actually works": Algorithmic lore videos as market devices. *New Media & Society, 25*(6), 1412-1431.

Pajkovic, N. (2022). Algorithms and taste-making: Exposing the Netflix Recommender System's operational logics. *Convergence, 28*(1), 214-235.

Pariser, E. (2011). *The filter bubble: What the internet is hiding from you*. NY: Penguin Press. 이현숙·이정태 (공역) (2011). 〈생각 조종자들: 당신의 의사결정을 설계하는 위험한 집단〉. 서울: 알키.

Seaver, N. (2017). Algorithms as culture: Some tactics for the ethnography of algorithmic systems. *Big data & society, 4(2)*, doi.org/10.1177/2053951717738104.

Tufekci, Z. (2018, 3, 10). YouTube, the Great Radicalizer. *The New York Times*. URL: https://www.nytimes.com/2018/03/10/opinion/sunday/youtube-politics-radical.html?login=smartlock&auth=login-smartlock

Part **03**

해외의 디지털 문해 교육

Chapter 08 성찰적 리터러시와 일본의 사례_김경화
Chapter 09 영국의 디지털 문해력 교육_봉미선
Chapter 10 독일의 디지털 미디어 문해력과 교육 사례_강진숙

디지털 미디어 문해력
이해와 실천

Chapter 08

성찰적 리터러시와 일본의 사례

—

김경화 _ 미디어 인류학자, 전 일본 간다외국어대학 부교수

이 장은 정보 사회 및 디지털 미디어 문해력과 관련한 일본 사회의 담론을 기술하는 한편, 성찰적 리터러시와 관련한 방법론을 모색하는 실천적 연구 프로젝트와 그 성과에 대해 소개하고 있다. 일본은 정보통신기술ICT의 도입이 상대적으로 빠르게 전개된 기술 선진국이다. 무선인터넷이 일찌감치 대중화되면서 고도화된 정보화 사회가 다른 지역보다 선행하여 출현하였고, 성찰적 리터러시와 관련한 문제의식도 이른 시기에 제기되었다. 이 장에서는 2000년대 초반부터 일본에서 수행된 미디어 문해력과 관련한 실천 연구 프로젝트 MELL의 사례를 소개하는 한편, 성찰적 리터러시를 실천하는 방법론의 특징과 구체적인 사례를 제시하고 있다.

1
일본과 ICT사회

1) 일본 사회와 유비쿼터스 정보 환경

　1990년대 후반 전 세계에서 인터넷 이용자가 현저하게 증가하기 시작했다. 한국을 비롯해 선진국을 중심으로 사적인 이용을 위한 개인용 컴퓨터 PC 보급이 눈에 띄게 늘어나면서, 명실공히 인터넷 시대가 열렸다.

　일본도 이 시기에 인터넷 이용 인구가 급격하게 증가하면서 디지털 네트워크의 대중화가 이루어졌다. 그런데, 일본에서는 특이하게도 PC를 이용한 유선인터넷이 아니라, 휴대전화를 이용한 무선인터넷이 이 흐름을 이끌었다. 1999년 통신회사 도코모DoCoMo가 세계 최초의 상용 무선인터넷 서비스인 'i모드'를 개시한 것이 계기였다. 이 서비스가 이용자들 사이에서 인기를 끌면서 언제 어디에나 휴대하는 이동통신 기기를 통한 무선인터넷 이용이 정착했다. 사실 한국에서도 비슷한 시기에 무선인터넷 서비스가 시작되었지만, 일본처럼 대중들의 호응을 이끌어내지 못했다.[1] 한국을 비롯해 여타 통신 선진국에서 무선인터넷 이용이 눈에 띄게 늘어난 것은, 스마트폰의 보급이 본격적으로 이루어진 2010년대 이후의 일이므로 일본은 세계에서 가장 먼저 무선인터넷이 대중화한 나라라고 볼 수 있다.

　2000년대 초반 미국의 IT평론가 하워드 라인골드Howard Rheingold가 '참여 군중smart mob(Rheingold, 2003/2003)'이라는 개념을 제창했다는 사실은 잘

---

[1] 1999년 6월 이동통신회사 LG텔레콤에 의해 시작된 '이지웹' 서비스가 한국에서 가장 먼저 시작된 무선인터넷 서비스였다.

알려져 있다. 참여군중이란, 휴대전화와 인터넷 등을 현명하게 사용하며 사회적인 이슈에 적극적으로 의사 표명을 하는, 새로운 집단행동의 주체를 뜻한다. 당시 라인골드는 무선인터넷을 활발하게 사용하는 일본인의 모습을 보고 이 개념에 대한 영감을 얻었다. 2000년대 초반 도쿄 시부야 거리의 대형 교차로에서 휴대전화를 통해 무선인터넷을 이용하면서 걸어가는 일본인 보행자들의 모습을 본 뒤, 무선인터넷과 신기술로 무장한 사회적 참여의 새로운 방식에 착안했다는 것이다. 지금은 세계 어디에 가도, 누구나 스마트폰으로 인터넷에 접속하는 모습을 볼 수 있다. 하지만, 그 당시에는 수많은 보행자가 길을 걸으며 이메일을 확인하거나 인터넷에서 정보를 검색, 열람하는 진풍경이 펼쳐지는 곳은 전 세계에서 일본이 유일했다고 말해도 과언이 아니다.

한편, 2000년대 초반 일본의 권위 있는 민간연구기관 노무라종합연구소가 '유비쿼터스 네트워크 사회'라는 미래지향적인 개념을 제시했다. "언제, 어디에서나, 누구나" 디지털 네트워크에 접속하고 상시적인 디지털 커뮤니케이션이 수행되는, 고도로 심화된 정보 사회를 전망한 개념이었다. 일본에서는 다른 어떤 나라보다도 먼저 무선인터넷이 대중화되었기 때문에 이런 개념이 제시될 수 있었다. 무선통신망을 통해 일상생활 속에서 자유자재로 인터넷을 사용하는 삶이 어떤 것인지 일본에서는 일찍이 관찰할 수 있었기 때문이다.

스마트폰이 등장하기 이전에 일본에서 무선인터넷 접속을 위해 사용된 이동통신 기기는 통화, 메시지 전송, 카메라 등 휴대전화의 기본 기능에 무선인터넷 기능이 추가된 국내용 피처폰이 주류였다. 대부분의 기종에서 무선인터넷 전용 브라우저를 이용하는 원터치 버튼을 통해 손쉽게 인터넷 접속이 가능했다. 2000년대 중반, 일본에서 사용된 휴대전화 기종의 95%가 무선인터넷 전용 버튼을 구비하고 있었다. 비슷한 기간에 미국 등 선진국에서 사용되었던, 스마트폰 이전의 휴대전화는 기종의 20~30%만이 무선인터넷 접속 기능을 제공했던 것과는 대조적이다.[2]

다만, 무선인터넷의 정착이 빨랐다고 해서, 디지털 기술의 보급과 수용의 전 측면에서 일본 사회가 앞서 있었다고 보기는 어렵다. 예를 들어, 일본에서는 디지털 기술을 일상생활 속으로 침투시키는 첨병 역할을 한 PC의 보급이 다른 선진국보다 현저히 늦었다. PC 이용이 정착되지 않았던 1990년대 말에 무선인터넷 기능을 갖춘 이동통신 기기가 일본에서만 이례적으로 인기를 끌었다. 당시 과점 상태였던 일본의 통신사들이 선행적으로 저렴한 무선인터넷 서비스를 시작했고, 그들의 막강한 시장 지배력에 힘입어 무선인터넷 이용도 폭발적으로 증가한 것이었다.

실제로, 2000년대 중반까지도 일본에서는 PC는 사용한 적은 없으나 무선인터넷에 수시로 접속하는 이용자가 적지 않았다. 대체로 여성, 저소득, 지방 거주일수록 휴대전화만으로 인터넷에 접속하는 경향이 있었다. 말하자면, 일본에서 무선인터넷의 대중화를 이끈 인구층은 일반적으로 디지털 기술에 대한 이해도가 낮고 첨단 기술의 수용에 소극적이라고 여겨지는 이용자들이었다.[3] 이러한 경향 역시 한국을 비롯한 다른 나라와는 매우 대조적이다. 다른 나라나 지역에서는 PC를 통한 인터넷 이용이 정착된 뒤, 스마트폰으로 대표되는 고기능 이동통신 기기가 보급되었고, 이후에 무선인터

---

[2] 같은 시기에 한국에서도 인터넷 접속 기능을 갖춘 휴대전화 보급률은 90% 이상에 달했다. 다만, 앞서 기술한 것처럼 한국에서는 이 기능을 실제로 사용한 이용자는 많지 않았다.
[3] 일본의 초기 무선인터넷 이용과 관련한 상황과 관련해서는, 모바일사회연구소 기획감수 〈모바일사회백서, 2006〉(『モバイル社会白書 2006』, 2006), 도쿄대학 대학원 정보학환이 발간한 〈일본인의 정보행동 2005〉(『日本人の情報行動 2005』, 2006), 혹은 水越(2007) 등을 참조했다.

넷 이용이 획기적으로 늘어나는 것이 일반적인 수순이었다. 또한, 이들 나라에서는 무선인터넷을 적극적으로 수용한 초기 이용자는 디지털 기술에 관한 이해도 및 숙련도가 높은, 소위 얼리어답터early adopter였다. 그에 비해, 일본에서는 디지털 기술에 대한 이해도 및 숙련도가 낮은 인구층이 무선인터넷을 선행적으로 수용했다.

요약하자면, 일본은 언제 어디서나 무선인터넷에 접속하는, 유비쿼터스한 정보 환경이 세계에서 가장 빠르게 정착된 나라였다. 이를 배경 삼아 고도 정보화 사회가 다른 지역보다 먼저 출현했으며, 관련한 사회 현상도 선행적으로 경험했다. 다만, 일본 사회의 고도 정보화는 디지털 기술에 대한 이해도 및 숙련도가 상대적으로 낮은 일반 이용자들에 의해 견인되었다.

2) 일본 사회의 디지털화와 기술국가주의

한편, 일본 사회의 정보사회화 과정을 이해하는 데에 또 하나의 중요한 맥락이 있다. ICT 기반과 기술에 대한 이해를 국가 경쟁력 제고를 위한 중요한 요인으로 인식해 온 일본 정부의 입장이다. 일본 정부는 2000년 내각부에 정보통신기술전략본부를 설치하고, 국가 정책의 일환으로 ICT 기반 확충과 사회 각 분야에서 디지털화를 추진하겠다는 기본 전략을 공표했다. 소위 'e-Japan 전략'이라고 이름 붙여진 이 국가 전략은 초고속 통신인프라의 정비, 전자상거래 환경정비, 전자정부 실현 및 인재육성 등의 네 가지 중점정책 분야를 설정하는 한편, 이 네 축을 중심으로 ICT의 적극적인 활용을 권장, 추진하겠다는 계획을 담고 있었다.

무엇보다, ICT에 관한 지식과 소양을 갖춘 인재를 육성하는 것을 국가 경쟁력 강화를 위한 중요한 목표로 설정했다. 특히, 교육 분야에서는 디지털 기술을 주체적으로 활용하는 능력을, 언어와 동등한 수준의 기초적인 학습 능력으로 정의했다. 2012년에 중학교 교과 과정에서 프로그래밍을 활용한 교과가 필수 과목이 되었고, 2020년부터는 초등학교 교과 과정에도 프로그래밍을 필수 과목으로 포함시켰다. 일본 정부는 ICT를 교육의 대상으로 정의하고, 공적인 교육에서도 디지털 리터러시와 관련한 커리큘럼을 지속적으로 확대해 왔다.

그럼에도 불구하고, 이후 일본 사회의 전 부문에서 디지털화가 순조롭게 진행되고 있다고 보기는 어렵다. 예를 들어, 2020년 스위스 국제경영개발연구소가 공표하는 각국의 디지털 경쟁력 평가에서 일본은 63개국·지역 중 27위에 랭크되었다. 2000년대 초반까지만 해도 '유비쿼터스 네트워크 사회'라는 미래상에 가장 근접한 것으로 평가되었던 일본으로서는 초라한 성적표다. 복수의 세계 경쟁력 지표를 취합하면, 일본 사회 전체적으로 ICT 도입 및 인프라 정비 등에 있어서는 경쟁력이 있었지만, 전자정부로의 이행, 디지털 기술에 숙련된 인적 자본 등의 부문에서는 경쟁력이 낮게 나타난 것이다. 일본은 전체 인구 중 고령자 비율이 매우 높은 초고령 사회인 만큼, 디지털 기술을 사회 전면적으로 수용하는 것에는 소극적인 경향이 있었다. 하지만, 코로나19 사태는 일본 사회 전체적으로 디지털화에 박차를 가하는 계기가 되었다. 비대면 커뮤니케이션의 중요성이 부각된 글로벌 팬데믹을 경험하면서, 일본 사회가 다른 나라에 비해 디지털화가 뒤떨어져 있다는 인식이 확산되었기 때문이다.

사실 일본은 1980년대 중반까지 PC, 게임기 등 최첨단 전자제품의 제조 및 수출에 두각을 나타냈던 '전자 산업 강국'이었다. 그런데, 1990년대 디지털 혁명 이후 급속한 기술 변화에 신속하게 대응하지 못한 채, 스마트폰,

인터넷 등 최첨단 ICT 분야에서 미국, 한국, 대만 등에 뒤처졌다. 최첨단 기술 산업의 국제 경쟁력이 저하되고 있다는 문제의식이 일본 사회에서 팽배하다. 그러한 상황 판단은 장기적인 국가 전략으로서 최첨단 ICT 분야의 전문 인력을 육성해야 한다는 인식으로 이어졌다. 디지털 기술을 교육의 대상으로 바라보는 관점과 시도는 전세계 곳곳에서 이루어지고 있다. 다만, 일본의 경우에는 ICT 교육을 공적인 교육 과정에 제도화하는 논의가 비교적 빨리 제기되었고, 국가 경쟁력을 제고한다는 정당성이 이를 뒷받침했다는 점에서 주목할 만하다. ICT를 국가 경쟁력의 중요한 축으로 파악하고 국가 전략으로서 인재를 양성해야 한다는 기술국가주의적technological nationalism인 담론은 한국에서도 우세하게 나타나고 있다.

2
디지털 기술의 일상성과 성찰적 리터러시

1) 디지털 리터러시 개념의 비판적 검토

디지털 정보 환경이 일상화된 현대 사회에서, 디지털 기술을 적절하게 활용하는 능력과 소양은 매우 중요한 사회적 자질이다. 이와 관련해 '미디어 문해력media literacy'과 '디지털 문해력digital literacy', '정보 문해력information literacy', 'ICT literacy', '디지털 활용 능력digital competencies', '디지털 시민성digital citizenship' 등 다양한 개념이 거론되고 있다. 각각의 개념이 제시된 문제의식은 조금씩 다르지만, 이들 개념이 아동, 청소년을 대상으로 수행하는 교육 활동이라는 맥락에서 언급되고 있다는 점은 대체로 공통적이다. 예를 들어, 버킹엄(Buckingham, 2003/2004)은 미디어 문해력을 '미디어 교육의 결과로 학습자들이 얻는 지식과 역량'으로 정의한다. 한편, 정현선(2021)은 미디어 문해력 교육은 "사실을 말하는 미디어에도 편향이 담겨 있다는 것을 이해하고, 자신이 접하는 미디어 메시지에 어떤 편향이 담겨 있는지, 그 편향은 어디에서 비롯되는지, 그것이 갖는 함의는 무엇인지에 대해 질문하는 비판적 탐구의 자세와 방법을 가르치는 것"이라고 말한다.

디지털 미디어 문해력 역시 교육적인 활동을 통해 기를 수 있는 능력 혹은 소양이라고 정의할 수 있다. 즉 디지털 미디어에 대한 기본 지식 및 산업적·사회적 특징(편향성)에 대한 이해, 디지털 미디어를 활용한 문제해결 능력과 표현 능력, 혹은 디지털 정보에 관한 올바른 판단력 등을 가르침으로써 디지털 미디어 문해력을 육성할 수 있다고 보는 것이다. 이러한 관점은 실제로 우리 사회에서 일반적으로 받아들여지고 있다. 디지털 미디어를 일상생활에서 활용할 수 있는 중립적인 도구 혹은 수단으로 간주하고, 이를 올바르고 현명하게 이용하는 방법을 몸에 익히는 것을 디지털 미디어 문해력 교육의 목표로 삼는다. 이런 접근법은 학교와 공교육이라는 제도 속에서 디지털 기술과 관련한 지식과 정보를 폭넓게 제공할 수 있다는 점에서 이점이 적지 않다.

하지만, 이런 도구주의적인 접근법이 직면한 과제도 있다. 우선 디지털 기술이 진보하는 속도가 매우 빠르다. 하루가 다르게 새 기술이 등장하며, 이에 상응해 디지털 정보 환경도 급격하게 변하고 있다. 빠르게 변화하는 디지털 기술과 관련한 전문 지식과 활용 기술을 신속하고 시의적절하게 교육하는 것은 매우 어려운 일이다. 급변하는 디지털 기술의 특성상, 특정 시점에서의 전문 지식의 활용도 장기적으로는 제한적이다. 또, 스마트폰과 소셜 미디어 등 개인 미디어 이용이 정착되면서 개인이 디지털 기술을 접하고 활용하는 상황과 맥락은 더욱 다양해졌다. 필터 버블(Pariser, 2011) 등 알고리즘을 활용해서 개인에게 특화된 정보를 제공하는 감시자본주의 (Zuboff, 2019/2021)의 심화가 이러한 경향을 더욱 부채질하고 있다. 이러한 상황은 신기술과 디지털 정보 환경에 관한 일반적인 교육의 효과를 저하시키는 요인으로 작용하고 있다.

예를 들어, 디지털 정보의 사회적 맥락(편향성)을 이해하는 것은 디지털 미디어 문해력 교육의 중요한 목표 중의 하나로 간주되고 있다. 소셜 미디어 등을 통해 가짜뉴스가 빠르게 확산되는 정보 환경 속에서 정보의 진위 여부, 사회적 영향력 등을 판단하기 위해서는, 정보를 취재, 가공, 배포하는 주체 혹은 플랫폼의 특징을 이해할 필요가 있는 것은 사실이다. 하지만, 그렇다고 해서 반드시 사적인 인맥을 타고 확산되는 가짜뉴스를 걸러낼 수 있는 것은 아니다. 소셜 미디어를 통해 유통되는 정보는 정보의 공적인 진위보다 사적 인맥의 원근에 의해 판단되는 경향이 있기 때문이다. 가짜뉴스의 부작용이나 소셜 미디어에 대한 지식만으로는, 지극히 사적이고 개별적인 맥락에서 전달되는 디지털 정보의 진위를 판단하는 안목을 갖출 수 없다. 또, 미디어 기술에 관한 전문 지식과 활용법이 부적절한 방식으로 악용될 가능성도 있다. 사실 가짜뉴스의 유포자는 정보의 조작, 왜곡, 날조, 확산 등을 위해 디지털 미디어를 능숙하게 활용할 수 있다는 것은 주지의 사실이다.

또 다른 예로서, 채팅 앱 '카카오톡(이하 카톡)'에 대해 생각해 보자. 만약 카톡이 사회 관계를 위한 도구라면, 카톡을 활용함으로써 친구를 사귀기가 더 쉬워지고 사회생활이 원만해질 것을 기대할 수 있다. 하지만 현실은 그와 다르다. 카톡을 쓰지 않으면 친구를 사귈 수 없고, 때로는 카톡의 존재가 사회관계를 더욱 복잡하고 어렵게 만든다. 더구나 카톡에서 수행되는 다양한 사회적 커뮤니케이션 활동은 본질적으로는 플랫폼을 제공하는 상업적 주체에 의해 언제라도 통제되거나 규제될 수 있는 가능성에 노출되어 있다. 동영상을 제작하고 공유하는 창의적인 실천이 유튜브 플랫폼 속의 '관심 경제'에 포섭된 상황도 유사한 맥락에서 이해할 수 있다. '카톡을 도구로서 잘 활용하는 교육', 혹은 '유튜버가 되기 위한 교육'은 본질적으로 취약하고 종속적이다.

이러한 상황은 현대 사회에 있어서 디지털 미디어의 딜레마와도 상통한다. 디지털 미디어는 시민의 건전한 참여와 민주주의를 고취하는 수단으로도 활용되지만, 다른 한편으로는 가짜뉴스나 테러리즘 등 공공권의 질서를 어지럽히고 공동체를 파괴하는 수단으로 악용되고 있는 것이 사실이다. 또, 특정 시점에는 적합했던 전문 지식과 기능적 소양이 쉽게 낡고 고루한 것으로 쇠퇴하는 경향도 있다. 급변하고, 양극화하는 디지털 정보 환경 속에서, 일상생활을 영위하는 데에 도움이 되는 앎(리터러시)을 구축하는 요인은 지속적으로 변화한다. 디지털 미디어를 일종의 도구이자, 교육의 대상으로 간주하는 도구주의적인 접근법의 한계는 명확하다.

2) 성찰적 리터러시의 가능성

디지털 미디어의 영향력은 뉴스나 시민 사회 등 공적인 영역에 머물지 않는다. 사생활과 개인의 정체성 등 지극히 사적인 영역과도 깊이 관여하며, 개인의 일상생활에 전반적인 영향력을 행사한다. 미디어 생태학자 이동후(2021)는 "우리가 미디어 기술과 맺고 있는 관계, 그것에 의해 형성되는 우리의 주체성, 미디어의 사회문화적 맥락과 결합해 우리의 조건을 구성하는 과정 등"에 대한 사유는 그 자체로 고도화된 디지털 미디어 사회에서 개인의 삶을 꾸려나가는 데에 도움이 된다고 말한다. 즉, 미디어 생태학이 제안하는 성찰적 리터러시[4]를 통해 디지털 미디어의 활용 능력을 강조하는 도구적인 진보주의를 극복할 수 있다고 주장했다.

미디어 생태학에서 미디어 기술을 '도구'가 아니라 일상생활을 구성하는 '환경'의 일종으로 자리매김한다. 미디어의 내용이나 도구적 기능보다는, 미디어 환경 속에서 무의식적으로 혹은 의도하지 않은 채 수행되는 일상적인 이용 경험에 주목한다. 이 같은 관점은 고도의 디지털 정보 환경 속에 놓인 개인의 상황을 적절하게 설명한다. 예를 들어, 소셜 미디어의 등장이 편지나 전화, 이메일 등의 기존 커뮤니케이션 수단에 또 하나의 새로운 커뮤니케이션 수단을 더했다고 볼 수도 있겠지만, 소셜 미디어가 우리가 정보를 얻거나 혹은 공유하는 방식, 나를 표현하고 정체성을 드러내는 방식, 사회적 관계를 맺는 방식 등을 전체적으로 변화시켰다고 볼 수도 있는 것이다. 그렇기 때문에 미디어 생태학적인 관점에서는 소셜 미디어에 대한 전문 지식이나 적절한 활용법을 습득하는 것에 못지않게, 소셜 미디어가 개인의 삶에 미치는 폭넓은 변화를 성찰적으로 인식하는 것이 중요하다고 보는 것이다.

성찰적 리터러시라는 개념은 우리에게 다음과 같은 질문을 던진다. 첫 번째, 디지털 미디어 문해력이 지향하는 능력 혹은 소양이, 일방적인 지

---

4) 이 책에서는 'media literacy' 혹은 'digital media literacy'라는 영단어를 '미디어 문해력' 혹은 '디지털 미디어 문해력'이라는 용어로 통일해서 사용하고 있다. 그런데, 인간과 사회 환경의 쌍방향적이고 유동적인 관계를 상정하는 'reflexive literacy'의 경우에는, 특정한 대상을 해석하고 이해하는 능력을 뜻하는 '문해력'이라고 쓸 경우 뉘앙스의 괴리가 크다. 이에, 'reflexive literacy'를 지칭할 때에는 '성찰적 리터러시'라고 썼다.

식 전달을 목표로 하는 교육적 행위를 통해 획득 가능한 성질의 것인가? 주체에 따라 유의미한 앎의 맥락과 층위는 매우 다양하다. 교육자와 피교육자 사이의 불균등한 지식 수준을 전제로 하는 교육 방법론에는 한계가 있다. 다양한 주체의 대화 및 경험 속에서 자기성찰적인 배움 혹은 능동적인 깨달음을 지향하는 교육 방법론을 구체적으로 개발할 필요가 있다.

두 번째로, 성찰적 리터러시를 함양하는 교육의 장(場)은 어디인가? 급변하는 디지털 기술 사회와 관련한 문제는 모든 현대인이 직면하고 있는 새로운 정보 환경이자 과제이다. 디지털 미디어 문해력이란, 청소년기에 일단 습득하면 평생 활용할 수 있는 능력이나 소양이 아니다. 기술 사회의 구성원으로서 현대인은 누구나 끊임없이 변화하는 디지털 정보 환경에서 시의적절하게 대응할 것을 요구받는다. 주체의 사회적 경험은 끊임없이 변화하기 때문에, 새로운 정보 환경에 대해 쉼 없는 '배움'이 필요하다. 디지털 미디어 문해력과 관련한 교육적 실천은, 학교나 교육 현장에 제한되지 않고, 누구나 쉽게 접근할 수 있는 열린 성찰의 장(場)을 지향할 필요가 있다.

3
일본 사회와 성찰적 리터러시

1) MELL과 성찰적 리터러시

일본 사회에서는 성찰적 리터러시와 일맥상통하는 문제의식이 비교적 이른 시기에 제기되었다. 이는, 일본에서 통신망과 무선인터넷 이용이 다른 선진국보다 10여 년 먼저 성립했다는 사실과도 무관하지 않을 것이다. 고도화된 정보 사회를 선행적으로 경험했기 때문에, 성찰적 리터러시의 필요성도 일찍이 자각했다고 볼 수 있는 것이다. 한편, 학술적인 측면에서도 일본에는 미디어 생태학적인 문제의식과 상통하는 독자적인 연구 영역이 형성되어 있었다. 일본에서 '미디어론(メディア論)'이라고 부르는 이 연구 영역인데, 해럴드 이니스Harold Adams Innis, 마셜 매클루언Herbert Marshall McLuhan, 월터 옹Walter J. Ong 등 미디어 생태학을 태동시킨 북미 학자들의 이론을 수용하는 한편, 미디어 역사학, 미디어 고고학, 미디어 인류학 등 일본 사회의 독자적으로 전개된 이론을 폭넓게 접목시켰다. 일본에서 성과를 인정받고 있는 이 학제적인 연구 영역에서 미디어 문해력 혹은 디지털 미디어 문해력에 대한 문제제기가 일찍부터 활발했다.

특히 일본에서는 2000년대 중반에 모바일 미디어와 관련한 연구 영역이 성립했다. 모바일 인터넷이 개인의 일상적, 사적인 생활에 속속들이 침투해서 삶의 '라이프라인'과 같은 역할을 하는 상황도 일찍 관찰되었으므로, 이를 배경 삼아 디지털 기술의 일상화everydayness에 대한 고찰이 심도 있게 수행되었다. 특히 모바일 미디어와 관련해 도구주의적인 미디어 문해력 개념의 한계를 지적하는 문제의식도 제출되었다. 비록 미디어 생태학이나 성찰적 리터러시를 표방하지는 않았지만, 개인의 삶 속에서 디지털 미디어의 역할을 성찰할 필요성에 대한 논의가 풍부하게 이루어졌다.

MELL(Media Expression, Learning and Literacy Project)은 2001년부터 2011년까지 일본의 연구자들이 중심이 되어 수행한 미디어 문해력에 관한 장기적인 연구 프로젝트다.5) 이 프로젝트는 디지털 기술이 발전하면서 나날이 진보하는 정보 사회에 대한 포괄적인 문제의식을 담고 있었다. 특히 기존 미디어 문해력 개념이, 교육자(교사 혹은 연구자)가 피교육자(학생 혹은 일반 시민)에게 일방적으로 지식을 전수하는 방법론을 당연한 전제로 삼고 있다는 점에 대해 문제제기를 했다. 이 프로젝트는 디지털 미디어 문해력이 '가르침teaching'이라는 일방적인 지식 전달을 통해 획득할 수 있는 것이 아니라고 지적하는 한편, 이는 오히려 다양한 주체들의 대화와 경험 속에서 주체적으로 도달하는 '배움learning'과 맞닿아 있다고 주장했다. 이러한 주장은 앞서 기술한 성찰적 리터러시와 관련한 논의와도 일맥상통한다.

MELL이 펴낸 보고서 〈미디어 리터러시 워크숍: 정보사회의 배움, 놀이, 표현『メディアリテラシー・ワークショップ：情報社会を学ぶ・遊ぶ・表現する』(2009, 도쿄대학출판회)에 따르면, 도쿄대학교 대학원 정보학환을 구심점 삼아 다양한 대학과 연구조직의 연구자, 언론 및 방송국 관계자, 독립 저널리스트, IT 실무자, 디자이너, 비영리 시민단체, 초·중등 교육현장의 교사 등 폭넓은 분야의 전문가들이 프로젝트에 참여했다. 핵심 멤버 80여 명에 더해, 일본 국내외 프로젝트 협력자가 700여 명에 달했다. 연구 기간 동안 30여 개의 개별 프로젝트를 수행했고, 42번의 공개 연구회 및 6차례의

---

5) 필자는 2000년대 중반부터 일본의 대학에 적을 두고 MELL의 후반기 활동에 핵심 멤버로 참여했고, 2006년 이후 후반기 프로젝트인 MELL Platz에서 코디네이터 역할을 수행했다.

국제 심포지엄을 개최했으며, 관련 서적 10여 권을 출간했다. 2000년대 초반부터 미디어 문해력에 관한 포괄적인 연구 활동을 수행했을 뿐 아니라, 구체적인 교육 방법론을 다양한 각도에서 모색했다. 이 프로젝트는 지금까지도 일본 사회의 디지털 미디어 문해력과 관련한 논의에 지속적으로 영향을 끼치고 있다.

MELL은 미디어 문해력 증진을 위한 구체적인 방법론 개발에 주안을 두었다는 점에서, 여타 연구 프로젝트와 구별되었다. MELL에서 '워크숍'이라고 이름 붙인 다양한 실천 프로그램들은, 참여자들에게 미디어와 관련한 폭넓은 경험과 성찰을 제공하는 것에 초점을 두었다. 워크숍의 주제와 방식은 다양했지만, 프로그램 주최자(교육자 혹은 연구자)와 참가자 양쪽 모두 각자의 상황에 맞춰서, 일상적인 미디어 경험과 관련된 유의미한 '발견'을 하는 것을 목표로 삼았다는 데서 공통점이 있었다. MELL 속에서 다양한 주체가 동등한 입장에서 각자의 경험을 성찰함으로써 '배움'을 실천하는 워크숍이 고안, 설계되었다. 그리고 이들 워크숍을 실시하고 성과를 검증하는 것을 실천적인 연구 프로그램으로 자리매김하였다.

지금까지 디지털 미디어 문해력의 개념과 필요성에 대해 폭넓은 논의가 있었다. 하지만, 실제로 이를 실천할 수 있는 구체적인 방법론에 대한 구체적인 모색은 상대적으로 빈약했다. 특히, 미디어 생태학에서 제기한 성찰적 리터러시의 문제의식에 대해서는 공감대가 형성되어 있음에도 불구하고, 구체적인 방법론을 제시하거나 실효성을 검증한 사례는 찾아보기 어려운 것이 사실이다. 예를 들어, 성찰적 리터러시를 어떻게 함양할 수 있는가, 성찰적 리터러시를 갖춘다는 것은 무엇을 의미하는가, 성찰적 리터러시를 교육의 대상으로 자리매김할 수 있는가 등의 질문에 대한 답할 필요가 있다. 그런 점에서 MELL의 시도는 주목할 만하다. 성찰적 리터러시는 디지털 미디어를 사용하는 개인의 경험 속에서 얻어지는 총체적인 앎을 강조한다. MELL의 워크숍은 이러한 앎을 지향한, 구체적인 실천 프로그램으로서 시사하는 바가 크다.

2) 구체적인 사례

이 절에서는 MELL의 성과 중에서 프로젝트의 핵심 멤버들이 중심이 되어 2015년에 펴낸 『대학생을 위한 미디어 리터러시 트레이닝(大学生のためのメディリテラシートレーニング)』(산세이도)이라는 단행본을 중심으로 성찰적 리터러시를 위한 교육 프로그램의 사례를 제시하겠다. 대표 편자인 하세가와 하지메長谷川一와 무라타 마리코村田麻里子는 각각 메이지가쿠인대학과 간사이대학에 교수로 재직하고 있는 미디어 연구자로, MELL에 초창기부터 참여한 핵심적인 멤버다. 이 책에는 하세가와, 무라타 외에 MELL 연구자 9명이 참여했는데, 제목에서 밝히고 있듯이, 대학생을 위한 미디어 문해력의 교과서를 염두에 두고 펴냈다. 대표 편자들은 이 책의 취지를 다음과 같이 설명하고 있다.

> 미디어 문해력을 키우는 최대의 의의는, 미디어와 이와 관련한 세계를 비판적으로 성찰함으로써 지금까지와는 다른 양상으로 파악할 수 있는 관점을 획득하는 것에 있습니다. (중략) 미디어 문해력이란, 특정한 누군가를 위한 특수한 기술과 능력이 아니라, 누구에게나 필요한 소양이며, 누구나 습득할 수 있는 힘이기도 합니다. 이를 위해 주축으로 삼아야 하는 것은, 실천적인 배움입니다. 교사가 학생에게 지식을 전수하는 강의 형식이 아니라, 신체를 사용하는 활동 속에서 학생이 스스로 깨달음으로써 이해할 수 있도록 설계된 수업이 필요합니다. 학습자가 자신

의 현실(리얼리티) 속에서 미디어와의 관계를 새삼 발견할 수 있도록 이끄는 프로세스가 중심이 되어야 합니다. 교사가 해야 하는 역할은 지식의 전달이 아니라, 그 프로세스를 지원하는 것에 있습니다.

p.2, 김경화 역

즉, 대표 편자들은 미디어 문해력이란, 개별 미디어에 대한 지식이나 기능을 뜻하지 않는다고 단언하고 있다. 주변에 상시적으로 존재하고 자연스럽게 사용하는 미디어의 자명성을 인식하고, 그 속에서 개개인의 삶에 미치는 변화의 양상과 의미를 성찰하는 것이야말로, 미디어 문해력의 지향점이라고 주장하고 있다. 앞서 설명한 성찰적 리터러시라는 개념과 일맥상통하는 문제의식을 분명히 밝히고 있는 것이다.

단행본은 각각 '기초', '응용', '발전'으로 구분되고 전체 3부 19장으로 구성되어 있다. 그중 1, 2부의 각 장에 대해서는 별책부록 형식으로 트레이닝 시트가 제시되어 있다. 트레이닝 시트란, 개별 수업에서 본문의 내용을 토론 혹은 그룹별 문제 해결 방식의 활동으로 전개하는 경우에 활용할 수 있는 교재의 틀로서, 뒤에서 구체적인 사례를 소개하겠다. 단행본의 목차 구성은 아래와 같다.

제1부 [기초편] 주변의 미디어를 생각하다

제1장　TV를 생각하다 (1) - 영상이 전달하는 것과 전달하지 않는 것
제2장　TV를 생각하다 (2) - 프로그램 편성, 광고, 산업으로 보는 TV
제3장　뉴스를 생각하다 - 우리들은 무엇을 공유하는가
제4장　스마트폰을 생각하다 - 신체와 공간을 둘러싼 새로운 관계
제5장　소셜 미디어를 생각하다 - 새로운 커뮤니케이션 공간
제6장　인터넷 사회를 생각하다 - 아키텍처와 네트워크에서의 대화
제7장　잡지를 생각하다 - 새로운 미디어의 가능성
제8장　라디오를 생각하다 - 일상적인 소리와의 관여
제9장　미디어와 젠더, 인종 - 묘사되는 것과 묘사되지 않는 것
제10장　미디어 리터러시의 계보 - 배움의 세 가지 모델

제2부 [응용편] 미디어를 확장시키다

제11장　사진으로 지역을 말하다 - 스스로의 '관점'을 발견하기
제12장　나를 찍다 - '내가 반영된 '나'
제13장　거리에서 기호를 읽다 - 광고, 사인, 포스터
제14장　미디어로서의 공간 - 전시회를 읽다
제15장　복제된 공간과 행위 - 편의점을 읽다
제16장　이미지의 제국 - 디즈니랜드를 읽다

제3부 [발전편] 물질성과 신체성에서 생각하다

제17장　"앎"의 재해석 - 인지도, 카메라, 토머슨
제18장　'나'는 누구인가? - 디지털 스토리텔링
제19장　엿보기와 보여주기 - 테크놀로지, 영화, 놀이기구

목차 구성을 통해, 미디어라는 개념을 상당히 광의로 해석하고 있으며, 더 나아가 미디어 문해력 개념이 지향하는 배움의 맥락 역시 매우 포괄적임을 알 수 있다. 신문, 방송매체, 잡지, 광고 등 매스 미디어에서부터, 휴대폰, 소셜 미디어, 디지털 스토리텔링 등 일상 속의 디지털 미디어는 물론이요, 더 나아가 전시회, 테마파크 등 광의의 미디어 개념에 이르기까지, 현대 미디어 사회와 관련된 다양한 주제를 다루고 있다. 특히, TV나 신문, 인터넷 등 특정 형태의 미디어에만 초점을 두기보다는, 신체, 공간, 도시, 정체성, 시각성, 물질성, 표현 행위 등 다양한 매개meditization 양식을 배움과 성찰의 대상으로 삼고 있다는 점이 주목할 만하다. 또한, 각각의 장은 학습자가 동일하게 도달해야 하는 지식이나 해답을 상정하기보다는, 개인의 경험과 맥락 속에서 질문에 대한 해답을 찾는 것에 중점을 두는 한편, 성찰의 결과를 동료들과 공유하는 프로세스를 중시했다.

보다 구체적인 사례로서, '제5장 소셜 미디어를 생각하다－새로운 커뮤니케이션 공간'이라는 장을 살펴보자. 이 장에서는 소셜 미디어가 인터넷 쌍방향 커뮤니케이션의 새로운 형태를 제시하면서 지금까지와는 다른 종류의 가상공간을 창출했다고 설명하고 있다. 2011년 동일본 대지진 당시 소셜 미디어의 긍정적·부정적인 역할, 젊은이의 소셜 미디어 이용과 관련한 비판적 사회 인식 등을 소개하면서 스스로의 이용 패턴에 근거해 소셜 미디어 속 커뮤니케이션 공간에 대해 성찰하게끔 이끌고 있다. 예를 들어, 이 장의 학습 활동을 지원하는 트레이닝 시트는 다음과 같다.

과제1 당신은 어떤 소셜 미디어를 사용하고 있습니까? 어떤 때에, 어떤 목적으로 사용하는 지 가능한 한 많은 사례를 떠올리고 설명하세요.

과제2 소셜 미디어를 이용하면서 즐거웠던 경험과 좋았던 경험, 혹은 나빴던 경험이나 불쾌했던 경험을 한 적이 있습니까? 어떤 경험을 했는지 에피소드를 기술하세요.

- 즐거웠던 경험, 좋았던 경험

- 나빴던 경험, 불쾌했던 경험

과제3 과제2에서 기술한 즐거웠던 경험, 혹은 나빴던 경험은 어떤 커뮤니케이션 공간에서 일어났습니까? 제5장 본문을 참조하면서 분석, 설명하세요.

과제4 만약 소셜 미디어가 없었다면, 과제1에서 기술한 목적의 커뮤니케이션은 소셜 미디어 대신 어떤 도구를 사용했을까요? "만약 ○○(구체적인 소셜 미디어의 이름)가 없었다면"이라는 문구를 사용해, 당신이라면 어떻게 했을지 상상하고 기술하세요.

과제5 당신은 보통 소셜 미디어를 사용해 어떤 커뮤니티에 참여하고, 어떤 커뮤니케이션을 하고 있습니까? 또, 실제 공간에서의 커뮤니케이션과는 어떻게 다른가요? 과제 1~4를 전체적으로 되돌아보면서 정리해 봅시다.

이 사례는 단행본에서 기술된 다양한 방법론의 단면에 불과하지만, 편저자들이 제안하는 실천적 배움이 지향하는 바를 드러내고 있다. 즉, 소셜 미디어와 관련한 디지털 문해력의 핵심은 개개인이 일상 속에서 경험하는 소셜 미디어의 의미와 역할을 스스로 반추하고 성찰하는 것이라고 보는 것이다. 또한, 그 과정에서 소셜 미디어와 그로 인해 구성되는 커뮤니케이션 공간에 대한 상상력을 적극적으로 장려함으로써, 단순한 활용법을 넘어 개인의 경험과 연계되는 방식으로 디지털 미디어를 재해석할 수 있도록 이끈다.

위의 사례는 MELL의 시도 중 극히 일부만을 담고 있다. 다만, 디지털 미디어 문해력과 관련한 기존의 도구주의적인 관점을 극복해야 한다는 문제의식을 명확히 하고, 대안적인 방법론을 제시, 검증한다는 면에서 유의미한 사례로 볼 수 있다. MELL이 제시하는 디지털 리터러시 개념은 일본 사회의 특수성을 반영하고 있다. 앞서 기술한 것처럼, 일본에서는 일찌감치 무선인터넷 이용이 정착되었다. 디지털 미디어의 이용에 있어서 개인주의적인 성향이 전반적으로 강한 편이다. 또, 일반적인 이용자들 사이에서 기술국가주의적인 담론이 뿌리내리고 있어서, 인터넷의 공적인 역할과 가능성에 대한 논의는 상대적으로 소극적으로 이루어졌다. 이러한 사회적 배경 속에서 전개된 만큼, MELL이 제시하는 디지털 미디어 문해력의 개념은, 디지털 기술의 개인주의적, 유동적인 맥락을 지나치게 강조하는 경향이 있다는 점은 지적해 두자.

4
고도의 정보화 사회와 성찰적 리터러시

　디지털 미디어는 우리의 삶과 정보 환경에 전반적으로 관여한다. 특히 스마트폰으로 대표되는 개인용 디지털 기기는 일상적 실천의 자명한 기반이 되었다. 우리는 무의식적, 습관적으로 디지털 네트워크에 접속하면서 고도의 정보화 사회의 일원으로 일상생활을 영위하고 있다. 디지털 미디어와 관련한 개인의 경험은 나날이 다양해지고 있는데, 달리 말하자면 디지털 기술 사회의 미디어 경험의 개인화, 파편화가 가속화하고 있는 것이다. 이런 상황은 디지털 기술과 관련한 '앎literacy'의 다면적, 다층적 특성을 더욱 강화하고 있다. 필자(2020)가 디지털 리터러시에 있어서 "인터넷에 대한 섣부른 지식보다 인터넷이 우리의 삶에 가져온 변화에 대한 성찰이 더 절실하다."고 주장하는 것은 이 때문이다. 이 장에서는 20세기 이후 일본에서 전개된 성찰적 리터러시와 관련한 방법론적 논의와 사례를 소개, 해설하였다. 성찰적 리터러시가 디지털 기술 사회를 살아가기 위해 필요한 유일한 소양이라고 생각하지는 않는다. 다만, 지금까지의 미디어 문해력과 관련한 논의는 어떤 종류의 '앎'을 어떻게 전달, 전수해야 할 것이라는 점을 주축으로 삼아 왔다. 이에 비해, 성찰적 리터러시라는 개념은 개개인의 경험 속에 쉽게 은폐되고 당사자조차도 인지하기 어려운, '무지illiteracy(Lim & Loh 2020)'의 영역에 주의를 기울이고 있다. MELL이 제안하듯이, 자신의 삶을 사유하고 성찰함으로써 디지털 기술에 대한 '무지'의 영역을 가시화하는 것 역시, 디지털 미디어 사회를 현명하게 살아내기 위한 중요한 덕목이다.

참고문헌

김경화 (2020). 〈모든 것은 인터넷에서 시작되었다: 디지털 리터러시를 위한 여섯 가지 이야기〉. 서울: 다른.
이동후 (2021). 〈미디어는 어떻게 인간의 조건이 되었는가: 미디어 생태학적 통찰〉. 서울: 컬처룩.
정현선 (2021). 〈2022 개정 교육과정의 미디어 리터러시 교육 강화 방안〉. 교육부·한국청소년정책연구원 이슈리포트.

Rheingold, H. (2003). *Smart mobs: The next social revolution*. Cambridge, Cambridge. MA: Perseus. 이운경 (역) (2003). 〈참여 군중: 휴대폰과 인터넷으로 무장한 새로운 군중〉. 서울: 황금가지.
Buckingham, D. (2003). *Media education: Literacy, learning, and contemporary culture*. Cambridge: Polity. 기선정·김아미 (공역) (2004). 〈미디어 교육: 학습, 리터러시, 그리고 현대문화〉. 서울: 제이앤북.
Zuboff, S. (2019). *The age of surveillance capitalism: The fight for a human future at the new frontier of power*. NY: Public Affairs. 김보영 (역) (2021). 〈감시자본주의 시대: 권력의 새로운 개척지에서 벌어지는 인류의 미래를 위한 투쟁〉. 파주: 문학사상사.
Lim, S, S. & Loh, R. S. M. (2020). Young people, smartphones, invisible illiteracies: Closing the potentiality-actuality chasm in mobile media. In E. Polson, L. S. Clark & R. Gajjala (Eds.), *The Routledge Companion to Media and Class* (pp. 132-141). New York: Routledge.
Pariser, E. (2011). *The filter bubble: How the new personalized web is changing we read and how we think*. London: Penguin Books.
長谷川一・村田真理子 編著 (2015). 『大学生のためのメディアリテラシー・トレーニング』東京：三省堂.
水越伸編著 (2007). 『コミュナルなケータイ：モバイル・メディア社会を編みかえる』東京：岩波書店.
水越伸・東京大学情報学環メルプロジェクト編 (2009). 『メディアリテラシー・ワークショップ：情報社会を学ぶ・遊ぶ・表現する』東京：東京大学出版会.

総務省 (2023). 「令和5年版情報通信白書」URL: https://www.soumu.go.jp/
　　johotsusintokei/whitepaper/ja/r05/pdf/index.html (2023, 8, 27 接続)
モバイル社会研究所 監修 (2006). 『モバイル社会白書 2006』東京：NTT出版.
東京大学大学院情報学環 編 (2006). 『日本人の情報行動 2005』東京：東京大学出版会.

Chapter 09

영국의 디지털 문해력 교육

봉미선 _ EBS 정책연구위원

영국은 명실공히 미디어 문해력 교육의 선도국가로 인정받는다. 미디어 문해력 교육을 어느 나라보다 먼저, 적극적으로 실시해 오고 있다. 1980년대부터 학교 정규 교육과정과 대학 입학시험에 선택과목으로 미디어 교육을 채택한 나라다. 2003년 커뮤니케이션법을 만들어 미디어 교육을 주관하는 기관으로 '오프콤Ofcom'을 지정하고 해야 할 일을 법에 명시했다. 최근 개정된 교육과정에서는 미디어 문해력 교육이 과거에 비해 후퇴했다는 평가도 나오지만 영국의 문해력 교육은 이론에서나 실천에서나 여타 국가에 비해 앞서 있음은 분명하다. 학교 안에서는 물론 학교 밖에서도 시민단체와 다양한 기관이 네트워크로 뭉쳐 미디어 문해력 교육에 관심을 쏟고 있다. 영국 대표 공영방송 BBC도 미디어 문해력 교육 차원에서 역할을 톡톡히 해내고 있다. 본 장에서는 영국 미디어 문해 교육의 역사를 되돌아본다. 또한, 누가, 어떻게, 어떤 지향점을 갖고 미디어 문해 교육을 실시하고 있는지 들여다본다. 영국 미디어 문해력에 관한 역사와 사례, 정책을 살펴봄으로써 우리나라 미디어 문해력 교육에 도움을 줄 만한 시사점을 찾아본다.

1
영국 미디어 문해 교육의 특징은 무엇인가

역사적 맥락의 연속선상인가? 영국은 미디어 문해력 교육을 선도한 강국으로 간주된다. 영국은 미디어 기술 변화에 능동적으로 대응한 미디어 문해력 교육을 실시해 오고 있으며, 유럽 국가 가운데 프랑스와 스칸디나비아 3국(덴마크, 노르웨이, 스웨덴)과 함께 미디어 문해 교육이 활발한 나라로 꼽힌다. 영국 미디어 문해 교육의 특징은 크게 두 가지로 요약된다. 정부 주도로 진행되어 온 점과 오랫동안 학교 안에서 미디어 문해 교육을 실시해 오고 있다는 사실이다. 시작된 시기도 미국이나 한국 등에 비해 월등히 앞선다. 유럽 이외 국가들이 1980년대에서야 미디어 문해 교육에 관심을 갖고 시동을 걸었던 데 비해 유럽 국가들은 1960년대 말부터 이미 초·중등학교에서 미디어 문해교육을 시작했다. 정부 주도로 기존 과목의 일부로 진행하거나 특별활동 형태로 실천하였다.

통상적으로 영국에서 미디어 리터러시 정의는 오프콤(Ofcom, Office of Communications)의 규정을 따른다. 오프콤은 영국 커뮤니케이션 산업체 규제기관으로 텔레비전, 라디오, 정보통신 서비스 등을 관할하고 있다. 오프콤은 미디어 리터러시를 '다양한 매체 맥락 안에서 미디어에 접근access하고, 미디어를 이해understand하며, 창의적인 제작create을 할 수 있는 능력'으로 정의했다(김아미, 2015). 이처럼 영국 미디어 문해 교육의 지향점은 3C로 요약된다. 즉, 비판적인 분석 능력Critical, 창조적인 제작 능력Creative, 문화적인 이해 능력Cultural에 초점이 맞춰져 있다.

영국 미디어 문해력 교육의 특징 가운데 하나는 정책을 주관하는 기관이

분명하다는 점이다. 문해력 교육에 관한 특정 법률을 갖추고 있지 않지만 커뮤니케이션법에 오프콤을 미디어 문해력 교육을 주관하는 조직으로 특정하고 있다. 교육부가 아니라 방송통신정책 부서에서 미디어 문해력 교육을 주도하기에 일부 한계가 있다는 지적이 있음에도, 여러 부처, 여러 기관에 산재되어 있는 우리나라와 비교되는 점이다.

다양한 방식으로 미디어 문해력 교육이 진행되기 때문에 미디어 이용자의 선택의 폭이 넓다. 학교 안과 밖에서 다양한 단체들이 제공하는 미디어 문해력 교육을 선택해서 참여할 수 있다. 더욱이 학교 안에서는 독립 교과 형태로 개설된 〈미디어 연구Media Studies〉 과목을 듣고 학점을 이수할 수 있을 뿐 아니라 국어, 사회 등 다른 교과목 수업에도 미디어 문해력 교육이 연계되어 제공된다. 예를 들어, 우리나라 중학교에 해당하는 만 11~14세 학생들에게는 국어(영어) 수업시간에 1년 중 약 6주를 미디어 문해력 교육에 투입한다. 만 14~16세 중등학교 학생들은 졸업시험 GCSEGeneral Certificate of Secondary Education에서, 만 16~18세는 A-level에서 〈미디어 연구〉를 선택할 수 있다. GCSE를 위한 교육과정의 틀Curriculum statements은 영국영화협회(British Film Institute, BFI)가 만들었고, 이는 개별 학교와 학습의 미디어 수업의 중요 가이드라인이 되었다(은혜정, 2000).

영국 미디어 문해력 교육은 선도국가답게 미디어 발달 추이와 이용행태 변화에 맞춰 꾸준히 조사연구해 오고 있다. 문화미디어스포츠부(Department for Digital, Culture, Media and Sport, DCMS)와 미디어 문해력 교육을 주관하는 오프콤은 연구기금을 투입하여 학술적 조사연구를 지원하고 있다. 온라인과 모바일, SNS 이용행태 등에 관한 조사연구를 꾸준히 실시하여 발표하고, 이를 미디어 문해력 교육에 활용하고 있다.

영국의 미디어 문해 교육은 네 가지로 범주화할 수 있다. 첫째, 학교 안에서 이루어지는 공식 교육이다. 커리큘럼과 평가체계를 갖춘 독립 교과목이 있다. 둘째, 평가로 이어지지 않는 미디어 문해 교육 또는 특별활동이다. 예를 들어 시민성 교육, 역사, 예술 및 사회학 내 미디어 문해 교육이다. 셋째, 학교에서 펼치는 온라인 안전 교육이다. 안전한 온라인 이용e-safety 정책 및 교육도 미디어 문해 교육의 한 영역으로 간주한다. 넷째, 정규 교과목 이외 컴퓨터 및 정보활용능력 교육이다(McDougall & Livingstone, 2014).

2
영국 미디어 문해 교육은 그동안 어떻게 전개되어 왔는가

영국은 언제부터 미디어 문해 교육을 시작했을까? 1920년대 '영화연구'를 미디어 문해력 교육의 기원으로 보는가 하면, 1930년대 대중 잡지로부터 청소년들을 보호하기 위해 시작한 문해 교육을 효시로 보는 시각도 존재한다. 그런가 하면 영국 미디어 문해 교육의 태동을 1960년대로 보는 일부 시각도 있다. 영화 바로보기 교육에서 보면 1920년대, 비판적 대중문화 읽기 교육에서는 1930년대, 텔레비전 이해 교육차원에서는 1960년대라고 할 수 있다.

1920년대 '영화연구'를 미디어 문해력 교육의 기원으로 보는 입장은 영국 영화단체들이 일찌감치 학교 안에서 특별활동 형태로 영화교육을 주도했던 점에 주목한다. 이런 방식의 영상 문해 교육은 1960년대 초까지 계속되었으며, 1960년대부터는 텔레비전으로 발전되었다. 1980년대 미디어 문해 교육이 영국의 학교 교육에 도입되었으며, 1990년대부터는 능동적인 미디어 이용에 주목했다. 디지털 기술과 온라인 네트워크 등장에 맞춰 2000년대 이후에는 디지털 미디어 문해력 증진으로 정책의 초점이 이동되었다.

요약하면, 영국의 미디어 문해 교육의 역사는 1930년 이후, 1960년 이후, 1980년 이후, 2000년 이후, 2010년 이후로 시기별로 구분지어 정리할 수 있다.

1) 1930년 이후

스가야 아키코(2000)는 영국 미디어 문해 교육의 역사를 20세기 초로 보았다. 그는 1933년 문학비평가 프랭크 레이먼드 리비스Frank Raymond Leavis와 데니스 톰슨Denys Thompson이 저술한 〈Culture and Environment: The Training of Critical Awareness(문화와 환경: 비판적으로 깨어나기 위한 훈련)〉에서 "매스 미디어를 비판적으로 해석하는 일은 아이들을 저속한 대중문화의 영향으로부터 보호하는 데 효과적이다."라고 서술한 대목에 주목했다. 1930년대 황색 저널리즘yellow journalism이 번지고, 대중소설이 유행하기 시작하자 이른바 지식인 계층에서는 대중문화 확산으로 전통적인 고급문화가 쇠퇴하는 것을 경계했다. 고급문화와 대중문화라는 이분법이 작동하고 있었던 시기, 매스 미디어가 대중문화를 보급함으로써 통속적이고 저속한 문화가 확산된다고 보았다. 지식인 계층과 영어 교사들은 저속한 대중문화로부터 아이들을 지키기 위한 예방조치로 비판적 읽기를 가르쳤다. 신문, 잡지, 광고 등을 비판적으로 보는 능력을 키워주기 위해 미디어 문해 교육 수업을 도입했다.

1950년대부터 모임을 시작한 '영화와 텔레비전 교육자 모임(Society for

Education in Film and Television, SEFT)'은 당시 미디어 문해 교육에 관한 사회적 관심을 일으키는 데 중요한 역할을 했던 교육자 단체로 꼽힌다. SEFT는 BFI British Film Institute의 지원을 받아 사업을 진행했다. SEFT 회원들은 영화와 텔레비전을 단지 새로운 미디어로만 바라보는 데 그치지 않았다. 그들은 영화와 텔레비전의 문화적 가치를 인정하고 대중문화 텍스트도 학문적으로 분석할 수 있는 대상이라고 보았다.

2) 1960년 이후

1960년대 영화에 익숙한 세대가 교사의 주류를 차지하면서 학교 교육에 영화가 적극 도입되었다. 이때만 해도 미디어 문해 교육은 미디어의 좋고 나쁨을 교사가 판단하여 학생들에게 가르치는 방식이었다. 학생들이 고급스럽고 세련된 미디어에 익숙하도록 교사가 지도하고 훈련한다는 성격이 지배적이었다. 1960년대 후반부터 문화를 "삶의 총체적인 양식"으로 보는 문화연구가 등장했고, 미디어를 바라보는 패러다임이 바뀌었다. 고급문화와 대중문화라는 이분법적인 구분에 반기를 들었다. 즉, 대중문화를 저속한 것으로 볼 게 아니라 대중문화가 전하는 미디어 메시지는 "정치·경제·이데올로기 등 다양한 요인으로 구성된 혼합물"이기에 수용자의 주체적인 해석을 존중해야 한다는 것이다. 이로써 수용자는 미디어에 의하여 일방적으로 영향을 받을 만큼 단순하지 않으며 자신들의 경험과 가치관, 사회적인 문맥에 따라 메시지를 다양하게 해석할 수 있는 존재로 봐야 한다는 주장에 힘이 실렸다. 1960년대는 영국 미디어 문해 교육에서 주체적이고 능동적인 수용자관이 형성되기 시작한 시기로 분류된다. 1970년대 접어들면서 텔레비전이 영국 일반 가정에 대대적으로 보급되기 시작했다. 자연스레 고급문화와 대중문화의 벽도 사라지기 시작했다. 미디어 문해 교육의 중심축이 자연스럽게 영화에서 텔레비전으로 이동했다.

3) 1980년 이후

1980년 이후 약 20년 동안은 영국 미디어 문해 교육의 전성기로 불린다. BFI와 모국어 교사 모임인 영어와 미디어 센터(English and Media Centre, EMC)를 중심으로 미디어 문해 교육이 본격화되었고, 미디어 문해 교육의 모델로 자리잡은 핵심 개념 위주의 미디어 문해 교육 모형이 개발되었다. 영국 노팅엄대학University of Nottingham 랜 마스터만Len Mastman 교수는 영국 미디어 문해 교육을 한 단계 끌어올린 학자로 평가 받는다. 그의 저서 〈Teaching the media(미디어 가르치기)〉에서 미디어 문해 교육의 이론적인 틀을 제시했기 때문이다. 마스터만(1986)은 "미디어가 보여주는 세계는 현실을 그대로 거울처럼 반사하는 것이 아니라 현실을 기호화하여 재구성한 것"이라는 미디어를 바라보는 새로운 관점을 제시했다. 미디어 문해 교육의 중요한 질문 가운데 하나인 "누가, 무슨 목적으로 만들었는가?"를 살펴야 함을 일깨웠다.

1980년대 들어 매스 미디어가 어린이들의 생활에 중요한 부분을 차지하면서 미디어에 관해 가르쳐야 한다는 인식이 대두되었다. 런던대학교 버킹엄David Buckingham 교수는 어린이들이 습득하고 있는 지식을 출발점으로 미디어를 가르쳐야 한다고 강조했다.

영국 교육과학부는 1983년 〈대중 TV와 아이들〉 보고서에서 미디어 문해 교육의 방향을 텔레비전이 미치는 영향을 의심하던 것에서 TV가 보여주는 사회를 이해하는 쪽으로 전환했다. 마침 비디오 녹화, 재생기VCR가 보급되면서 학교에서 미디어 문해 교육을 실시하기가 수월해졌다. 1988년부터 영국 교육과정에 미디어 교육이 국어(영어교육) 교육에 포함되었다. 이로써 초등, 중등 국어 과목에서 언어와 문학을 공부하는 데 교과서뿐만 아니라 신문, 잡지, 만화, 영화, 텔레비전, 인터넷, 씨디롬CD-Rom이 활용되기 시작했다.

4) 2000년 이후

21세기 들어 영국은 디지털 미디어에 대한 문해력 증진을 주요한 국가 목표로 설정했다. 정부와 교육기관은 물론 공영방송까지 적극 동참했다. 2003년 커뮤니케이션법Communication Act 제정으로 방송통신 규제기구인 오프콤이 미디어 문해력을 증진시키고 관련 연구를 수행할 의무를 부여받았다. 이후 오프콤은 영국 미디어 문해 교육의 중심 역할을 수행해 오고 있다. 오프콤(2004)은 미디어 문해력을 "미디어와 커뮤니케이션을 다양한 맥락에서 이용하고 이해하고 창조하는 능력"으로 규정하고 문해력뿐만 아니라 디지털 생활능력과 디지털 포용까지 포함한 새로운 접근 방식을 제안하였다. 디지털 미디어 콘텐츠의 창작과 이해뿐만 아니라 적극적인 활용과 참여 기회의 확대까지 고려한 명확한 전략을 국가가 제시해야 한다고 강조했다(강진숙 외, 2017). 문화미디어스포츠부는 2009년 영국의 장기적인 디지털 국가경쟁력 강화 계획을 담은 〈디지털 브리튼Digital Britain〉 보고서를 발행했다. 이 보고서에 디지털 시대에 국민 참여를 높이기 위한 필수과제로 '디지털 미디어 문해력digital media literacy'을 '디지털 포용digital inclusion', '디지털 생활 능력digital life skills'과 함께 명시했다.

5) 2010년 이후

최근 영국의 교육과정은 미디어 문해력 관련 내용을 축소했다. 과거 중등학교 국어 과목 내 미디어 문해 교육이 필수 요소로 자리 잡았었으나, 최근에는 〈미디어 연구〉 과목만 대학 입학을 준비하는 A-level 과정의 선택과목으로 남게 되었다. 디지털 미디어 교육에 관한 내용이 중등과정의 〈예술과 디자인〉, 〈컴퓨팅Computing〉 과목에서 일부 발견되지만, 미디어 문해력 교육의 핵심적인 내용인 미디어에 대한 비판적 이해와 분석에 관한 내용이 아니라 디지털 기술의 활용 차원에 머물고 있어 "학교 교육과정 내 미디어 교육이 후퇴"했다는 게 전문가들의 분석이다(정현선 외, 2020). 그럼에도 불구하고 영국의 미디어 문해력 증진 교육은 오프콤을 중심으로 문화미디어스포츠부DCMS, 교육부, 인터넷안전위원회 등과 공영방송 BBC가 활발하게 전개하고 있다. 교육을 관할하는 교육부가 아닌 미디어 규제기관인 오프콤이 미디어 문해 교육을 주관하고 있어 이를 한계점으로 지적되기도 한다. 교육과정에서 일부 후퇴하고, 정책 추진 과정의 일부 한계에도 불구하고 영국은 여전히 대학과 전문 연구자를 중심으로 세계 미디어 문해력 교육의 선두주자로 꼽힌다. 정현선(2022)은 런던정경대학LSE 커뮤니케이션학과의 '디지털 미래를 위한 부모 교육Parenting for a Digital Future' 프로젝트, 'EU Kids Online' 연구와 본모스대학교의 '미디어 실천 연구소', 세필드대학교를 중심으로 한 유럽연합 차원의 'DigiLitEY' 프로젝트 등을 미디어 문해력 교육에 관한 수준 높은 활동으로 평가했다.

3
어린이와 청소년의 미디어 문해력 증진을 위해 어떤 프로그램을 운영하는가

영국 고등학교 〈미디어 연구〉 수업을 알기 위해 수업이 진행 중인 고등학교 교실로 들어가 보자.

사우스햄프턴Southhampton은 영국 런던에서 특급열차로 1시간 정도 달리면 나타나는 항구도시다. 그곳에 있는 한 고등학교의 미디어 수업 시간. 교사는 학생들에게 영화가 어떤 이유로 어떠한 마케팅을 전개하는지 생각해 보라고 말한다. 학생들 책상 위에는 영화 잡지와 영화 관련 상품들이 놓여 있다. 엄연히 영국 대학입학자격 시험 선택과목인 〈미디어 연구 상급과정〉 수업이다. 학생들은 이런 식의 수업을 공부라고 생각할까? 수업에 참여한 학생으로부터 돌아온 대답이다.

"저도 처음에는 미디어를 공부하는 것이 정말로 학문으로 성립하는지 의문을 가졌어요. 어머니도 걱정하셨죠… 실제로 공부해보니 아카데믹하면서도 일상생활과 관련된 주제를 다루기 때문에 재미있어요. 미디어뿐만 아니라 마케팅, 비즈니스 전략 등 광범위한 분야를 다루기 때문에 유익해요." 미디어 수업을 듣고 나니 미디어가 보이고 지금까지 몰랐던 미디어구조를 알게 되었다는 반응이다(菅谷明子, 2000).

영국 교육과정에 포함된 미디어 관련 교과목은 영화 중심의 〈영화와 미디어 연구〉, 미디어를 종합적으로 배우는 〈미디어 연구〉, 미디어를 종합적으로 배우는 상급과정인 〈미디어 연구 상급과정〉이 있다. 학교 커리큘럼에 관련 과목이 개설되었다는 사실은 커리큘럼을 위한 명확한 기준과 검증된 성공적인 교수학습 방법 및 전략을 갖고 있다는 얘기다. 1990년 국가교육

과정에 따라 중학교(만 11~14세) 때 모국어인 영어 과목에 미디어 문해 교육을 포함하여 실시하고, 중등학교 졸업시험(만 14~16세)과 대학입학시험(만 16~18세)에서 〈미디어 연구〉 과목을 선택할 수 있다.

영국 런던에 있는 글레이드스모어Gladesmore 고등학교에서 진행되는 〈미디어 연구 상급과정〉 수업도 흥미롭다. 9주간에 걸쳐 진행되는 광고 프로젝트 수업이다. 광고가 대중의 가치관 형성에 커다란 영향을 미침에도 불구하고 사람들은 거의 의식하지 못한다는 문제의식에서 기획된 수업이다. 학생들은 각자 개발한 향수를 어느 매체에 어떻게 광고할지를 실제로 고민한다. 신문사나 잡지사에 직접 연락해 광고료를 조사한다. 시중의 향수 광고에 의문을 갖고 주의깊게 살피는 것도 수업 내용이다. '① 무엇이 팔리고 있는가? ② 이 상품을 사지 않으면 안 되는 이유가 표시되어 있는가? ③ 광고는 분위기나 장소 등 제품 이외에 다른 것을 생각하도록 되어 있는가? ④ 광고는 어떤 마켓과 사람들을 타깃으로 하는가? ⑤ 어떻게 그것을 알았나? ⑥ 광고에는 어떤 타입의 이미지나 단어가 사용되고 있는가?' 이런 질문으로 광고를 분석한 학생의 반응은 "광고를 만드는 사람들이 대단하다고 생각하게 되었다."는 것이다.

〈미디어연구 상급과정〉은 광고와 마케팅 외에도, 다큐멘터리, 뉴스, 영화, 텔레비전, 라디오, 신문, 위성방송, 독립미디어 등에 대해 공부한다. 런던 시내 이즈링튼Islington 지역에 있는 한 고등학교의 국어 수업시간, 학생들은 알프레드 히치콕Alfred Hitchcock에 대해 공부하고 그 텍스트를 본떠서 단편 스토리를 만들고 콘티를 짰다. 오늘 수업은 카메라로 직접 촬영하는 시간이다. 담당 교사는 "영상을 이해하는 열쇠는 실제로 만들어보는 데 있다."며, "실제 제작을 해보면서 학생들은 늘 보던 것과 다른 점에 놀란다."고 말한다. 이 학교는 미디어 수업을 선택한 학생이 유독 많다. 10개 반학생들이 대학입학자격 시험의 선택과목인 〈미디어 연구〉를 배우고 있다. 〈미디어 연구〉 과목은 수업시간이 즐거운 데다 다른 과목 성적이 좋지 않은 학생들도 대학에 갈 기회를 제공하는 점에서 호응을 얻고 있다(菅谷明子, 2000).

4
학교와 가정, 학교 밖에서 미디어 문해 교육을 어떻게 실천하고 있는가

1) 학교 밖 미디어 문해력 교육

영국은 미디어 문해 교육을 어느 나라보다 앞서 교육과정에 포함함으로써 학교 안 미디어 교육의 선두주자로 꼽히기도 하지만, 학교 밖 교육에서도 두드러진 모습을 보인다. 다양한 기관과 단체들이 미디어 문해 교육을 주도한다. 미디어 교육을 담당하는 교사들이 학교 안에서뿐 아니라 학교 밖에서 다양한 지원을 받을 수 있는 통로가 마련되어 있다. BFI와 EMC는 미디어 문해 교육 콘텐츠를 개발하고 제공하는 대표적인 외부 기관이다. 공영방송 BBC와 지상파 방송국인 채널 4Channel 4 Television Corporation도 미디어 문해력 증진을 위한 콘텐츠와 교안을 개발하여 제공한다.

학교 밖 미디어 문해 교육이 주로 어린이와 청소년 대상 프로그램이라는 특징이 있지만, 학부모를 위한 프로그램도 존재한다. 페어런트 존Parent Zone은 디지털 환경에서 생활 정보에 방점을 둔 온라인 커뮤니티 (https://parentzone.org.uk)로, 가정 교육차원에서 온라인 의사소통 등을 주제로 대화할 수 있도록 자료를 제공하고 있다. 웹사이트에서는 학부모의 고민을 이메일로 접수받아 전문가의 조언을 받거나 지원을 무료로 받을 수 있도록 안내한다. 온라인 안전과 디지털 웰빙 관련 사이트를 안내하고, 교육부가 제공하는 과목별 자녀교육 자료를 무료로 제공한다. 가족 중 정신건강 측면에서 고통받고 있으면 무료로 상담을 제공하는 자선단체들을 안내하고 있다.

각종 자선단체와 비정부기구NGO에서도 학교 밖 미디어 교육을 하고 있다. 'UK Youth'(www.ukyouth.org)는 청소년 단체 8,000개와 국가가 함께하는 자선사업이 목적인 연대 조직이다. 영국 인구 5분의 1 이상, 1,100만 명이 넘는 젊은이들을 지원하는 전국 단위 네트워크다. UK Youth는 2020년 2월 구글과 유튜브의 지원을 받아 '인터넷 시민 되기'Be Internet Citizens' 프로그램을 운영했다. 만 명의 청소년에게 온라인에서 안전하고 책임감 있게 행동하는 방법을 가르치고, 학습하고, 공유하고, 창의력을 발휘하고, 자신을 표현하고, 점점 더 디지털화되어 가는 세상에서 소속감을 경험할 수 있도록 돕기 위한 교육 프로그램이다. 프로그램은 청소년들의 미디어 문해력 증진을 위해 허위조작정보, 에코 체임버echo chamber1), 필터 버블filter bubble2) 등 개념을 설명하고, 비판적 인식을 높여주는 내용으로 구성되었다.

---

1) 에코 체임버(echo chamber, 반향실 효과)는 비슷한 성향끼리 소통한 결과 다른 사람의 정보와 견해를 불신하고 자신의 이야기만 진실로 느끼는 현상을 말한다.
2) 필터 버블(filter bubble)은 사용자 개인화 알고리즘에 의해 생기는 정보편식 현상을 의미하는 것으로 개인성향에 맞춤 정보를 제공해 비슷한 이용자가 편향된 정보에 갇히는 현상을 말한다. '필터(filter)'는 추천 알고리즘을 뜻하며, 플랫폼이 개인화된 콘텐츠를 제공하기 위해 사용하는 추천 알고리즘의 추천 정보만 접한 이용자가, 관심이 없거나 본인의 의견과 다른 콘텐츠를 보지 못한 채 '버블(bubble)' 속에 갇힐 수 있음을 나타낸다.

2) 학교 미디어 교육

영국은 정규 교육과정에 미디어 문해력 증진을 위한 독립 교과를 개설한 나라다. 1988년 교육과학부가 모국어 교육의 일부로 미디어 문해 교육을 가르칠 것을 권장하면서 중등교육은 물론 초등학교에서도 본격화되었다. 중등학교에서는 각 교과목마다 미디어 문해력을 반영하는 통합교과적인 방법과 〈미디어 연구〉라는 독립 교과목을 선택할 수 있는 방식이 병행되었다. 하지만 2017년 개편 교육과정에서 미디어 문해 관련 내용이 축소되었다. 심지어 중등 졸업 인증 과정GCSE 국가시험과 대학입학자격 국가시험인 A-level의 독립 선택교과목에서 〈미디어 연구〉를 제외하려는 시도가 있었다. 〈미디어 연구〉 과목을 교육과정에서 제외시키는 것을 막을 수 있었지만 중등 졸업 인증 과정GCSE에서 국어과목을 대신하여 선택할 수 있었던 〈미디어 연구〉는 삭제되고 말았다.

교육과정 개편 논의 과정에서 〈미디어 연구〉를 축소하려 시도가 촉발된 이유는 수학이나 과학, 기술 과목은 평가의 엄격성, 신뢰성, 관리 용이성이 높은 반면, 〈미디어 연구〉는 상대적으로 역사가 짧고, 평가가 어려운 데다 취업에 직접 도움되지 않는다는 인식 때문이다(정현선, 2022). 비록 독립 교과목으로서 입지가 축소되고, 보다 확장된 차원에서 미디어 문해력을 접근하기보다 다시 활자 중심 문해력 교육으로 돌아간다는 우려가 있지만, 〈예술과 디자인〉, 〈컴퓨팅〉 등 여타 과목에서는 미디어를 보다 정확하게 이해하고 비판적으로 볼 수 있는 역량을 키우는 내용이 상당부분 반영된 것으로 분석된다(정현선 외, 2020).

5
영국의 디지털 문해 교육을 누가 주도하는가

2003년 제정된 영국 「커뮤니케이션법」에서 미디어 문해력 증진 정책을 담당할 주무기관으로 미디어 규제 기관인 오프콤을 지정하고, 2009년 영국 문화미디어스포츠부가 〈디지털 브리튼Digital Britain〉 보고서에서 미디어 교육을 강조하면서 영국은 디지털 전환 이후에도 국가적으로 꾸준히 미디어 문해 교육을 강조하고 있다.

정책추진 관점에서 영국의 미디어 문해 교육 변천을 살펴보면 크게 3단계로 구분할 수 있다. 1단계는 오프콤과 EU가 개입하기 이전을 말하며, 2단계는 신노동당과 오프콤이 미디어 교육(1997~2011년)을 주도하던 시기를 일컫는다. 3단계는 유럽연합의 미디어 교육 정책 기조와 맞물려 진행되는 시기다(배상률, 2014).

1) 오프콤(Ofcom, Office of Communications)

영국 커뮤니케이션법 제11조는 미디어 문해 교육에 관한 '오프콤'의 의무를 명시하고 있다. 오프콤은 전파 미디어가 전달하는 내용의 본질과 특성에 대한 대중들의 이해, 제작 과정에 대한 인식과 도모, 기술과 시스템의 효율적 이용 등을 통해 미디어 리터러시의 증진 의무를 이행해야 한다(제11조 1~2항).

표 9-1. 영국 '커뮤니케이션법 2003' 제11조 미디어 리터러시(Media Literacy) 증진 의무

1항. OFCOM은, 다음을 위해 적합하다고 여겨지는 조치를 취해야 하고 혹은 이에 도움이 된다고 여겨지는 경우 조정 작업을 해야 하는 의무를 가진다.
  (a) 전파 미디어를 통하여 전달되는 내용의 본질이나 특성에 대하여 대중들이 더 나은 이해를 하고 또 타인으로 하여금 그렇게 하도록 장려한다.
  (b) 그러한 방법으로 전달되기 위하여, 선택되거나 이용하도록 만들어진 내용들의 제작 과정에 대하여 대중들이 더 나은 인식과 이해를 하게 하고 또 타인으로 하여금 그렇게 하도록 장려한다.
  (c) 전파 미디어를 수단으로 전달되는 내용에 대한 접근은 규제되거나 규제될 수 있다는 점에 따라 현재의 시스템에 대한 대중의 더 나은 인식 향상을 불러일으키게 하고 또 타인으로 하여금 이를 장려토록 한다.
  (d) 그와 같은 내용을 이용하는 개인이, 자신이 수신하는 것을 통제할 수 있음에 기반 현재의 시스템에 대한 대중의 더 나은 인식 향상을 불러일으키도록 하고 또 타인으로 하여금 이를 장려토록 한다.
  (e) 그와 같은 내용에 대한 접근을 규제하기 위해, 그리고 수신된 내용에 대한 통제를 강화하기 위해 기술과 시스템 두 가지 모두 효율적이며 사용하기 쉽게 개발되고 이용되도록 장려한다.

2항. 본 항에서, 어떠한 것이든 전파 미디어를 수단으로 하여 전달되는 것이라 함은 다음을 말한다.
  (a) 공공의 구성원 혹은 한 계층에 의해 수신 가능하도록 방송되는 것, 혹은
  (b) 전파 커뮤니케이션 네트워크를 수단으로 공공의 구성원 혹은 한 계층에게 배급되는 것

오프콤은 미디어 문해력 진흥의 책임을 부여받은 이후 미디어 문해력에 관한 연구와 교육 등을 실시하며 영국 미디어 문해 교육의 주관 기관으로서 역할을 수행하고 있다. 미디어 문해력 증진을 위해 오프콤이 펼치는 주요 활동은 다음과 같다.

- **교류**Engage: 미디어 리터러시 수행자들과 광범위하게 교류
- **실행**Initiate: 실험적 시도와 미디어 리터러시를 증진하기 위한 캠페인 실행
- **수립**Establish: 미디어 리터러시를 위한 최적 실행 디자인 원칙 수립
- **평가**Evaluate: 평가에 관한 가이드 제공, 무엇이 이루어져야 하는지 제시
- **연구**Research: 미디어 리터러시 상태를 연구, 아울러 그 연구결과를 공유
- **네트워킹**Network and Panel

오프콤은 미디어 문해 교육의 주관 기관으로서 미디어 문해력을 '미디어와 커뮤니케이션을 다양한 맥락에서 이용하고 이해하고 창조하는 능력'으로 규정함으로써 미디어 문해 교육의 방향을 문해력 증진뿐 아니라 디지털 생활능력과 디지털 포용을 아우르고 있다. 오프콤은 주기적으로 영국 국민의 미디어 문해력을 측정하고, 미디어 이용행태와 이용자의 미디어 인식 조사를 통해 변화 추이를 분석한다. 2005년부터 '어린이와 청소년의 미디어 리터러시'와 '성인들의 미디어 리터러시'에 대한 연구를 매년 실시하고 있다. 오프콤 조사, 연구는 영국의 미디어 문해 교육 정책 수립의 기초자료로 활용된다.

교육 관련 부처가 아닌 미디어 규제기관이 미디어 문해 정책을 주도적으로 추진함에 따라 미디어를 "비판적으로 바라보기critical viewing skills" 등 핵심개념 차원에서 접근하기보다는 안전한 인터넷 환경 조성과 이용 등에 초점이 맞추어져 있다는 지적도 있다(Wallis & Buckingham, 2019).

2) 문화미디어스포츠부(DCMS, Department for Digital, Culture, Media and Sport)

영국 문화미디어스포츠부는 '디지털 강국'을 정책기조로 오프콤과 함께 미디어 문해력 관련 정책을 집행한다. DCMS는 2009년 영국의 디지털 국가 경쟁력 강화계획 〈디지털 브리튼〉을 발표했다. 이 보고서에는 디지털 사회에 국민의 사회 참여를 높이기 위한 과제로 미디어 문해력 증진을 명시하고 있다. 〈디지털 브리튼〉 보고서에서 언급하는 미디어 리터러시는 디지털 포용digital inclusion, 디지털 생활 능력digital life skills, 디지털 미디어 리터러시 digital media literacy 등 세 가지 차원으로 구성된다.

DCMS가 2019년 발행한 〈온라인 위험 백서Online Harms White Paper〉는 아동·청소년 미디어 문해력 증진을 위한 정책방향을 알 수 있는 자료다. 백서는 온라인 사업자의 책임과 역할을 강화하고 이용자 보호의무duty of care 부과 필요성을 강조한다. 또한, 온라인의 유해한 요소를 극복하기 위한 기술 개발과 이용자 역량을 강화할 것을 주요 내용으로 담고 있다.

3) 영국영화협회(BFI, British Film Institute)

BFI는 영국 미디어 문해 교육을 이해하는 데 빼놓을 수 없는 단체다. 영화를 포함한 영상물 발전을 지원하기 위한 연구소로 1933년 발족했다. 왕실 칙허장에 의한 비영리 재단으로 정부지원금, 기부금, 회비 등으로 운영된다. BFI는 영화를 중심으로 초기 영국 미디어 교육의 틀을 세웠다. '① 미디어 제작자, ② 미디어 카테고리, ③ 미디어의 테크놀로지, ④ 미디어의 언어, ⑤ 미디어의 대상, ⑥ 미디어의 현실'이라는 미디어 분석틀을 제시했고 영국 교육현장에서 폭넓게 채택되었다. BFI가 제시한 미디어 분석틀을 사용한 미디어 학습은 교사가 일방적으로 가르치는 방식이 아니라 학생이 주체적으로 미디어 텍스트를 분석할 수 있도록 했다. BFI는 학교 교육과정과 연계한 미디어 문해 교육을 해오고 있다. 학생과 교사들에게 영화를 주로 활용한 미디어 문해 증진 프로그램을 제공한다. 이를 통해 학생들은 중등과정 이수시험GCSE과 대학입학자격시험A-level의 선택과목 중 〈영화-미디어 연구film-media studies〉 과목을 준비할 수 있다(김광재 외, 2017).

BFI가 동영상의 이해를 강조하는 이유는 영상 작품을 보다 깊이 이해함으로써 안목을 기르고, 나아가 영상산업을 활성화할 수 있다고 보기 때문이다. 시네(영화) 문해력을 키움으로써 영화제작자, 배급자의 경쟁력을 키우고, 궁극적으로 영국 경제에 도움을 줄 것이라는 설명이다. 영국의 BFI가 영상미디어 교육에 적극 나서는 이유를 "미국 미디어가 세계를 석권하고 있는 것에 대한 위기감의 표현"이라는 분석도 주목을 끈다(菅谷明子, 2000).

4) 영어미디어센터(EMC, English & Media Centre)

영어미디어센터는 영어와 미디어를 전공하는 학생과 중등학교 교사들에게 미디어교육 프로그램을 개발, 보급한다. 1975년 런던 지방교육청 산하 영어 교사들을 위한 교재 개발과 교사 연수기관으로 설립되었다. 설립 목적은 모국어 교육에 미디어 문해력을 적극적으로 끌어들이는 데 있었다.

EMC는 70개 이상의 인쇄물 또는 시청각 출판물을 수업 시간에 활용하도록 제공한다. 홈페이지에서 수업에 필요한 자료를 다운로드 할 수 있으며, 미디어 잡지를 발행하기도 한다. 미디어 교육에 관해 자문하거나 국가 미디어 교육 정책수립에 전문가로 참여한다.

5) BBC British Broadcasting Corporation

영국 대표 공영방송 BBC는 2013년에 〈BBC 미디어 리터러시 전략BBC Media Literacy Strategy〉을 발표했다. BBC는 방송프로그램은 물론 온라인으로도 다양한 미디어 문해력 증진 콘텐츠를 제공한다. 신뢰 받는 언론사로서 전통적으로 이어온 저널리즘 활동을 바탕으로, 뉴스와 다큐멘터리, 그리고 다양한 온라인 콘텐츠와 교육 등은 영국 전역의 아동과 청소년에게 좋은 미디어 교육 자료가 된다(정현선 외, 2020). 〈BBC 뉴스 스쿨 리포트BBC News School Report〉는 2006년에 시작해 오랫동안 유지되고 있다. 11~18세 학생들이 직접 뉴스 리포트 제작에 참여하며, BBC 기자들이 학교를 찾아가거나 온라인을 통해 멘토링한다. 2018년 영 리포터Young Reporter로 이름을 바꿔 운영 중이다.

영국의 공영방송 BBC는 아카이브를 개방하고 있다. 최신 콘텐츠는 물론 1946년까지 거슬러 올라가 오래전 제작된 수백 개 프로그램들을 아카이브에 담고 있다. 디지털 아카이브 개방은 상업적 이익 추구에 앞서 공적 서비스의 제공 측면이 우선이다(밀너 존·정현숙, 2019).

밀레니얼 세대의 삶을 기록한 BBC 다큐멘터리 〈7 Up New Generation〉은 직접적인 미디어 문해력 교육프로그램은 아니지만 시민으로 성장하는 과정을 장기 추적하는 다큐멘터리로 주목을 끈다. 1964년 영국 최대 민영방송인 ITV에서 당시 7세 아이들 14명을 인터뷰해서 만든 다큐멘터리 〈Seven Up!〉에서 출발했다. 7년마다 공개돼 2019년 9번째 에피소드인 〈63 Up〉까지 이어졌다. BBC의 〈7 Up New Generation〉은 공영방송사가 젊은 세대 시청자의 삶을 들여다보고, 이를 방송하는 노력이다(정현선 외, 2020).

6) 미디어스마트 Media Smart

미디어스마트는 오프콤이 적극 지원하는 미디어 문해력 증진 프로젝트다. 영국의 미디어스마트는 학계와 정부, 그리고 관련 업계가 머리를 맞대 만들어낸 수준 높은 미디어 문해력 증진 프로그램으로 평가받는다. 다양한 '광고' 사례를 소재로 미디어 문해 교육을 실천한다. 초등(6~11세) 및 중등(11~16세) 학생, 교사, 학부모에게 미디어 문해 교육 자료를 제공한다. 장난감 업체, 화장품 업체는 물론 구글, 페이스북 등 IT플랫폼 기업과 미디어 회사들이 미디어 스마트 프로그램을 후원한다.

미디어스마트는 상업광고의 제작의도와 광고 내용에 담긴 의미, 광고에 담긴 이미지와 실제 현실의 차이 등을 비판적으로 접근하고 이해하도록 유도한다. 어린이, 청소년들은 비판적 광고 읽기활동을 통해 광고의 제작 의도와 제작 과정, 그 안에 담긴 메시지를 분석할 수 있는 능력을 기른다. '비애드와이즈 Be Adwise'는 미디어 스마트 교육 프로그램 중 하나로 어린이를 대상으로 하는 광고를 비판적으로 이해하기 위한 세 가지 프로그램으로 구성되어 있다. 프로그램마다 광고영상은 물론 교사지침서와 학습지 등 미디어 교육자료를 제공한다.

6
영국의 디지털 문해 교육이 우리에게 주는 시사점은 무엇인가

영국 미디어 문해 교육에도 문제점은 존재한다. 열정을 가진 일부 전문가들에 의해 주도된다거나, 미디어 문해 교육에 대해 다양한 개념들이 혼재(가령, 영상 이미지의 기호학적 분석에서부터, 영상물 제작, 사회학적 비판 등)하며, 학교에서 미디어를 가르치는 교사들과 실제 미디어 종사자들 간의 벽이 있다는 것 등이다(은혜정, 2000). 그럼에도 영국의 미디어 문해 교육은 오랜 역사가 있고, 정규 교과목 커리큘럼을 40년 이상 운영해 오고 있다는 점에서 주목할 만하다.

우리나라 미디어 문해 교육도 고등학교 국어과 교과목 중의 선택과목으로 〈언어와 매체〉가 있지만 대학수학능력시험과는 무관하다. 영국은 대학 입학 시험 선택과목으로 〈영화와 미디어연구〉, 〈미디어 연구〉, 〈미디어 상급과정〉 등을 개설하여, 학교 현장에서 충분한 시간을 갖고 미디어 문해 교육을 전개할 수 있다. 이로써 미디어 문해 교육이 학문적인 지위를 갖췄다고 평가받는다. 우리나라도 2022 교육과정 개편에 따라 다양한 선택과목이 등장할 것으로 기대된다.

영국은 초기부터 BFI가 마련한 미디어 분석틀(미디어 제작자, 미디어 카테고리, 미디어 테크놀로지, 미디어 언어, 미디어 대상, 미디어의 현실 구성)에 입각하여 교육해 왔다. 미디어에 관한 고정된 내용을 교사가 일방적으로 가르치는 스타일이 아니다. 학생들이 주체적으로 학습한다. 반면, 우리나라 미디어 교육은 지나치게 기기 활용 또는 제작 교육에 치중한다는 지적이 있다. 물론 제작에 직접 참여함으로써 미디어 메시지가 어떤 구조 속에서 생산되는지 이해할 수 있겠지만 과도하게 제작 중심으로 치우치지 말아야 할 것이다.

영국은 미디어 문해 교육 주무 기관을 오프콤으로 법률에서 명확하게 지정함으로써 조사 연구도 체계적으로 실시하고 있다. 이에 비해 우리나라는 방송통신위원회, 교육부, 문화부 등으로 흩어진 데다 집행하는 기관도 한국언론진흥재단, 시청자미디어재단 등으로 다양하다. 각각 특성화된 형태로 다양한 기관에서 적극적으로 미디어 문해 교육을 실시하는 점은 긍정적일 수 있다. 다만, 중복되거나 유기적으로 연결되지 않는다면 비효율을 불러온다. 보다 조직적으로 미디어 문해 교육 체계를 보강하고, 실증적 연구를 활성화함으로써 이론적인 기틀도 다질 필요가 있다.

미디어 문해 교육의 범위가 미디어 발달 추세에 따라 넓어지고 있다. 허위조작정보는 물론 알고리즘, 인공지능 등 새로운 영역에 대한 문해력이 추가되고 있다. 메타버스, 증강현실AR, 가상현실VR과 같은 가상 공간에서 일어나는 비윤리적인 현상에 대한 교육의 필요성이 대두되고 있다(정현선 외, 2020).

영국 BBC는 'TV 수신료'라는 안정적인 재원을 바탕으로 미디어 문해 교육 콘텐츠를 다수 생산한다. 반면, 국내 공영방송은 미디어 문해 교육의 보조자 수준에 그친다. 우리나라 공영방송이 미디어 문해 교육을 보조하는 역할에서 나아가 미디어 교육의 주체로서 역할을 강화할 필요가 있다. 공영방송의 미디어 문해 교육은 고객서비스 차원에서도 필요하고, 고객 만족도를 높일 때 안정적인 재원 확보와 지속 가능한 발전이 가능함을 직시해야 한다(봉미선·신삼수, 2020). 이처럼 영국은 다양한 기관 간 역할 분담과 협업을 기반으로 디지털 문해 교육을 실시하고 있다. 우리도 디지털 문해 교육과 관련해 여러 단체들 간 거리를 좁히고, 디지털 문해 교육의 확산에 이바지할 수 있기를 기대한다.

참고문헌

강진숙·조재희·정수영·박성우 (2017). 〈해외 미디어교육 법체계 및 정책기구 연구〉 (지정 2017-10). 서울: 한국언론진흥재단.
김광재·장은미·강신규 (2017). 〈사회 미디어교육 현황 및 운영전략 연구〉 (지정 2017-11). 서울: 한국언론진흥재단.
김아미 (2015). 〈미디어 리터러시 교육의 이해〉. 서울: 커뮤니케이션북스.
밀너 존·정현숙 (2019). 메모리 뱅크(Memory Bank) 시대에 살다: BBC 디지털 아카이브. 〈KCA Media Issue & Trend 전문가리포트〉, 19호, 50-60.
배상률 (2014). 〈디지털 시대의 청소년 미디어교육 제도화 방안 연구〉 (연구보고 -14-R11). 세종: 한국청소년정책연구원.
봉미선·신삼수 (2020). 디지털 시대 미디어 리터러시 역량 증진을 위한 공영방송의 역할 고찰. 〈방송과 커뮤니케이션〉, 21권 3호, 41-75.
은혜정 (2000). 영국의 미디어 교육. 김택환·원용진·장경환 (편), 〈세계 미디어 교육 모델〉 (51-99쪽). 서울: 한국언론진흥재단.
정현선·심우민·윤지원·김광희·최원석 (2020). 〈청소년 미디어 이용 실태 및 대상별 정책대응방안 연구 I: 초등학생-해외사례 조사〉 (연구보고 20-R17-1) 세종: 한국청소년정책연구원.
정현선 (2022). 〈디지털 전환 시대의 부모 미디어 교육을 위한 소셜 리빙랩 운영 연구의 성과와 과제〉. 미디어교육 국제세미나 발제문.

菅谷明子(스가야 아키코) (2000). 〈Media literacy from the world on the spot〉. Iwanami Shoten. 안해룡·안미라 (공역) (2001). 〈미디어 리터러시: 미국, 영국, 캐나다의 새로운 미디어 교육현장 보고〉. 서울: 커뮤니케이션북스.

Leavis, F. R., & Thompson, D. (1933). *Culture and environment: The training of critical awareness*. Chatto & Windus.
Masterman, L. (1986). *Teaching the media*. Routledge.
McDougall, J., & Livingstone, S. (2014). *Media and information literacy policies in the UK*.
Ofcom (2004). *Ofcom's strategies and priorities for the promotion of media literacy: A statement*.

Wallis, R., & Buckingham, D. (2019). Media literacy: The UK's undead cultural policy. *International Journal of Cultural Policy*, *25*(2), 188-203.

Great Britain. Department for Culture, Media, Sport, Great Britain. Department for Business, Enterprise, & Regulatory Reform. (2009). Digital Britain: the interim report (Vol. 7548). The Stationery Office.

Great Britain. Department of Education and Science, (1983). Popular TV and Schoolchildren: The Report of a Group of Teachers.

Chapter 10

독일의 디지털 미디어 문해력과 교육 사례

강진숙 _ 중앙대학교 미디어커뮤니케이션학부 교수

  이 장은 독일의 디지털 미디어 문해력과 교육 및 정책 사례를 제시하고 있다. 디지털 미디어 문해력은 기본적으로 디지털 미디어를 비판적으로 이해하고, 능동적으로 이용하며, 혁신적이고 창의적으로 구성·제작할 수 있는 역량을 의미한다. 디지털 미디어 문해력의 세부 역량에 대해서는 독일 미디어 교육 학자들을 중심으로 다양한 관점이 제시되었다. 세부 역량이 중요한 이유는 참여자의 수준별, 학령별, 연령별, 성별 기준에 따라 다양한 맞춤형 교육 및 활동 프로그램이 기획되어야 하기 때문이다. 그렇지 않을 경우, 디지털 미디어 강화 활동들은 참여자들의 디지털 미디어 문해력을 강화하기보다 배제의 결과를 낳을 수 있다. 이러한 맥락에서 세부 역량에 대한 세밀한 접근과 목표 및 성취기준을 설정하는 공론장이 활성화되어야 한다. 여기서는 독일의 디지털 미디어 문해력의 정의와 세부 역량에 대한 시각들을 살펴보고, 디지털 미디어 문해력 강화 활동을 비롯해 법제도적 대응, 그리고 교육시스템의 디지털화 사례들을 조명하고자 한다. 이를 바탕으로 디지털 미디어 문해력이 왜 필요하고, 어떠한 대응 방안이 필요한지 시사점 및 제언으로 마무리하고자 한다.

1
독일의 디지털 미디어 문해력과 세부 역량

독일의 디지털 미디어 문해력은 1990년대 이후 미디어 교육 학자들을 중심으로 본격적으로 제기된 학술 담론들 속에서 나타난다. 그것은 주로 디지털 시대의 '미디어 능력Medien Kompetenz' 개념의 정의와 세부 역량을 통해 볼 수 있는데, 여기서는 미디어 능력이 제기된 배경 및 쟁점, 정의 및 세부 영역 등을 살펴보고자 한다.

우선, 미디어 능력이 제기된 배경은 독일 교육사의 측면과 미디어 문화 측면으로 구분된다. 즉 '두 개의 문화Zwei Kulturen론'과 '두 세계의 모델 Zwei-Welten-Modell론'이 대표적인 사례이다(강진숙, 2005). 교육사의 측면에서 제기된 '두 개의 문화론'은 만프레트 마이(Mai, 1996)에 의해 주장되었다. 1960년대 초, 독일이 다른 선진국들에 비해 학교 졸업자 비율이 낮다는 이유로 '교육의 대재앙'이라는 위기가 부상했고, 이에 1970년대 초, '교육은 시민의 권리'라는 정치적 구호와 함께 산업 영역에서의 교육정책이 강화되었다. 그 결과 미디어 교육계에도 두 문화의 충돌이 나타났는데, 하나가 도구적 · 직업적 능력이라면, 다른 하나는 성찰적 · 일반교양적인 능력이다. 이두 입장은 미디어 교육의 목표를 어디에 둘 것인가 하는 교육정책뿐 아니라 미디어 능력 개발의 대상과 관련해서도 이견을 나타냈다. 마이(Mai, 1996)가 강조하는바, 국가적 과제인 미디어 능력은 개인들의 도구적인 직무 능력뿐 아니라 시민들의 미디어 능력을 강화하는 방향으로 통합되어야 한다.

또한 갑스키와 랑에(Gapski & Lange, 1997)가 주장한 '두 세계의 모델론'

은 미디어 사회의 변화와 정책 초점에 따른 두 영역의 간극과 관련된다. 하나가 시장 및 현장 중심의 정책 지원을 강조하는 영역이라면, 다른 하나는 미디어 교육학 및 문화비평의 중요성을 주장하는 영역이다. 전자가 뉴미디어 교육 및 자격시험 제도를 활성화해 청년층의 취업 기회를 확대하고 보장하는 데 초점을 둔다면, 후자는 미디어에 대한 성찰과 비판을 미디어 능력의 핵심 요소로서 규정한다. 여기서 교육의 전략적 목표에 대한 간극이 나타나는데, 전자가 정보 사회의 삶과 직업 능력이라면, 후자는 미디어 사회의 변화와 여론 조작, 그리고 기술 발전에 대한 비판과 지식을 교육의 선차적 목표로 삼는다는 점에서 차이가 나타났다.

  이 두 사례들의 시사점은 독일 사회의 교육적, 미디어 산업적 충돌과 간극을 보여주는 것이 아니다. 오히려 미디어 능력을 둘러싼 사회 각계의 입장 차이를 직시하고, 통합적 방안을 모색하는 데 있다. 예컨대, 마이(Mai, 1996)는 '미디어 능력 개발 프로젝트'를 통해 미디어 산업계와 미디어 문화계의 공론장과 공감대를 형성해야 할 것을 요구하였다. 미디어 제작자와 관리자들의 기술적·도구적 능력을 발전시킬 뿐 아니라 문화 및 청소년 보호기관의 대표자들도 참여하는 공동의 토론 속에서 미디어 능력 개발 정책의 합의점을 도출할 수 있기 때문이다. 갑스키와 게르케(Gapski & Gehrke, 1997) 역시 마이처럼 미디어 산업/정책의 세계와 커뮤니케이션 정책/미디어 비평의 세계를 통합하는 접점과 가교 역할을 위해 두 세계의 책임자들이 참여하는 미디어 능력 네트워크 프로젝트를 활성화하고 정책적 합의점을 찾아야 함을 피력하였다.

  이러한 맥락에서 독일의 미디어 능력은 디지털 시대의 개인이 갖추어야 할 산업적, 경제적 자격 요건뿐 아니라 시민으로서의 자질과 책임, 실천의 측면을 포괄하는 개념으로 제기된다. 디지털 미디어 능력은 주로 1996년도에 바아케(Baacke, 1996)가 규정한 정의를 기반으로 미디어 교육학자들의 시각에 따라 다양하게 변주되었다. 디지털 미디어 능력은 기본적으로 디지털 미디어를 비판적으로 이해하고, 능동적으로 이용하며, 혁신적이고 창의적으로 구성·제작할 수 있는 역량을 의미한다(설진아·강진숙, 2021). 중요한 것은 미디어 교육 프로그램이나 활동 상황, 참여주체, 목표 등에 따라 다양한 디지털 미디어 능력의 세부 역량을 구분하고 구체화하는 데 있다. 이는 곧 디지털 미디어 능력의 세부 역량에 대한 미디어 교육학자들의 시각을 다변화하는 계기로 작용한다. 그러면, 디지털 미디어 능력의 세부 역량은 어떻게 구분되는가?

독일 미디어 교육학계에서 논의된 디지털 미디어 능력의 세부 역량을 비교하면 다음 〈표 10-1〉과 같다. 세부 역량의 기준점은 바아케(Baacke, 1996)가 제기한 네 가지 구성범주에 토대를 두며, 이와 함께 데베와 잔더(Dewe & Sander, 1996), 툴로체키(Tulodziecki, 1997), 베른트 쇼릅(Schorb, 1997), 이다 푀팅어(Pöttinger, 1997), 한스-디터 큐블러(Kübler, 1999), 하인츠 모저(Moser, 2000) 등이 핵심적인 세부 역량들을 제기하였다.

표 10-1. 독일 디지털 미디어 능력의 세부 역량 비교

세부 역량	바아케 (1996)	데베와 잔더 (1996)	푀팅어 (1997)	툴로체키 (1997)	쇼르프 (1997)	큐블러 (1999)	모저 (2000)
지각/ 지식	미디어학	전문성	지각능력	미디어의 영향에 대한 인식과 체화	정향성 및 구조 인식	인지적 능력	기술적 능력: 적합한 기기 조작
비판/ 비평	미디어 비평	자기능력		미디어 제작물의 이해와 평가	비판적 성찰	분석 및 평가 능력	성찰적 능력: 미디어의 사회적 기능의 숙지
이용	미디어 이용	–	이용능력	미디어의 선택과 이용	행위 능력과 숙련성	사회적 성찰능력	문화적 능력: 미디어 기호에 숙달
상호작용/ 구성 및 제작	미디어 구성/ 제작	사회적 능력	행위능력	미디어 제작물의 구성/제작과 배포	창의적, 사회적 상호작용	행동지향 능력	사회적 능력: 커뮤니케이션 의 새로운 형태에 적응

출처: 강진숙 (2005). 미디어 능력의 구성범주에 대한 연구: 독일 공영방송의 미디어 능력 개발 사례에 대한 세부적 특성화 및 유형화를 중심으로. 〈한국언론학보〉, 49권 6호, 18쪽.

이 중에서도 라이프치히Leipzig 대학교 미디어교육학 교수를 역임한 베른트 쇼릅Bernd Schorb은 바아케가 견지한 도구주의적 시각에서 더 나아가 비판적 성찰과 행위능력 및 숙련성, 그리고 사회적 상호작용을 강조했다는 점에서 차이점을 보인다. 모저 역시 기술적 능력뿐 아니라 성찰적, 문화적, 사회적 능력을 핵심적으로 구분하고, 새로운 미디어 기술의 변화에 대한 개인들의 기능과 숙달, 적응의 방안들을 고민하였다. 이러한 세부 역량들에 대한 다각도의 입장들은 앞에서 본 '두 개의 문화론'과 '두 세계의 충돌'을 극복하기 위한 통합적 시각과 실천 방안을 모색하는 차원에서 제기되었다는 점에서 시사적이다.

2
독일의 디지털 미디어 이용 현황

그러면, 독일의 디지털 미디어 이용 현황은 어떠한가? 여기서는 독일의 양대 공영방송인 ARD와 ZDF의 연구위원회에서 조사한 〈온라인 연구 2022 (Online Studies 2002)〉 자료를 근거로 인터넷과 소셜 미디어 이용 현황을 살펴보고자 한다. 이 조사는 독일에서 거주하는 14세 이상의 독일어 사용자를 대상으로 실시되었다. 이 조사결과를 바탕으로 독일의 디지털 미디어 이용 현황 및 특징을 정리하면 다음과 같다.

우선, 2022년에 독일 인구의 95%가 인터넷을 이용하였다(〈그림 10-1〉 참조). 이는 2019년에 89%를 나타낸 이후 2020년과 2021년에 동일한 수치인 94%보다 조금 증가한 추세를 나타낸다. 또한 연령별 인터넷 콘텐츠 이용 현황은 다음 〈그림 10-2〉와 같다. 전체적으로 인터넷 콘텐츠 이용 현황을 보면, 동영상(51%)이 가장 빈번히 이용되며, 오디오(42%), 텍스트(45%) 순으로 이용 추이를 나타냈다.

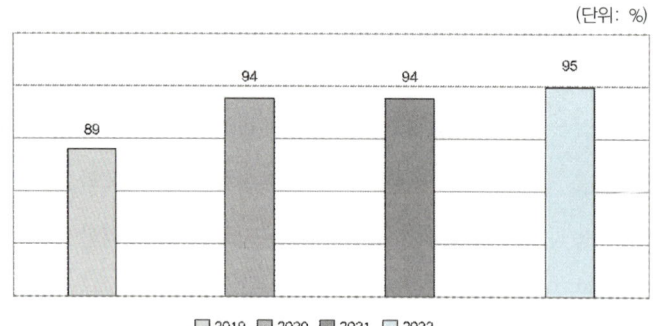

그림 10-1. 독일의 인터넷 이용률 추이 (2019~2022)

출처: ARD & ZDF Forschungskommission (2022). ARD/ZDF ONLINESTUDIE 2022. URL: https://www.ard-zdf-onlinestudie.de/files/2022/ARD_ZDF_Onlinestudie_2022_Publikationscharts.pdf

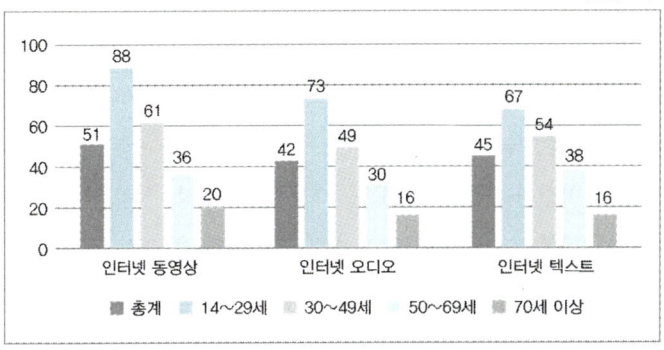

그림 10-2. 독일의 연령별 인터넷 콘텐츠 이용 현황 (2022)

출처: ARD & ZDF Forschungskommission (2022). ARD/ZDF ONLINESTUDIE 2022. URL: https://www.ard-zdf-onlinestudie.de/files/2022/ARD_ZDF_Onlinestudie_2022_Publikationscharts.pdf

연령대 현황을 보면, 14~29세는 인터넷에서 압도적인 수치를 보이며 동영상(88%), 오디오(73%), 텍스트(67%) 순으로 많이 이용하고 있다면, 30~49세의 경우 동영상(61%), 텍스트(54%), 오디오(49%) 순으로 차이를 나타냈다. 반면, 50~69세 이용자들은 텍스트(38%), 동영상(36%), 오디오(30%) 순으로 높은 이용 빈도를 보이는 한편, 70세 이상의 경우 동영상(20%) – 오디오, 텍스트(16%) 순으로 세 콘텐츠의 격차가 없고 모두 저조한 이용률을 나타냈다. 이러한 인터넷 콘텐츠 이용 현황을 볼 때, 연령별로 서로 다른 선호도를 나타내고 있음을 알 수 있다. 즉 10~20대 이용자들의 경우 동영상 이용이 압도적인 경향을 보인 반면, 30대 이상의 경우 텍스트의 이용이 상대적으로 높게 나타난 것이다. 이를 고려할 때, 연령별로 어떠한 미디어를 활용하여 맞춤형 디지털 미디어 문해력 교육을 기획, 실행할 것인지 시사점을 제공한다.

두 번째로, 소셜 미디어 이용 현황을 보면 공영방송보다 더 빈번히 동영상 스트리밍 서비스를 이용하고 있고, 정기적으로 소셜 미디어를 사용하는 경향을 나타내고 있다(ARD & ZDF, 2022). 조사대상자의 22%가 매주 ARD와 ZDF의 동영상 콘텐츠를 시청하는 한편, 동영상 스트리밍 서비스인 넷플릭스Netflix(35%)와 아마존 프라임 비디오Amazon Prime Video(26%)는 공영방송보다 더 높은 이용 추이를 보였다. 특히 30~49세 연령대의 경우, 79%가 동영상 스트리밍 서비스를 이용할 정도로 가장 높은 이용 경향을 나타냈다.

또한 2020년부터 2022년까지의 소셜 미디어 서비스의 이용 추이를 살펴보면 다음 〈그림 10-3〉과 같다. 여기서 볼 수 있듯이, 해당 기간에 가장 높은 일일 이용률을 보인 서비스는 인스타그램(15%, 18%, 21%)과 페이스북(14%, 15%, 20%)이었고, 트위터 등 그 밖의 서비스는 미미한 수준을 나타냈다. 2022년에는 스냅챗과 틱톡이 동일한 이용률(8%)을 보이며 이 전 해에 비해 상승하는 추세를 보였다.

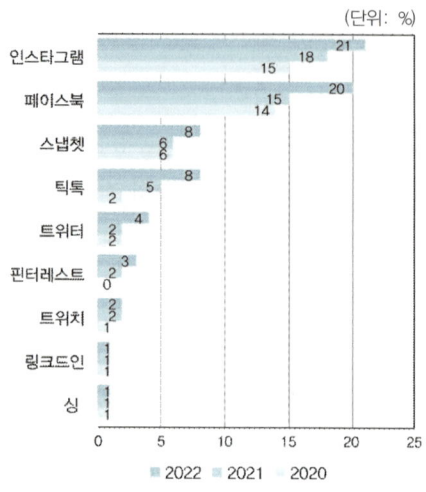

그림 10-3. 독일의 소셜 미디어 이용 현황

출처: Koch, Wolfgang (2022). Ergebnisse der ARD/ZDF-Onlinestudie 2022: Reichweiten von Social-Media-Plattformen und Messengern. 〈Media Perspektiven〉, 10/2022, 473쪽. URL: https://www.ard-zdf-onlinestudie.de/files/2022/2210_Koch.pdf

한편, 연령대별 일일 소셜 미디어 서비스 이용 현황을 보면, 14~29세 (74%)가 인스타그램을 가장 빈번히 이용하며 페이스북은 미미한 이용률 (42%)을 보이는 한편, 30~49세(47%), 50~69세(31%), 70세 이상(17%)은 주로 페이스북을 자주 이용하는 것으로 나타났다.

마지막으로, 독일 디지털 미디어 이용자들이 '디지털 디톡스Digital Detox'를 경험한 사례이다. 디지털 디톡스란 여가 시간에 디지털 미디어 및 장치를 이용하는 시간을 의도적으로 제한하는 것을 의미한다. 독일 양대 공영방송은 조사 항목에 디지털 디톡스 경험 여부와 횟수를 포함시켜 디지털 미디어 과의존성에 대한 대응 사례를 모색하고자 하였다. 조사결과 14세 이상의 독일 디지털 미디어 이용자들 중 절반 이하가 디지털 디톡스를 시도한 바 있는 것으로 분석되었다. 특히 여러 번(17%) 혹은 정기적으로 시도 (15%)해 본 사례가 미미한 반면, 전혀 시도하지 않은 경우는 절반 이상인 54%에 달했다. 또한 디지털 디톡스 계획이 있는가 하는 질문에 17%가 계획되어 있다고 한 반면, 58%는 '아직 없다'고 응답하였다.

이러한 경향은 디지털 미디어 이용이 이미 일상적 행위이며 사회적 관계와 소통을 지속하는 데 필수적인 미디어임을 알 수 있게 한다. 더 중요한 것은 디지털 디톡스와 같은 디지털 미디어와의 단절을 넘어서서 이용자들의 디지털 미디어 문해력을 증진할 수 있는 보다 능동적인 참여 방안이 필요함을 시사한다. 이는 디지털 시대의 지식과 정보에 대한 접근이 일상적인 인터넷과 소셜 미디어 이용을 통해 이루어지는 상황을 외면할 수 없기 때문이다. 즉 이용자의 능동적이고 창의적인 디지털 문해력 교육은 점차 중요해지고 실생활에 응용할 수 있는 대안적 방안을 모색할 시점이다.

요컨대, 독일의 디지털 미디어는 극히 일부를 제외하고 대다수가 이용하고 있는 대중 매체임을 알 수 있다. 특히 인터넷 동영상 이용 비율이 오디오나 텍스트 서비스보다 더 높은 비율을 나타냈고, 공영방송의 동영상 서비스보다 스트리밍 서비스를 더 빈번히 이용하는 경향을 보였다. 연령대의 경우 10~20대에서 매일 소셜 미디어를 이용하는 비율이 높게 나타난 반면, 50대 이상의 경우 상대적 이용 격차를 보였다. 이러한 특징을 고려할 때, 디지털 미디어 문해력을 개발하기 위해 기본적으로 인터넷을 활용한 교육 콘텐츠가 요구된다. 나아가 연령대별로 맞춤형 교육 프로그램을 개발하여 선호하는 디지털 미디어 플랫폼과 콘텐츠 유형에 대한 세분화된 전략을 구상할 필요가 있다. 덧붙여 10~20대 젊은 연령층과 50대 이상의 부모 세대들이 함께 디지털 미디어 문해력을 개발할 수 있는 교육 및 활동 프로그램을 체계적으로 기획, 실행하는 것도 중요한 일이다. 이는 가족과 사회에서 발생하는 세대 간 격차를 해소할 뿐 아니라 학교 졸업 후에도 시민사회 영역에서 지속 가능한 디지털 문해력 교육의 기회를 제공하기 위한 길이기도 하다.

3
독일의 디지털 미디어 문해력 교육 및 활동 사례

그러면, 독일에서는 어떠한 디지털 미디어 문해력 교육 및 활동이 이루어지고 있는가? 여기서는 대표적인 사례로서 청소년 자율보호 플랫폼 〈유포트〉, 디지털 협정DigitalPakt, 청소년보호법Jugendschutzgesetz 개정, 그리고 주교육부장관회의Kultusministerkonferenz의 교육시스템 디지털화 정책 등을 살펴보고자 한다.

1) 청소년 자율보호 플랫폼 〈유포트〉

우선, 독일의 청소년 자율보호 플랫폼인 〈유포트〉 사례를 들 수 있다 (〈표 10-2〉 참조). 2010년 4월 시작한 이 플랫폼에는 전문가 교육을 이수한 15~21세 청소년들이 참여하는데, 이들은 자율적으로 청소년들과의 또래 상담원 역할을 수행한다.

표 10-2. 독일의 청소년 자율보호 플랫폼 〈유포트〉 사례

위상	• 2010년 4월 시작, '청소년 자율보호 플랫폼'
참여 및 역할	• 전문가 교육을 이수한 15~21세 청소년들 • 자율적, 청소년들에 대한 또래 상담원 역할
주요 활동	• 디지털 정보 제공 및 조언: 사이버불링, 소셜 미디어 스트레스, 섹스팅, 사이버 그루밍, 온라인 혐오, 미디어 중독, 가짜뉴스 등 • 데이터 도난·남용·도용 관련 조언 • 인스타그램, 틱톡, 트위터 등 소셜 미디어 플랫폼 관련 문의 및 정보 제공

출처: 강진숙·권오현 (2022). 〈후기청소년(19-24세)의 미디어 리터러시교육과 미디어 정책에 대한 인식 연구〉. 세종: 한국청소년정책연구원

주요 활동은 크게 세 가지로 구분되는데, 우선 디지털 정보 제공 및 조언 활동이다. 예컨대, 사이버불링, 소셜 미디어 스트레스, 섹스팅, 사이버 그루밍, 온라인 혐오, 미디어 중독, 가짜뉴스 등과 관련하여 정보나 조언을 통해 상담활동을 행하는 것이다. 두 번째는 데이터 도난·남용·도용 등과 관련해 청소년들을 대상으로 고민 상담과 조언을 수행한다. 마지막으로, 인스타그램, 틱톡, 트위터 등 소셜 미디어 플랫폼과 관련된 문의를 받고 정보를 제공하는 활동들을 주요하게 전개하고 있다.

2) 디지털 협정 DigitalPakt[1]

디지털 협정 DigitalPakt은 2016년 10월 독일의 연방 교육연구부(Bundesministerium für Bildung und Forschung, BMBF)가 학교 디지털 교육 개선과 재정적 지원을 위해 주 교육부와 체결한 것이다(BMBF, 2016, 10, 10). 그 배경에는 학교의 디지털 교육 정책의 필요성과 강화 방안을 모색하였지만, 각 주별로 구축된 인프라 및 교육기반의 차이가 나타나고 있다는 문제의식이 자리한다. 이에 주 교육부와 협력하여 21세기 우수한 학교 교육을 위해 장기적인 지원 계획을 수립 및 실행하기 위해 이 협정을 추진한 것이다.

이러한 디지털 협정의 주요 목적, 법적 근거, 사업 내용 등을 살펴보면 다음과 같다. 우선, 디지털 협정의 목적은 연방 교육연구부의 '디지털 지식 세계를 위한 교육정책'을 적극적으로 전개하여 디지털 미디어 능력을 개발하기 위함이다. 즉 학교 교육에 필요한 시설 및 재정적 지원을 통해 청년 세대의 기회의 정의를 개선할 뿐 아니라 독일 사회의 혁신과 경쟁력을 높이고자 하는 취지이다.

두 번째로, 연방 정부의 디지털 교육정책의 법적 근거는 기본법 91조의 정보기술 조항에 토대를 둔다. 독일의 경우, 교육 전권을 주 정부에 일임하고 있고, 기본법 91조에서도 주 학교 정책에 대한 연방 정부의 관여와 참여를 금지하는 것을 원칙으로 한다. 그럼에도 연방 정부가 주 정부의 교육정책에 관여해 디지털 협정을 적극 추진한 이유는 91조의 정보기술에 관한 세부조항에서 연방 정부의 참여를 열어두고 있고, 양자 간의 협력이 필요

---

[1] 이 내용은 다음 문헌을 참조하여 재구성하였음. 강진숙·박성우·정수영·조재희 (2017). 〈해외 미디어교육 법체계 및 정책기구 연구〉. 서울: 한국언론진흥재단, 46-47쪽.

할 정도로 디지털 교육이 중요한 상황이기 때문이다.

마지막으로, 디지털 협정을 통해 다양한 재정적 지원과 교육 개선방안이 수립되었다. 예컨대, 연방 정부의 디지털 교육에 필요한 장비 및 시설 지원, 주 정부의 디지털 교육을 위한 교사 교육과 연수, 공동의 기술 표준 마련을 위한 교육적 콘셉트 마련 등이 대표적인 방안이다. 이러한 학교 디지털 교육의 환경개선과 디지털 미디어 능력 개발 사업을 위해 연방 정부는 2021년까지 독일 전역의 4만 개 학교에 컴퓨터와 랜 시설을 구축할 수 있도록·50억 유로(약 6조2,138억5,000만 원)의 재정적 지원을 수행한다(Füller, 2016, 10, 12)는 계획을 수립한 바 있다. 그 일환으로 2019년부터 '디지털팍트 슐레DigitalPakt Schule'를 통해 디지털 교육 인프라에 투자하는 주 및 지방자치단체를 지원하고 있다(BMBF, 2023, 9, 21). 정기적으로 개최되는 상황점검 회의Statuskonferenz에는 학교 당국, 부처, 주 정부 기관, 학교 및 연방 정부 및 주 정부 차원의 디지털 교육 활동가 등을 초청하여 '디지털팍트 슐레'의 진행 상황을 점검하고 경험을 교환한다. 이 회의의 초점은 각 주의 경계를 초월한 상호 운용 가능한 디지털 교육 인프라의 개발 및 확장을 추구하는 것이다. 즉 학교 당국이 디지털 학교 발전을 위해 조직 차원에서 어떻게 '디지털팍트 슐레'를 활용하고 있는지, 학교 운영을 유지하기 위해 어떠한 전문적 구조를 만들 것인지, 그리고 디지털 학습 환경을 창의적, 혁신적으로 설계하기 위해 장기적으로 어떠한 자격조건과 추가 연수가 필요한지 등에 관한 디지털 교육의 과제들을 상호 교류하고 해결하는 데 주안점을 둔다.

3) 「청소년보호법Jugendschutzgesetz」 개정

2021년 독일 연방의회는 기존의 「청소년보호법」에 대한 개정안을 승인하였다. 개정된 내용(가족노인여성청소년부, 2020, 10, 14)은 다음 〈표 10-3〉과 같다. 그 배경에는 독일 청소년들의 인터넷과 소셜 미디어 이용률이 다른 연령층에 비해 높은 추이를 나타내고 있고, 그에 따른 부정적 경향이 증가하고 있다는 문제의식이 자리한다.

표 10-3. 2021년 독일 연방의회의 청소년보호법 개정안 내용

구 분	내 용
인터넷 서비스 공급자 의무 부과	인터넷 서비스 공급자는 아동 및 청소년을 보호하기 위한 구조적인 예방조치를 취해야 함
컴퓨터 게임·영화 연령 등급 균일화	연령 등급은 온라인 스트리밍이든 매장에서 구입했든지 동일하며, 아동 및 청소년, 부모, 전문가가 신뢰하고 이해하기 쉬운 방향을 제공할 것
공급자의 아동 및 청소년 보호 의무 부과	사이버 괴롭힘, 증오심 표현과 같은 소위 상호작용법이 새로운 조항에 포함됨(공급자는 아동과 청소년을 보호할 의무 있음)
외국 인터넷 서비스 공급자에 의무 부과	독일에 기반을 두지 않은 인터넷 서비스 공급자도 일관된 법적 의무를 지니게 됨(공급자가 법적 의무 미 이행 시 벌금 부과)
'연방미디어소아청소년보호센터'로 조직 확대	기존 '청소년유해매체연방감독센터'가 '연방미디어소아청소년보호센터'로 발전(공급자의 새로운 의무 준수 감독, 아동 및 청소년의 미디어 보호 적극 임함)

실제로 2022년 독일정보기술미디어협회(Bitkom, 2022)의 〈디지털 세계에서의 아동 및 청소년〉 조사에 의하면, 독일의 6~9세 어린이(95%)와 10~18세 어린이 및 청소년(98%)이 스마트폰이나 태블릿을 사용하고 있는 것으로 나타났다. 또한 장기적 비교에 의하면, 2014년에는 6~7세 어린이 중 20%만이 가끔 스마트폰을 사용한 반면, 2022년에는 그 비율이 64%로

세 배 이상 증가하였다. 이러한 상황에서 기존의 「청소년보호법」이 개정된 이유는 어린이 및 청소년의 인터넷과 소셜 미디어 이용의 증가 추세에도 불구하고 부정적인 상황에 대응하지 못하는 한계를 노정하였기 때문이다 (강현민, 2022, 10, 12). 즉 디지털 세계의 부정적 위험으로부터 어린이 및 청소년을 보호하는 현대적인 규정이 필요하게 된 것이다. 단적으로 보면, 어린이와 청소년의 디지털 미디어 이용에 대한 보호주의적 대응일 수 있지만, 「청소년보호법」의 기본 취지가 유해 매체로부터 청소년을 보호하는 데 있다는 점에서 디지털 미디어 환경의 부정적 이용을 예방하고 보호하자는 법제도적 개선책은 이 법의 취지에 부합한다.

4) 주교육부장관회의Kultusministerkonferenz의 교육시스템 디지털화 정책

교육시스템의 디지털화 정책은 독일에서 지속적인 정책 현안으로 다루어지고 있다. 2022년 9월 19일에 개최된 교육부장관회의 상임과학위원회(Die Ständige Wissenschaftliche Kommission der Kultusministerkonferenz, SWK) 역시 디지털 교육시스템의 개선방안을 공표하였다.[2] 그 초점은 유아교육기관에서부터 일반학교, 직업교육기관, 교사훈련기관, 고등교육기관까지 디지털 인프라 구축과 법제도화 조치를 추진하는 데 있다. 이와 관련한 구체적인 내용은 다음 〈표 10-4〉와 같이 교육시스템의 디지털화 정책 기조를 나타내는 열네 가지 권장 사항들 속에서 볼 수 있다.

---

[2] 주교육부장관회의 홈페이지.
URL: https://www.kmk.org/kmk/staendige-wissenschaftliche-kommission/presse.html

표 10-4. 교육부장관회의 상임과학위원회(SWK)의 교육시스템 디지털화 정책 기조

분 야	정책 기조
초기 유아교육	1. 디지털 미디어 교육을 교육 목표에 포함 2. 인프라 구축 및 교재 제공 3. 유아교육 교사를 위한 교육 및 연수
일반학교교육	4. 연방 디지털 교육 센터(länderübergreifender Zentren für digitale Bildung, ZdB)의 영구적 설립 5. 모든 주에서 컴퓨터과학(Informatik) 과목 및 해당 과목의 교사연수 의무 도입
직업교육	6. 교육목표 및 교육과정의 현대화 7. 시험제도의 발전 8. 교육환경의 구조 확립을 통한 과학지향성 강화
교사교육	9. 교원연수에 디지털화 콘텐츠 및 미디어교육 콘텐츠의 구현, 정보기술 기반 제공 10. 대학교원 양성의 구조적 발전 11. 교사교육의 구조적 강화 및 과학지향성 강화
고등교육	12. 학생과 교사의 디지털 역량 강화 13. 기술·공간·교육 구조 및 법제도의 확립과 안정화 14. 지역 거점별 대학 교육 및 디지털화 전략 개발

〈표 10-4〉에서 볼 수 있듯이, 초기 유아교육 분야의 교육 목표는 디지털 미디어 교육에 두고 인프라 구축 및 교재 제공, 유아교육 교사 교육 및 연수의 활성화를 권장하였다. 주교육부장관회의 의장인 카린 프리엔(Karin Prien)은 유아교육 초기 단계부터 디지털 교육 시스템을 구축해야 함을 강조하였다. 또한 일반학교교육을 위해 연방 디지털 교육 센터를 영구적으로 설립하고, 모든 주에서 컴퓨터과학(Informatik) 과목 및 해당 과목의 교사연수를 의무적으로 도입하도록 하였다. 직업교육에서도 교육목표 및 교육과정의 현대화를 꾀하고, 시험제도의 발전과 교육환경의 구조 확립을 통해 객관주의적 접근을 강조하는 과학지향성 강화를 권장한다. 교사교육의 경우, 교원연수 과정에 디지털화 콘텐츠와 미디어교육 콘텐츠를 포함시키고 정보기

술 기반을 제공하며, 대학교원 양성을 구조적으로 발전시키고 교사교육의 구조적 강화 및 과학지향성을 강화한다. 마지막으로, 고등교육은 학생과 교사의 디지털 역량 강화에 초점을 두며, 기술·공간·교육 구조 및 법제도의 확립과 안정화를 비롯해 지역 거점별 대학 교육 및 디지털화 전략 개발 등이 권장 사항으로 보고되었다.

이러한 2022 교육시스템의 디저털화 정책은 이미 2016년에도 채택되었던 의제이다. 그만큼 독일의 교육 정책에는 디지털 교육 시스템과 디지털 미디어 문해력을 선차적 과제로 설정하고 있음을 알 수 있다. 이 정책 내용에서도 모든 연방 주의 교육 계획에 유아 디지털 교육을 포함할 것을 권장했는데, 그 이유는 개별 교육과정에서 앱 사용을 통한 상호작용적 대화나 디지털 현미경 학습 등이 효과가 있는 것으로 나타났기 때문이다. 또한 고등교육의 경우, 교사와 학생들의 디지털 미디어 역량을 강화하는 것을 권장하고 있다는 점에서 디지털 미디어 문해력 강화가 독일 교육계의 중요한 과제임을 알 수 있게 한다.

4
시사점 및 제언

이상과 같이 독일의 디지털 문해력의 정의와 세부 역량, 그리고 교육 및 정책 사례들을 살펴보았다. 그 초점은 독일 교육정책의 화두가 지속적으로 디지털 교육과 디지털 미디어 문해력 개발을 목표로 하고 있다는 데 있다. 왜냐하면, 독일의 인터넷 및 소셜 미디어 이용 현황에서 알 수 있듯이, 어린이와 청소년들의 현저한 디지털 미디어 이용률은 다른 연령층에 비해 높은 경향을 나타내고 있고 이미 사회적 소통과 정보 추구의 핵심 미디어가 되고 있기 때문이다. 이러한 상황에서 디지털 미디어 과의존증이나 사이버 폭력 등의 부정적 현상을 예방할 뿐 아니라 보다 공세적인 교육 정책을 수립하고자 하는 것이다. 그러면, 디지털 미디어 문해력은 왜 개발되어야 하고, 어떠한 교육 및 활동 방안이 요구되는가?

우선, 디지털 격차와 긴밀히 연관된 디지털 문해력 격차를 극복하기 위함이다. 디지털 격차는 정보접근이나 미디어 이용 및 콘텐츠 선별 능력에 따른 격차를 의미한다. 정보격차의 요인에는 성별, 연령, 학력수준, 소득수준, 지역격차 등이 작용한다. 덧붙여 정서의 변이 역량을 의미하는 정동 역량의 격차도 디지털 문해력 격차로서 중요하게 제기할 수 있다. 인터넷이나 소셜 미디어 이용 과정에서 신체적, 정신적 사이버 폭력의 피해를 입거나 유해 정보에 접근할 경우 신체적 피해와 함께 자존감과 같은 정서적 훼손을 경험할 수 있다. 주체적이고 능동적으로 디지털 미디어를 이용하고 공동체의 일원으로서 디지털 시민성을 실현하기 위해서는 먼저 긍정적인 정서 변이의 주인이 되어야 한다. 디지털 미디어 문해력의 세부 역량 중 소통과 참여 역량이 중요한 것은 바로 이 때문이다.

두 번째로, 디지털 미디어 문해력을 개발하기 위한 교육 및 활동은 주체의 역량과 수준에 부합해 기획 및 실행되어야 한다. 예컨대, 어린이와 청소년, 장애인과 노인 여성, 이주민 등 사회적 소수자의 경우 디지털 미디어의 사회적 재현 방식에 대한 이해와 세부 역량 및 수준에 따라 단계별로 체계적인 맞춤형 교육 및 활동 프로그램이 기획될 수 있다. 청소년과 젊은 층의 경우, 디지털 네이티브로 불릴 정도로 다른 연령층에 비해 미디어와 기기 사용의 기능적 숙련도가 높다. 하지만, 그 기술적 숙련성이 공동체 사회의 지속과 성장을 위해 중요한 다양성의 가치나 취약계층에 대한 태도로 직결되는 것은 아니다. 중요한 것은 디지털 미디어 문해력의 세부 역량에 대한 사회적 공론화 과정을 통해 학령별, 수준별, 연령별 차이에 부합하는 세부 역량별 목표와 성취 기준을 세분화하는 데 있다. 디지털 미디어 문해력의 목표는 교육 및 활동 참여자들의 환경과 교육수준, 성별, 연령별 조건에 따라 서로 다른 기준점을 바탕으로 설정되고, 그에 따른 성취 결과도 일정한 수준에 맞춰 구획되어야 하기 때문이다. 그렇지 않을 경우, 참여자들의 일부는 교육 및 활동 프로그램에 적응하지 못한 채 배제되거나 잠재력을 발현할 기회를 놓칠 수 있는 것이다.

마지막으로, 디지털 미디어 문해력 개발 방안은 디지털 미디어와의 단절이 아니라 보다 흥미로운 교육 및 활동 콘텐츠의 제공과 체험 활동을 통해 자율적 조절이 가능하도록 해야 한다. 독일 사례처럼 초등학교에서 스마트폰 규제가 불가피할 수 있지만, 보다 궁극적으로는 학생들과 이용자들이 스스로 인터넷과 스마트폰 이용의 조절자가 되는 방안을 모색해야 한다. 이를 위해서는 조기 디지털 문해력 교육의 제도화를 통해 미디어 이용 습관을 조율할 방법을 제공하고, 나아가 학교와 가정, 시민사회 영역에서 유기적 연계성을 지닌 교육 및 활동 프로그램을 정책적으로 추진하는 방안이 모색되어야 한다. 물론 이러한 방안들을 실효성 있게 안착시키기 위해서는 무엇보다도 디지털 미디어 문해력 증진을 위한 법 제정과 시행이 전제되어야 한다. 다른 미디어 교육의 선진국들처럼 독일의 경우에도 미디어 능력 진흥을 위한 다양한 법제도가 연방 정부와 지방자치단체, 교육부 간의 역할 분담 속에서 체계적으로 실행되고 있다. 이러한 시사점을 고려할 때, 역사적 성과를 축적한 우리나라의 경우, 디지털 미디어 문해력 증진을 위한 법제도를 확립한다면 합법적인 교육 콘텐츠 확충과 환경을 조성하는 길이 수월할 것이다.

참고문헌

강진숙 (2005). 미디어 능력의 구성범주에 대한 연구: 독일 공영방송의 미디어 능력 개발 사례에 대한 세부적 특성화 및 유형화를 중심으로. 〈한국언론학보〉, 49권 6호, 5-518.

강진숙·박성우·정수영·조재희 (2017). 〈해외 미디어교육 법체계 및 정책기구 연구〉 (지정 2017-10). 서울: 한국언론진흥재단.

강진숙·권오현 (2022). 〈후기청소년(19-24세)의 미디어 리터러시교육과 미디어 정책에 대한 인식 연구〉 (연구보고 22-R00). 세종: 한국청소년정책연구원.

강현민 (2022, 10, 12). [독일] 디지털 환경에서의 청소년 경험과 보호 대책. URL: https://edpolicy.kedi.re.kr/frt/boardView.do?nTbBoardSeq=&strCurMenuId=10091&nTbCategorySeq=&pageIndex=1&pageCondition=10&nTbBoardArticleSeq=836164&searchTopic=&searchObject=&searchCondition_D=36&searchKeyword_SD=&searchKeyword_ED=&searchCondition_W=6&searchKeyword_W=

설진아·강진숙 (2021). 〈미디어교육〉. 서울: Knoupress.

Baacke, D. (1996). Medienkompetenz als Netzwerk. In: *Medien Praktisch. Zeitschrift für Medienpädagogik*. 2/96, H. 78, 20 Jg. 4-10.

Dewe, B., & Sander, U. (1996). Medienkompetenz und Erwachsenenbildung. In Rein, A. v. (Hg.). *Medienkompetenz als Schlüsselbegriff*. 125-142.

Gapski, H., & Gehrke, G. (1997). Medienkompetenz als Antwort - und die Fragen? Die Förderung von Medienkompetenz braucht Leitbilder und Gestaltungswillen. In Hrsg. v. Enquete-Kommission, "Zukunft der Medien in Writschaft und Gesellschaft, Deutschlands Weg in die Informationsgesellschaft", Deutscher Bundestag, Bonn, 137-146.

Gapski, H., & Lange, B. P. (1997). Medienkompetenz - Individueller und gesellschaftlicher Schlüssel zur Gestaltung der Informationsgesellschaft. In Kubick, H. et. al. (Hg.). *Jahrbuch Telekommunikation und Gesellschaft*, 1997, Heidelberg. 271-277.

Kübler, H. D. (1999). Medienkompetenz - Dimensionen eines Schlagwortes. In Schell, F., Stolzenburg, E. & Theunert, H. (Hg.). *Medienkompetenz: Grundlagen und pädagogisches Handeln*, 1999, München: KoPäd.

Mai, M. (1996). Wirtschaftspolitische Aspekte der Medienkompetenz. In Rein, A. v. (Hg.) (1996). *Medienkomeptenz als Schlüsselbegriff.* Bad Heilbrunn: Klinkhardt, 96-111.

Moser, H. (2000). *Einführung in die Medienpädagogik:* Aufwachsen im Medienzeitalter. Opladen: Leske+Budrich.

Pöttinger, I. (1997). *Lernziel Medienkompetenz. Theoretische Grundlagen und praktische Evaluationen anhand eines Hörspielprojektes.* München.

Schorb, B. (1997). Medienkompetenz. In J. Hüther, B. Schorb & C. Brehm-Klotz (Hg.), *Grundbegriffe: Medienpädagogik* (pp. 234-240), München.

Tulodziecki, G. (1997). Thesen zum Beitrag der Schule zur Medienpädagogik. In *Medienkompetenz im Informationszeitalter.* Hrsg. v. Enquete-Kommission "Zukunft der Medien in Wirtschaft und Gesellschaft; Deutschlands Weg in die Informationsgesellschaft", Deutscher Bundestag. Bonn, 53-58.

주교육부장관회의 홈페이지. URL: https://www.kmk.org/kmk/staendige-wissenschaftliche-kommission/presse.html

ARD & ZDF Forschungskommission (2022). ARD/ZDF ONLINESTUDIE 2022. URL: https://www.ard-zdf-onlinestudie.de/files/2022/ARD_ZDF_Onlinestudie_2022_Publikationscharts.pdf

ARD/ZDF-Onlinestudie 2022: Grundlagenstudie im Auftrag der ARD1, ZDF, Forschungskommission. URL: https://www.ard-zdf-onlinestudie.de/files/2022/ARD_ZDF_Onlinestudie_2022_Publi kationscharts.pdf

Bitkom. (2022, June 9). Online-Zeit von Kindern und Jugendlichen wächst auf 111 Minuten pro Tag. URL: https://www.bitkom.org/Presse/Presseinformation/Online-Zeit-Kinder-Jugendliche-111-Minuten.

BMBF (2016, 10, 10). Wanka: Deutschlands Schulen fit machen für die digitale Welt. URL: https://www.bmbf.de/de/wanka-deutschlands-schulen-fit-machen-fuer-die-d igitale-welt-3419.html

Bundesministerium für Bildung und Forschung (BMBF) (2023, 9, 21). DigitalPakt Schule: Statuskonferenz 2023. URL: https://dps-statuskonferenz.cdworks.de/

Bundesministerium für Familie, Senioren, Frauen und Jugend (2020, October 14). Kabinett beschlieβt neues Jugendschutzgesetz.

URL: https://www.bmfsfj.de/bmfsfj/aktuelles/presse/pressemitteilungen/kabinett-beschliesst-neues-jugendschutzgesetz-161194

Füller, C. (2016, 10, 12). Wie eine Ministerin das Grundgesetz austricksen will. Spiegel. URL: http://www.spiegel.de/lebenundlernen/schule/schule-wie-johanna-wanka-das-grundgesetz-austricksen-will-a-1116068.html

Koch, Wolfgang (2022). Ergebnisse der ARD/ZDF-Onlinestudie 2022: Reichweiten von Social-Media-Plattformen und Messengern. 〈Media Perspektiven〉, 10/2022, 471-478. URL: https://www.ard-zdf-onlinestudie.de/files/2022/2210_Koch.pdf

저자 소개 (목차순)

신삼수
성균관대학교 미디어문화융합대학원 겸임교수
EBS 수신료정상화추진단장
한국항공대학교 공학사
고려대학교 교육학 석사
성균관대학교 미디어커뮤니케이션학 박사

이선민
시청자미디어재단 선임연구원
연세대학교 언론학 박사

김봉섭
한국지능정보사회진흥원 연구위원
경희대학교 신문방송학과 학사, 석·박사

유경한
전북대학교 미디어커뮤니케이션학과 교수
전북대학교 데이터커뮤니케이션연구소장
펜실베이니아주립대학교 매스커뮤니케이션학과 박사

김지연
중앙대학교 미디어커뮤니케이션학부 강사
대구대학교 대학원 장애학과 강사
중앙대학교 신문방송학과 석·박사
(주)도서출판 지금 대표이사

이창호
한국청소년정책연구원 선임연구위원
텍사스주립대학 언론학 박사

홍남희
서울시립대학교 도시인문학연구소 연구교수
연세대학교 커뮤니케이션대학원 박사

김경화
미디어 인류학자
일본 도쿄대학 학제정보학 박사
前. 일본 도쿄대 조교수
前. 간다외국어대학 부교수

봉미선
EBS 정책기획부장
건국대학교 미디어커뮤니케이션학과 겸임교수
성균관대학교 통계학과 · 신문방송학과 학사
성균관대학교 신문방송학과 언론학 석 · 박사

강진숙
중앙대학교 미디어커뮤니케이션학부 교수
독일 라이프치히 국립대학교 미디어커뮤니케이션학과 박사
방송통신위원회 시청자권익보호위원회 위원, 방송평가위원회 위원
방송통신심의위원회 심의위원
한국여성커뮤니케이션학회, 한국출판학회, Journal of Multiculture and Education 학술지 편집위원